あたたかいお金「エコマネー」

Q&Aでわかるエコマネーの使い方

加藤敏春 編著
＋くりやまエコマネー研究会

日本教文社

プロローグ　エコーのように響くエコマネー

エコマネーって何？

皆さん、「エコマネー」という言葉を聞いたことがあるでしょうか？

最近は新聞、テレビなどでも報道されるようになってきましたので、お聞きになった方も多いと思います。また、一九九九年五月にはＮＨＫのテレビ番組『エンデの遺言』(＊)が放送されましたので、ドイツのファンタジー作家ミヒャエル・エンデに導かれて、世界の地域通貨の動向に関心を持たれた方もいらっしゃると思います。

私（加藤敏春）は一九九七年からエコマネーを提唱してきましたが、九九年春頃からエコマネーを導入しようという話が各地域で持ち上がってきました。特に、二〇〇〇年二月に北海道の栗山町でエコマネーの導入が始まった前後からは、ＮＨＫ、日本テレビ、フジテレビなどのテレビで報道されるとともに、読売新聞、毎日新聞、朝日新聞、日本経済新聞などの新聞でもエコマネーが大きく報道され、社会からも関心を持たれるようになりました。

そう言われても、「初めて聞いた」「聞いたことはあるけれどよく知らない」という方も多いでしょう。そこで、二〇〇〇年三月に報道されたあるテレビの一こまをご紹介しましょう。エコマネーに先進的に取り組んでいる栗山町のエコマネー第一次実験の様子を報道したものです。エコマネーのそのままのイメージをつかんでいただけると思います。

「エコマネーって何だろう?」「最近、テレビや新聞でよく取り上げられるエコマネーだが、一体どういったものなのか?」「普通のお金とは、どうも違うようだ」「エコロジー(環境)だけが、メインではないようだ」「助け合うコミュニティが、創れるってほんと?」「地域通貨(LETS:Local Exchange and Trading System)と似てるんだって」などとよく聞くが、まだよくは分からないというところが大勢を占めるようだ。分からなければ見てみようということで、実験を開始した栗山町を見ることにしました。

北海道は札幌市から、車で東に走ること一時間、石狩平野に農業と工業が広がる人口一万五四〇〇人の町。今話題の栗山町です。栗山町の実験「親切とともに行き交うエコマネー」。栗山町では、雪がうずたかく残る今年二月から二カ月間、町名と〝クリーン〟から名づけた「クリン(エコマネー)」の実験が始まりました。

この実験に登録した人は、小学一年から八十八歳までの二五六人です。参加者全員に一〇〇、五〇〇、一〇〇〇の三種類の「紙幣」で二万クリンと「パートナーメニュー表」が、配られました。メニューの本を開くと、「してあげられること」と「してほしいこと」の欄があり、

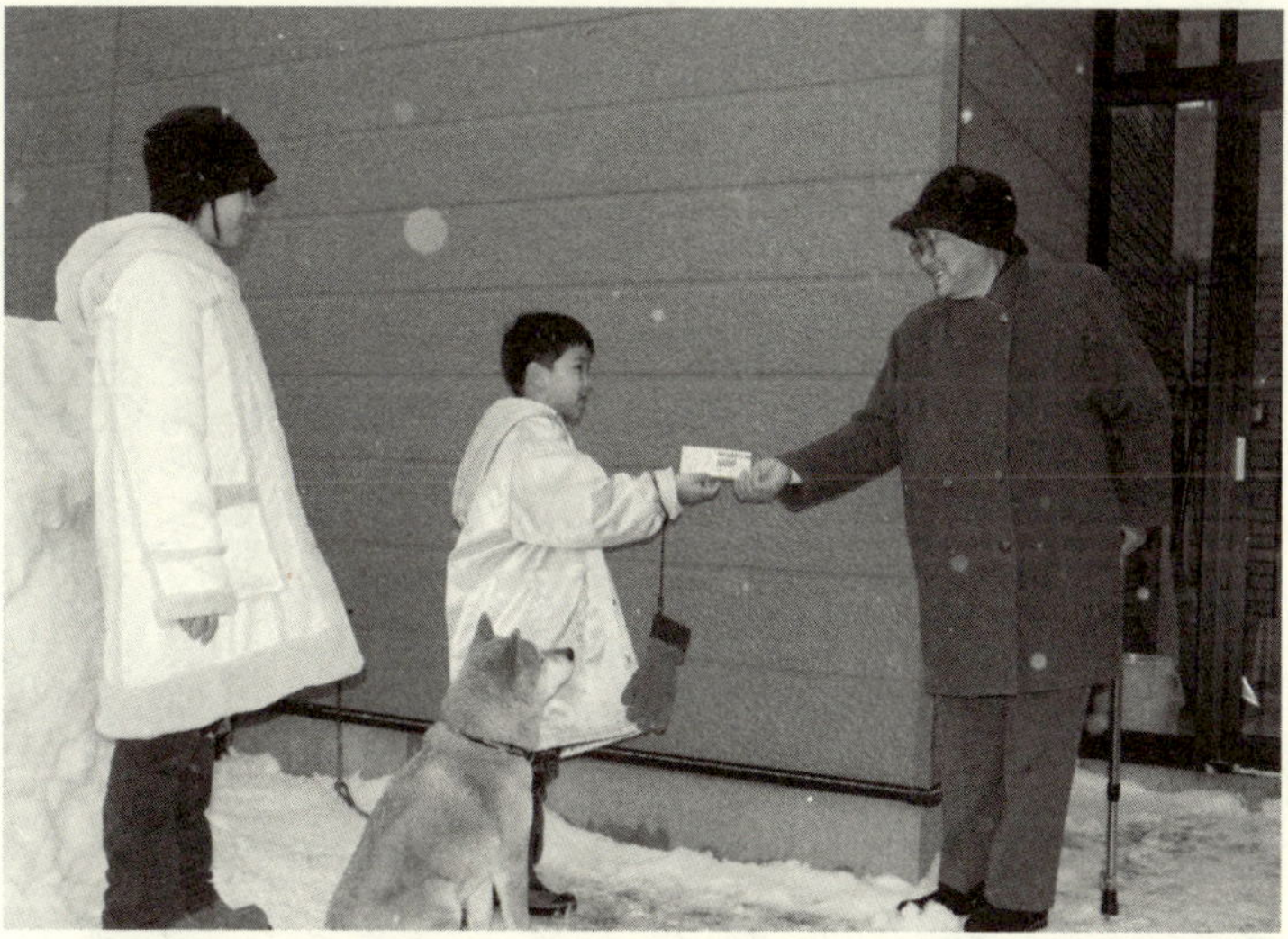
▲北海道栗山町で実験が行われた時のエコマネーの利用風景

その中には、「雪降し」「話し相手」「囲碁指導」「留守番」「本の修理」「山菜採集」「ペットの貸出し」「洗濯の裏技」など二五五種類のメニューが書いてあります。参考価格は一回「一〇〇〇クリン」ですが、「値段」は互いに話し合って決めていいそうです。

二年生の亜美ちゃんは、お気に入りのおもちゃが壊《こわ》れたので、「おもちゃの修理」に〇をつけていた市男さん（70）に修理をしてもらい、「一〇〇〇クリン」を渡しました。市男さんは、買物を男の子（11・男）に頼み、男の子は小学校で将棋がはやっていたので、潤一さん（35）に将棋を教わりました。家に帰った潤一さんは、「一〇〇〇クリン」を奥さんに譲ってあげました。奥さんは、近所の字の上手なおばあちゃんに、ハガキの宛名書きをしてもらい、「一〇〇〇クリン」を支払いました。

他のところでは、美恵子さん（81）が介護学生の「実習」に協力し、受取ったクリンで屋根の雪を降ろしてもらった。一人暮しのイヨノさん（81）も三郎さん（35）に、窓におおいかぶさっていた雪を除いてもらい、一〇〇〇クリンを渡し安堵《あんど》の表情を浮かべた。「窓が壊れるかと思うと怖《こわ》くて眠れなかったのよ」イヨノさんは昨年体調を崩《くず》し、屋根から落ちる雪も片づけられず、自宅一階部分が埋《う》まりかけていた。雪の捨て場所を「お金」を出して借りるほどの豪雪地。近所の人も苦労していて頼みづらかったのだ。

数日後、早起きのイヨノさんは、早朝から出張する独身男性（22）に頼まれ、モーニングコールをかけた。小学二年の亜美ちゃんは、「おもちゃも直ったし、相手の人も喜んでいたし、とてもうれしかったです」と言い、市男さんは「八歳の子供からちょっと古いおもちゃの修理を頼まれ、直してあげたら一〇〇〇クリンをもらいました。本当のお金ではないけれど、何となく温かいお金だね」と話し、奥さんは「近所でも知らない人もいましたが、クリンで距離が近くなった気がします。クリンだとちょっとしたことも頼みやすいです」「本当に誰かに何かをしてあげたい時、またしてほしい時、私たちは屈託《くったく》なくいえない。エコマネーにはそういう心の壁を崩す力がある」と「くりやまエコマネー研究会」の花田事務局長は話す。

ここまでを見ると、七〇年代までに農村地域で残っていた「結《ゆ》い」「手間替《てまが》え」などと呼ばれる農作業の交換をボランティアの範囲まで広げ、「地域の通貨」を使い交換する仕組みになっている。この「通貨」は、年配の母親にプレゼントすることもできる。エコマネー・ネットワークの中山正也事務局長は、「人と人とがお互いに支え合う、本来のコミュニティを再生しようというのがわれわれの主張」と話す。

各地で広がるエコマネーは日本では、三〇地域（注…二〇〇一年四月現在一〇〇地域を超えている）で実験をしたり、取り組んだりしています。取り組むのは、静岡県をはじめ富山県高岡市、北海道栗山町や愛媛県関前《せきぜん》村などの自治体であったり、四万十《しまんと》川がある幡《はた》多広域観光協議会や高岡商工会議所でのＴＭＯ委員会の商工人であったり、千葉大工学部教授、大妻女子大炭谷研究室や富山県社会福祉生協や草津市の公設民営ＮＰＯ支援センター、また、多摩ニュータウンの市民グループなどの多枝多様な方や団体に広がっています。日本青年会議所では、応援特別委員会が今年から動いています。

「通貨」の名前もユニークで、〝きときと〟（富山社会福祉生協）や〝ずらぁ〟（長野県駒ヶ根ＪＣ）、〝おうみ〟（草津コミュニティセンター）、〝ＣＯＭＯ〟（多摩ニュータウン）、〝カントリー〟（東広島市ＮＰＯ）など地名や方言、特産などの地域の特徴が生かされています。

「あたたかいお金」＝エコマネー

いかがでしょうか。エコマネーについて、だいたいのイメージをつかんでいただいたでしょうか。ひと言でいうとエコマネーとは、人と人との交流を促進する「あたたかいお金」であり、多様なコミュニティを形成し、コミュニティにおいて「信頼」を創造するものです。

そして、そのもっとも大きな特徴は、生活者自らがエコマネーを創り出すことです。このような

「あたたかいお金」は世界にはありません。日本から生み出されたものです。

生活者が創りだすお金というと、中世のヨーロッパで研究された「錬金術」のように聞こえますが、エコマネーにより二十一世紀の「錬金術」が探り当てようとするのは、すべての金属を金にする「賢者の石」ではなく、人々の交流の拡大による「信頼」の醸成です。

「信頼を創造する貨幣を創ろう!」こうした発想から生まれたエコマネーは、今や〝燎原《りょうげん》の火〟のごとく広がっています。栗山町のほか、多摩地区(東京都)、駒ヶ根市(長野県)、高岡市(富山県)、富山市(富山県)、草津市(滋賀県)、宝塚市(兵庫県)、高知市(高知県)などで導入され、全国的に注目を浴びるようになっています。二〇〇一年五月現在で一〇〇を超える地域コミュニティでエコマネーが導入されたり、導入の準備が行われていますが、その数は日々増加しています。図表は、そのうち代表的なものを表にまとめたものです。

一九九九年五月エコマネーを推進するための中核機関として設立された「エコマネー・ネットワーク」(http://www.ecomoney.net/)の活動も、各地域コミュニティにおいてエコマネーの導入が持続的に展開されるようサポート体制を整えようとしています。また、研究者の交流を図る「エコマネー研究者ネットワーク」、情報ネットワーク系企業などが参加した「エコマネー企業コンソーシアム」なども設立されて、活動の輪も拡大しています。

世界にはエコマネーに類した地域通貨が二五〇〇も登場していますが、「エコマネー・ネットワーク」の活動は、このような世界的な動きとも緊密なネットワークを構築しながら発展しています。また、二〇〇〇年十二月三十一日からインターネット上で開催されている「インターネット博

エコマネーって何?(主要なものを紹介)

クリン:栗山町(北海道)

栗山町とクリーンの2つを掛け合わせた名前。2000年2月〜3月、第1次実験。9月〜11月、第2次実験。2001年9月より第3次実験。将来はインターネットも活用して本格導入を予定。くりやまエコマネー研究会が運営主体。サービス1時間当たり1,000クリンが目安。介護、環境、子供などの分野のほか、コーディネーターによるマッチングも。およそ9,000のサービスが登録されており、質・量とも世界最先端。

COMO(コモ):多摩地区(東京都)

コミュニティのコモに由来。2000年6月から導入。多摩ニュータウンのコミュニティの再生を目指し、住民の交流の活発化に活用。COMO運営協議会が運営主体。入会時に千円を払うと登録される。そのとき1,000コモを受け取って取引開始。

ずらぁ:駒ヶ根市(長野県)

青年会議所がまたがる4つの市町村の共通の方言「〜ずらぁ」から。2000年3月から導入。会員と会員の家族の間で使用でき、基本は1回のサービスにつき10ずらぁ。駒ヶ根青年会議所が運営主体となっているが、今後のまちづくり、商店街活性化との連携も。

きときと:富山市(富山県)

富山弁で「生きがいい」「活発な」の意味がある。「キトキトの魚」という表現で使う。富山県の高齢者により設立された福祉生協が、2000年9月より開始。元気な高齢者の自活を支えるべく、パソコン教室やホームページづくりの塾も。キトキトのほか、インターネットを使った「夢たまご」というエコマネーも発行されている。

ZUKA(ヅカ):宝塚市(兵庫県)

宝塚のヅカに由来。2000年8月〜10月、第1次実験。2001年6月〜11月、第2次実験。市も入った宝塚エコマネー実験運営委員会が運営主体で、宝塚NPOセンターが事務局。サービス30分当たり1,000ZUKAが目安。小学校区単位で取り組み、将来は「まちづくり協議会」の活動全体に拡大も。インターネットも積極的に活用しており、電子チケットの原理を使ったキオスク端末も実験。

(資料)加藤作成。

覧会」において、エコマネーの世界を３Ｄ空間上で疑似体験できる「エコライフ・パビリオン」(http://www.inpaku.go.jp/ecolife21/) を出展しています。

本書のねらいと構成

私がエコマネーについて本を刊行したのは、一九九八年九月の『エコマネー――ビッグバンから人間に優しい社会へ』(日本経済評論社) にさかのぼります。最近ではエコマネーに関する解説書として、二〇〇〇年十一月の『エコマネーの世界が始まる』(講談社)、二〇〇一年二月の『エコマネーの新世紀――〝進化〟する二十一世紀の経済と社会』(勁草書房) を上梓しています。

『エコマネーの世界が始まる』は、お金とは異なる「時間」という価値尺度により新しいライフスタイルのデザインが可能となることを一人ひとりに訴え、『エコマネーの新世紀――〝進化〟する二十一世紀の経済と社会』は、お金のあり方を深い観点から分析するとともに、「信頼通貨」としてのエコマネーが次第に発展して情報社会の一般的な通貨となるシナリオを大胆に描いて見せたものです。

何とそのシナリオでは、「悪貨は良貨を駆逐《くちく》する」というグレシャムの法則を逆転した「良貨は悪貨を駆逐する」、この場合でいえば「エコマネーはマネーを駆逐する」というシナリオが描かれています。こういうと、〝キツネにつままれた〟感じをもたれる方も多いと思いますが、ご関心のある方は是非『エコマネーの新世紀』をお読み下さい。

このように私は、エコマネーに関する本を刊行してメッセージを発信してきましたが、エコマネ

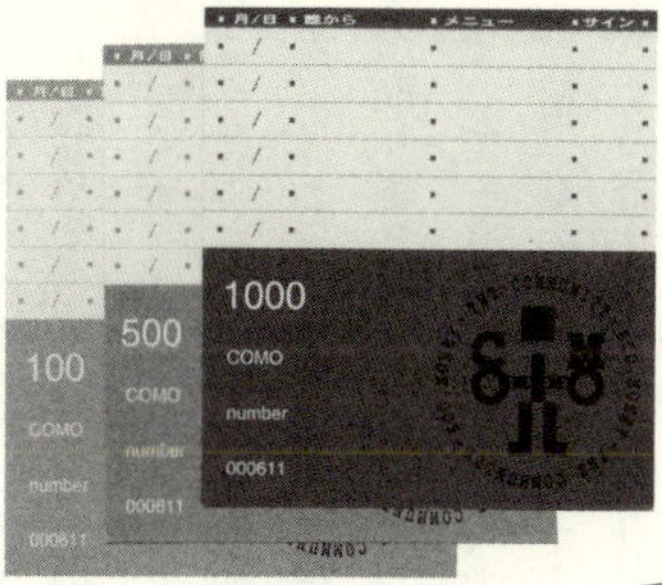

▲COMO（多摩ニュータウン）

▲クリン（北海道栗山町）

エコマネーとして
使われている通貨

▲い〜な（長野県伊那市）

▲ZUKA（兵庫県宝塚市）

▲夢たまご（富山市）

ーの社会的関心の高まりにつれて、こうして飛躍的に拡大する「エコマネーの世界」を、できるかぎりわかりやすく解説するものを刊行して欲しい、との要望を頂いてきました。特に、エコマネーを導入するサイドに立ったものを書いて欲しいという要望を数多く頂きました。

ちょうどエコマネーの先進的モデル地域ともいうべき栗山町において、エコマネーの実験が二〇〇〇年二月と三月に第一次実験、同年九月から十一月まで第二次実験がそれぞれ行われ、その実験結果が取りまとめられて、エコマネーに関心を有する人々のご要望にも応えられるようになりました。そこで一念発起して「くりやまエコマネー研究会」などの方々のご協力を得て書いたのが本書です。第一章のイントロ編から第六章の対話編までは私が執筆し（第六章の対話編については、エコマネーの語り部の方の協力を得ました）、第七章の資料編は「くりやまエコマネー研究会」の方々が編纂した報告書から主要なものを載せさせていただきました。ご協力いただいた「くりやまエコマネー研究会」の方々に感謝いたします。

本書の編集にあたっては、『エコマネーの世界』をできるかぎりわかりやすく解説する」という本書の性格から、「あたたかいお金、エコマネーって何？」（イントロ編）、「なぜ、エコマネーなの？」（理由編）、「エコマネーはどのようなもの？」（解説編）、「エコマネーをどのように導入するの？」（実践編）、「エコマネーはどのように導入されたの？」（ケーススタディ編）、「エコマネーの語り部との対話」（対話編）、「エコマネー資料集」（資料編）に分けて、できるかぎりイラスト、図表や写真なども入れて編集することにしました。

本書は、どのようなバックグラウンドをもった人でも「エコマネーの世界」を理解していただけるように平易な表現を用いて書き下ろしています。本書の刊行が契機となってエコマネーを導入する地域がさらに拡大し、「エコマネーの世界」が人口に膾炙《かいしゃ》するものとなるよう願ってやみません。

エコマネー提唱者
加藤　敏春

（＊）番組の内容は、その後、河邑厚徳＋グループ現代『エンデの遺言―根源からお金を問うこと』（日本放送出版協会・二〇〇〇年）としてまとめられています。

目次——あたたかいお金「エコマネー」

2章 なぜ、エコマネーなの？（理由編）

3章 エコマネーはどのようなもの？（解説編）

4章 エコマネーをどのように導入するの？（実践編）

6章 エコマネーの語り部との対話（対話編）

装幀……松田行正＋斎藤知恵子
カバー・本文イラスト……米川達也
協力……岸本方子

1章

あたたかいお金、エコマネーって何？（イントロ編）

Q1 エコマネーとは何ですか？　簡単に説明してください。

A――エコマネーとは、お金で表せない〝善意〟の価値を交換する「あたたかいお金」です。

エコマネーとは、ひと言でいうと、環境、福祉、コミュニティ、教育、文化など、今の貨幣で表しにくい価値を、コミュニティのメンバー相互の交換により多様な形で伝える手段です。こうした価値をエコマネーで交換することにより人と人との交流を促進し、結びつきを強めることをねらっています。

エコマネーは、今までにない二十一世紀の「新しいお金」です。

今の貨幣は、効率性を追求する「つめたいお金」です。このコップは一〇〇〇円、あの野菜は三〇〇円、機械設備は五億円という形で、円という単一の指標で取引していきます。そこに人間の感情が入り込む余地はありません。また、外国為替市場や株式市場の乱高下が象徴するよ

うに、投機性もあります。

しかし、われわれは人と取引するとき相手に感謝の気持ちを表したいと思うことが頻繁にあります。この人は親切に介護サービスを提供してくれたので、感謝を込めて「プラスα」を渡したい、そのような素直な感情があるはずです。

エコマネーは、そのような使う人の感情を媒介します。エコマネーは、従来の市場経済の尺度では計れない価値を、その多様性を評価したうえで、流通させるものです。エコマネーの取引においては、サービス提供者の〝思いやり〟やサービス受領者の〝感謝の気持ち〟を反映できるように個別の取引ごとに相対《あいたい》で価格を決めます。

その意味でエコマネーは「あたたかいお金」と言えます。そのことを示す、あるエピソードがあります。二〇〇〇年二月八日付の毎日新聞で報道された北海道夕張郡栗山町のケースです。


介護保険制度のスタートを二カ月後に控えた今月一日、雪深い人口一万五〇〇〇人余の北海道栗山町で、小さな実験が始まった。

「おはようございます。介護学校の大山です」

「よろしく。耳が遠いから大きい声でお願いね」

小雪舞う午前九時すぎ、町立介護福祉学校一年の大山美里さん（19）は町内の角谷《かどや》美恵子さん（81）宅を訪ねた。大山さんは在宅高齢者の介護実習は初めて。茶の間のストーブのわきで、戸惑いがちに角谷さんの生活ぶりについて尋ね始める。

独り暮らしの角谷さんは六年前に腰を骨折し、外出が思うに任せない。介護保険適用を申請し、二次判定の結果待ちだ。買い物や除雪の不便はもちろんだが、一番の悩みは孤独と不安。昨年暮れも目まいで倒れ、病院で年を越した。「助けてくれる皆さんに申しわけない」と寂《さび》しげに笑う。「聞いてみないとわからないことばかり。勉強になりました」

大山さんは一時間の実習を終え、謝礼として角谷さんに一枚の「紙幣」を渡した。額面「一〇〇〇クリン」。これが「エコマネー」だ。

大山さんは「角谷さんの話し相手になってあげた」のではなく、「話を聞かせてもらった」と考えた。エコマネーは、お金では測れないボランティアサービスの価値を流通させる「地域通貨」。モノやサービスの対価ではなく、一方的なボランティアを促《うなが》すものでもない。善意を「循環」させ、その輪を広げる「温かい通貨」である。

このエピソードで、エコマネーの特徴の一つがおわかりになったはずです。エコマネーの循環を支えるのは、メンバー間の「信頼」です。あたたかいお金であるエコマネーが、人々の信頼に支えられて流通すればするほど、信頼関係が強固になっていきます。

Q2 **お金以外の価値とはどのようなものですか？　そのようなものを表す別のお金が必要なのでしょうか？**

A――お金で交換される価値はわずかなものです。しかも、お金の取引では「価格」という指標に画一化され、多様な交流ができません。そこで、お金とは別のエコマネーが必要なのです。エコマネーは、お金以外の価

値を評価するモノサシです。

お金に置き換えることのできない価値はたくさんあります。たとえば、きれいな空気の田舎《いなか》で楽しむ自然環境、家に帰ったあとの一家団欒《だんらん》のひととき、コミュニティでお互いに支え合う人間関係。こうしたものは、お金に置き換えられない価値です。

お金があらわす価値というものは、市場（マーケット）での価値で、きわめて限定されています。市場に存在できるモノやサービスなら価格がつき、その価格が基準となって売買され、人から人へとわたっていくのです。しかも、モノやサービスの価値を市場で交換する際に、「価格」という画一的な指標がもちいられているのです。

ところが、ここで疑問がわきます。なぜ、お金の活用は、このような市場における「交換」に限定されなければならないのか？　なぜ多様性をもったものを画一的に「交換」しなければならないのだろうか？

市場で交換されるもの以外にも、私たちにとって重要な価値をもつものはたくさんあります。たとえば、「地球環境問題の解決」「自然との共生」というテーマは、二十一世紀への課題として、重要度を増しています。「環境」に関する価値は、「経済」に関する価値とならんで、あるいはそれ以上に重要になっています。しかし現在、私たちは、環境の価値をあらわす尺度をもっていません。

さらに、「コミュニティ」の価値。これも大事な価値です。少子高齢化社会の本格的到来とともに、地域における介護サービス・育児サービスを、住民が相互扶助《ふじょ》のもとで提供することが重要になっているのに、このような地域コミュニティの価値を媒介できる尺度がない。考えてみれば、これはおかしいことです。「環境」や「コミュニティ」の分野でも使えるお金があってもよいのではないでしょうか。

そもそも私たちを取り巻く世界には、環境、福祉、コミュニティ、教育、文化など、多様な価値が満ちあふれています。それらすべてを、従来からあるお金で媒介しようとしてもむりな話です。さまざまな価値を、画一的な「価格」という指標に置き換える必要はありません。多様な価値を多様なまま評価し、媒介できるお金があってもいいはずです。

しかも九〇年代はじめのバブル崩壊とともに明らかとなったのは、「経済」に関する価値だけに狂奔《きょうほん》することのむなしさではないでしょうか。バブル期に起こった大規模な土地や金融に対する投機は、私たちに何を残したのでしょうか。それが何十兆、何百兆円にもおよぶ不良債権であったとすれば、バブル期のうたかたは、われわれに負の資産のみを残したことになります。われわれの将来の生活、将来の世代についてもポジティブな資産を残す仕組みが必要なのではないでしょうか。

また最近の消費動向を見てみると、われわれのモノに対する消費の願望はもはや完全に飽和状態に達したといってもよいのではないでしょうか。われわれの生活にはモノが満ち溢《あふ》れています。特段買いたいものはないというのが偽《いつわ》らざる実感でしょう。バブル崩壊以降の消費動向として特徴的なのは、個性を楽しみたいときにはお金を惜しまず使うものの、通常のモノに関してはできるかぎり低価格のものを選ぶという嗜好《しこう》です。

「経済」に関する価値を充足したわれわれは、「経済」に代わる「環境」や「コミュニティ」に関する価値を重要だと感じはじめているのではないでしょうか。

それらの疑問から出発し、たどりついた答えがエコマネーです。

エコマネーは、「環境」に関する価値、「コミュニティ」の価値など、お金以外の価値を多様に評価するモノサシです。お金以外の価値を適切に評価し、お金だけに偏《かたよ》りがちな社会の評価をバランスのとれたものにする効果があります。

Q3 エコマネーは、通常のお金とどう違うのですか?

A――エコマネーは、生活者が発行する、利子がつかない、一定期間経過すると振り出しに戻るなど、今までのお金と一八〇度異なるものです。

具体的には、次のような特徴があります。

①地域の生活者自身が発行します。行政ではなくNPO(非営利組織)のような住民主体の組織で運営されます。

②サービスメニューの登録が必要。「してほしいリスト」と「してあげられるリスト」が冊子やインターネットのWebなどで配布されます。

③一定期間経過すると振り出しに戻ります。その意味で有効期限があります。

④貯《た》めても利子はつきません。エコマネーをもっているだけでは何の得にもならないのです。

⑤エコマネーと現金の交換はできません。エコマネーで商店などの商品やサービスを購入することもできません。エコマネーは現金で表せない「感謝の気持ち」を表すためのものです。

⑥エコマネーの値づけは取引する生活者が行います。一時間当たりのサービスについて〇〇エコマネーということが基準になりますが、「思いやり」や「感謝の気持ち」を表す場合

はプラスαとして補助的なエコマネーが追加されます。

⑦エコマネーが循環することにより、コミュニティの「信頼」を醸成《じょうせい》する効果があります。

Q4 エコマネーを地域の生活者自身が発行するというのは、具体的にはどういうことなのですか？　また、一定期間経過すると振り出しに戻るというのも具体的にはどういうことなのですか？

A――エコマネーの取引を開始するとき、参加メンバーに一律○○エコマネーが配布されます。その後取引を開始すると個人の残高は変動しますが、一定期間（三カ月、六カ月など）経過すると元の○○エコマネーのポジションに戻り、再びそこからエコマネーの取引を開始します。

このようにエコマネーの取引開始にあたって参加メンバーに一律○○エコマネーが配布されるのは、参加メンバーの事前の合意に基づいたものです。この○○エコマネーの具体的な金額、ポジションについては、エコマネーに取り組む地域コミュニティごとに決められる必要があります。

円やドルなどの国民通貨のように中央銀行が発行したり、一部の地域通貨のようにNPOが発行するものではなく、参加メンバーの意志に基づいて一律○○エコマネーが配布されるという意味で「エコマネーは地域の生活者自身が発行する」といっています。

栗山町のケースでは、エコマネーの取引開始にあたって参加メンバーに一律五〇〇〇クリン配布して、その後各メンバーが取引をスタートさせました。五〇〇〇クリンは、基本的に五時間分のサービスに相当します。この五〇〇〇クリンを使ってしまうとサービスを受けることができなくなるので、そうならないためには自分の方がサービスを他の人に提供してクリンを取得することが必要になります。

また、取引を開始すると個人の残高は変動しますが、一定期間（三カ月、六カ月など）経過すると元の〇〇エコマネーのポジションに戻り(*)、再びそこからエコマネーの取引を開始します。これは、エコマネーは流通することに意味があり、通常のお金のように蓄積する機能を有していないからです。エコマネーをもっているだけでは何の得にもならないのです。もちろん、貯めても利子はつきません。

（*）デジタル技術の活用などにより、エコマネーの価値が時間の経過とともに減価していくことも考えています。

Q5 エコマネーの値づけにおいて、一時間当たりのサービスが基準になるが、「思いやり」や「感謝の気持ち」を表すプラスαが追加されるとは、具体的にはどういうことなのでしょうか？

A——たとえば、一時間当たりのサービスにつき一〇〇〇エコマネーを基準としつつも、「思いやり」や「感謝の気持ち」を表したいときは、一〇〇エコマネーや五〇〇エコマネーを追加するということです。

エコマネーは、「あたたかいお金」としてエコマネーを使う人の感情を媒介します。エコマネーの取引においては、一時間当たりのサービスにつき〇〇エコマネーということが基準になりますが（一〇〇エコマネー、一〇〇〇エコマネーなど。この〇〇エコマネーのレベルについては、コミュニティごとに決める必要があります）、この人は親切にサービスを提供してくれたので、感謝を込めて「プラスα」を渡したい、それにより相手に感謝の気持ちを表したいと思うことが頻繁にあります。

栗山のケースでは、一時間当たりのサービスにつき一〇〇〇クリンが基準となりましたが、「思いやり」や「感謝の気持ち」を表したいときは、一〇〇クリン、五〇〇クリンが使われました。

Q6 エコマネーは、具体的にはどのように使われるのでしょうか？

A――コミュニティ活動に関係するサービスであれば、何でもエコマネーの対象になります。エコマネーは、これらの活動を活発にすることによって、コミュニティを再生することを目指しています。

以下は代表的なものです。

①福祉・介護に関するもの

全国各地で深刻な問題となっている介護問題を解決するため、介護保険制度の対象となっていないサービス（たとえば、高齢者のお話し相手になるといった心のケアサービス）を提供する。また、介護保険制度の対象になっているサービスであっても、行政や民間の手が行き届かない場合は、行政や民間によるサービスを補完する。

②環境に関するもの

ゴミのリサイクル活動に住民が参加したり、道路端その他公共スペースに捨てられたゴミを清掃する環境清掃サービスを提供する場合や河口の住民が上流の山に広葉樹を植えて川の有機成分を回復する環境保全サービスを提供する。

③高齢者へのインターネット普及に関するもの

商店街の空き店舗などを活用した高齢者向けのインターネット教室を開設し、ボランティアの協力を得てインターネットを教えるサービスを提供する。

④都市部と山間部の住民の交流促進に関するもの

都会のコミュニティと田舎の山間地の住民同士の交流を促進するために、たとえば、都会の住民が自分の庭やベランダで苗木を育てて、その苗木を山間地に持っていって植林ボランティアサービスを提供する。山間地の住民はこれに対してカルチャー・スクールを開設し、山村の文化を都会の住民に対して教える。

その他の活用方法については、Q21で詳しく述べていますので参照してください。

Q7 エコマネーの仕組みを簡単に説明してください。

A——住民による発行→「サービス・メニュー表」への登録→サービスの交換→エコマネーの支払・受領というプロセス

を繰り返します。

エコマネーは、その地域に合った名前を付け、一人ひとりの住民がある一定額のエコマネーを持った形になるように地域住民が発行することから始まります。

これと並行して、自分は何ができるか、何をして欲しいか「サービス・メニュー表」に登録します。

サービス・メニューが冊子あるいはインターネットで見れるようになれば、いよいよサービス開始！

してほしいことがあるときは「サービス・メニュー表」をみてサービスをお願いし、お礼にエコマネーを支払います。

減ったエコマネーをとりもどすには、自分のしてあげられることをサービスすればエコマネーがもらえます。この仕組みを図解したのが、図表1―1です。

エコマネーは普通のお金と違って、貯金することはできませんし、長期間保存することはできません。

三カ月、六カ月など、一定期間経過後は振り出しに戻って、再び同じプロセスを繰り返します。限られた期間内に使うことになるので、それだけ頻繁に地域の人と互いに助け合うことができるのです。

このようにエコマネーはあたたかい心をつなぎ、それが人と人をつなぎ、コミュニティで信頼を創造していくのです。

Q8 エコマネーは、ボランティア活動とどう違うのですか？

A――ボランティア活動が一方通行であるのに対して、エコマネーの取引は双方向

です。しかも、エコマネーの取引の対象はコミュニティ活動全般にわたり、ボランティア活動よりも広くなっています。

日本では、ボランティア活動は、サービスを提供する人が一方的にその善意を提供するものとして限定的に考えられがちですが、エコマネーは、あるときサービスを提供した人が次のときにはサービスの受け手となる、そのプロセスが繰り返し行われるというように、そこに「双方向性」を生みだします。

エコマネーは、地域コミュニティにおいて、住民同士の相互扶助《ふじょ》や交流の対象になりうるサービスすべてを対象にしていますから、あるサービスを提供することによって得たエコマネーで、別のサービスを享受《きょうじゅ》することができます。したがって、ボランティア活動が一方通行で終

図表1-1　エコマネーの仕組み

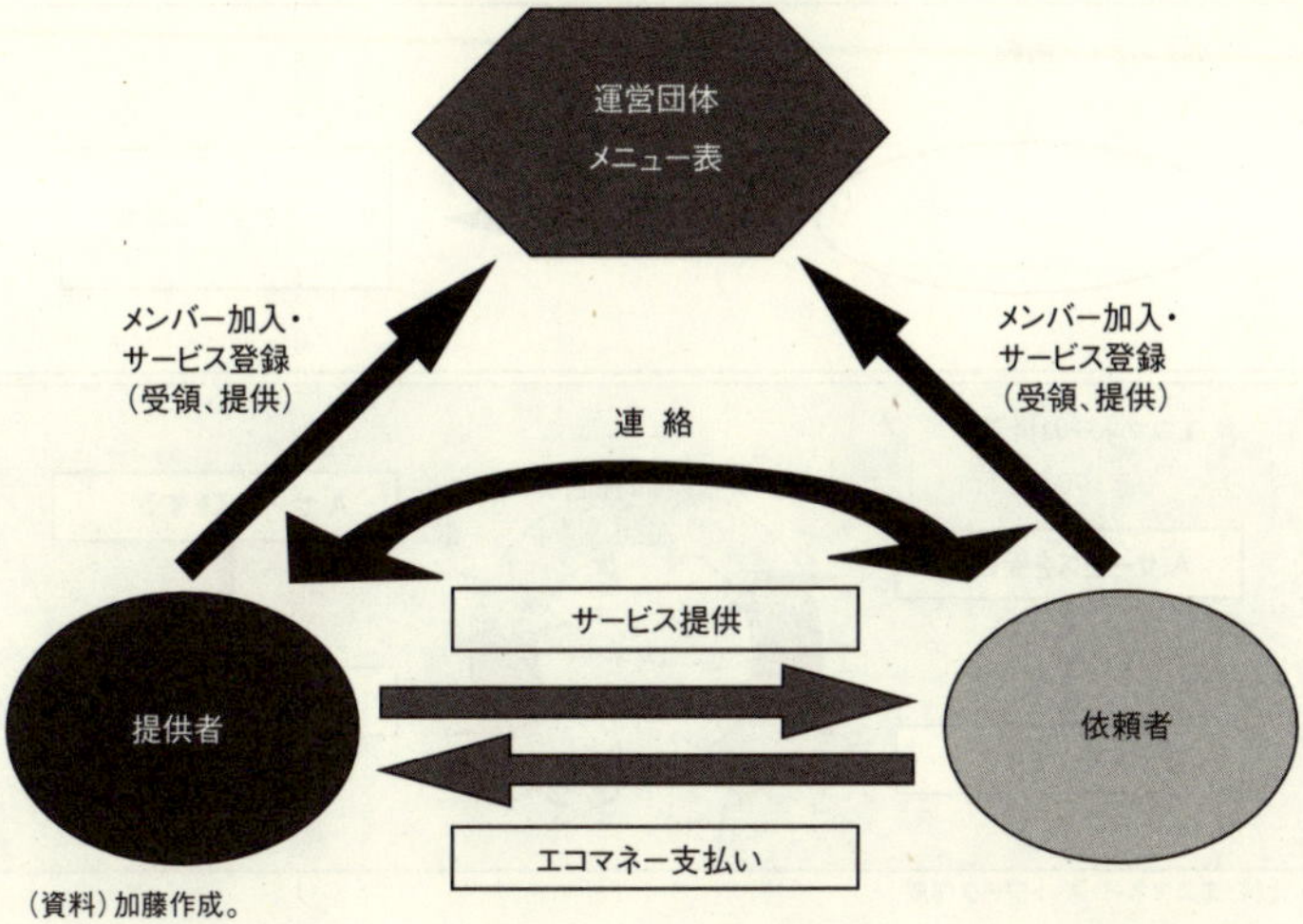

（資料）加藤作成。

わることがないのです。
このボランティア活動とエコマネーの世界との違いについては、図表1―2をご覧ください。また、この点についてはQ24で詳細に解説していますので、参照してください。

Q9 エコマネーが目指すコミュニティの再生とは、どういうことなのでしょうか?

A――コミュニティの再生とは、一言でいえば、コミュニティのメンバー間における「信頼」の創造です。

「信頼」なしにはコミュニティは存在できません。最近、日本人が将来に対して抱いている不安のことがよく取り上げられます。この不安の真の原因は、コミュニティに信頼がないことで

図表1-2　エコマネーとボランティア活動の違い

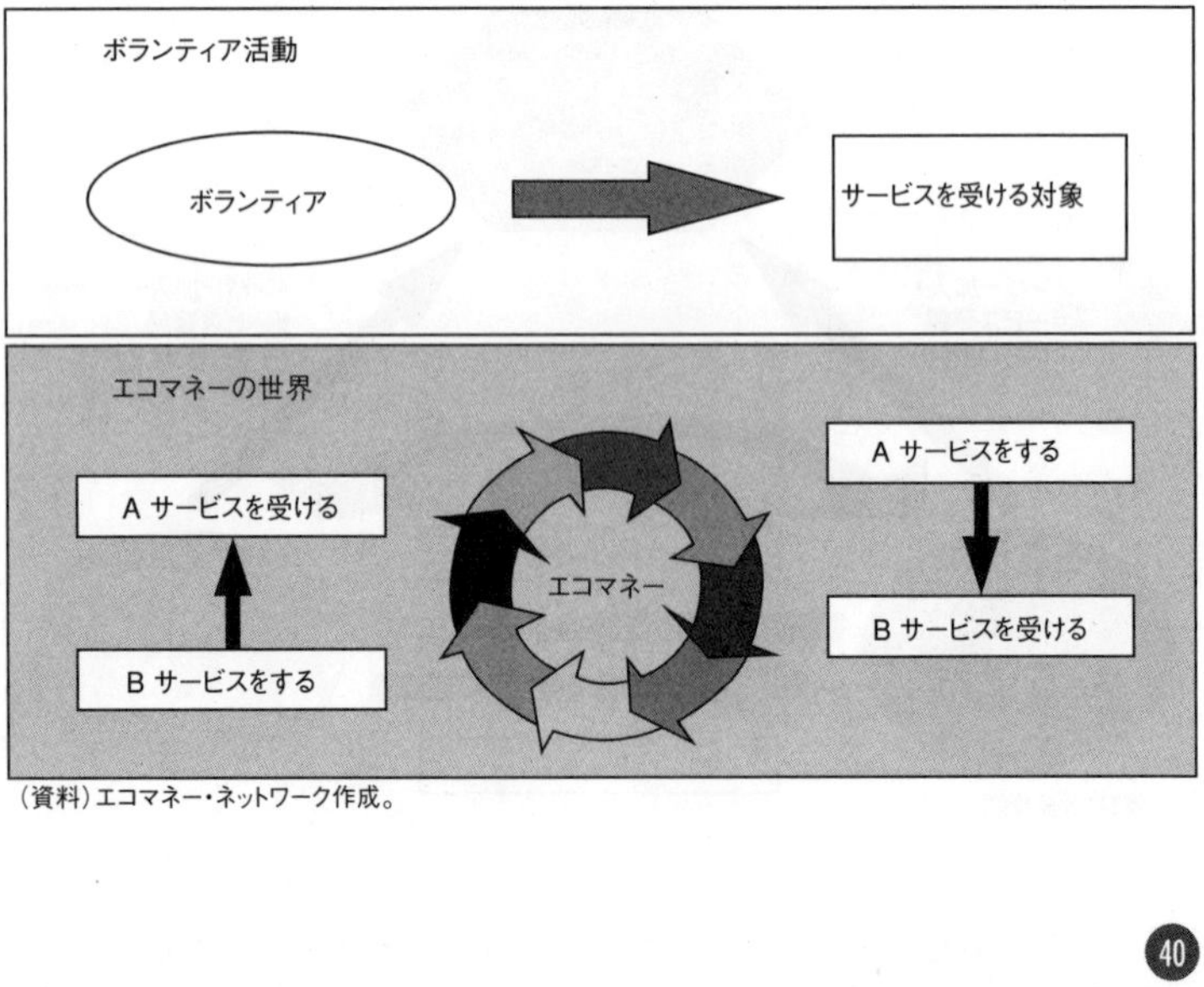

（資料）エコマネー・ネットワーク作成。

す。

グローバリゼーションのとめどもない進展や、少子高齢化社会の本格的な到来などに対して、これまでのやり方では生活設計がうまく行かないと、われわれ一人ひとりが感じています。年金、医療、そして膨大《ぼうだい》な赤字を抱える財政など将来の社会設計は不透明となっており、私たちは将来の生活に不安を抱いています。

しかし、私たちの不安の要因は、こうした制度の先行きに対する不透明感だけなのでしょうか。私は、その根本的原因は、今の日本社会に信頼関係に基づくコミュニティが喪失《そうしつ》していることだと考えています。

社会を活性化させるため、よく競争の必要性が強調されますが、人間の社会では、競争が開始されると協力を求める動機が生まれます。社会を構成する以上、競争と協力とは裏腹の関係にあり、競争だけで社会を構築することはできないのです。

二十一世紀社会のあり方を考察したフランシス・フクヤマの『「大崩壊」の時代』[*1]は、「人間は競争するために協力する」と言っています。

信頼は、私たちが二十一世紀の社会を創る上で必要不可欠なものなのです。信頼というと、抽象的に聞こえるかもしれませんが、ネットワーク化が進むこれからの情報社会においては、この信頼なくしてはNPO、まちづくりなどの活動のほか、経済活動もうまく展開できません。

個人本位のビジネスと思われているベンチャー・ビジネスですら、その成功はこの信頼によっているのです。このことは、ハイテク地帯であるシリコンバレーとボストン周辺を比較して、シリコンバレーの成功の秘訣を分析したアナリー・サクセニアンの『現代の二都物語』[*2]で明らかにされています。

サクセニアンは、ベンチャー・ビジネスという止めどもない個人的な競争という見かけの裏側に、いくつもの企業にまたがって個人をつなぐ信頼のネットワークが形成されており、それがある種のセーフティ・ネットとなって、シリコンバレーにおけるダイナミックなビジネスの発展が起こっていることを指摘しています。

しかし、私たちの社会の現実はどうでしょうか。ライフスタイルや価値観が多様化し、隣近所の親しいお付き合いはめっきり減りました。必要なものは何でもお金で買い、そんな時代が長く続き、地域で助け合う風習はいつしか影をひそめてしまったというのが実状です。都会のみならず、地方においても、次第に個人と個人が没交渉になって孤立化しています。私たちの周りには信頼のネットワークが形成されていません。

そう考えると、私たちの不安の根本的要因は、メンバー間の協力を促進する信頼のネットワークが形成されていないことにあるといえるのではないでしょうか。

これからの社会においては、競争はさまざまな分野でより一層進展していくでしょう。それとともに、フクヤマが言うように、協力への動機が高まります。しかも、不透明な世相だからこそ、より一層信頼のセーフティ・ネットを強固にすることが必要になります。

エコマネーはさまざまなコミュニティ活動を促進するために生活者一人ひとりにより使われるものであり、流通していることがお互いの信頼感の確認、醸成《じょうせい》につながるという効果があるものです。

「お金の切れ目が縁の切れ目」という諺《ことわざ》がありますが、それになぞらえていえば、これからの社会は「エコマネーの切れ目が縁（信頼）の切れ目」といえるでしょう。私たちにとって、今やコミュニティを再生し、「信頼」を創造することは急務となっているのです。


（＊1）フランシス・フクヤマ『「大崩壊」の時代—人間の本質と社会秩序の再構築』（鈴木主税訳、早川書房・二〇〇〇年）

（＊2）アナリー・サクセニアン『現代の二都物語—なぜシリコンバレーは復活し、ボストン・ルート一二八は沈んだか』（大前研一訳、講談社・一九九五年）

Q10 エコマネーは、どの程度活用されているのですか？

A——エコマネーは、現在一〇〇以上の地域で取組まれています。今「エコー」のように、日本全国にこだますするようになっています。

「信頼を創造する貨幣を創ろう！」こうした発想から生まれたエコマネーは、今や〝燎原《りょうげん》の火〟のごとく広がっています。栗山町のほか、多摩地区（東京都）、駒ヶ根市（長野県）、高岡市（富山県）、富山市（富山県）、草津市（滋賀県）、宝塚市（兵庫県）、高知市（高知県）などで導入され、全国的に注目を浴びるようになっています。

二〇〇一年五月現在で一〇〇を超える地域コミュニティでエコマネーが導入されたり、導入の準備が行われています。図表1―3は、そのうちすでに具体的な取り組みを開始している四〇程度の地域の取り組みをまとめたものです。

日本青年会議所は、全国に七〇〇以上の地域の青年会議所をもつ組織ですが、一九九九年よりエコマネーの関する広報普及活動を展開しています。「市民セクター財団支援特別委員会」で具体的な活動を行っていますが、二〇〇〇年七月には青年会議所としてのエコマネーの活用のプランである「新・向う三軒両隣論」をまとめられました。二〇〇一年には、各地域の青年会議所においてその具体化が進んでいます。

また商工会議所レベルでも、各地域のまちづくりにエコマネーが活用されるのではないかとの視点から、日本商工会議所の委員会で検討が進められています。

Q11 海外にはエコマネーはありますか？

A――エコマネーは、日本独自のものです。しかし、エコマネーと同じ考え方である「地域通貨」は、世界中で二五〇〇以上登場しています。

「LETS」という名称の地域通貨は、イギリス、ドイツ、オーストラリア、ニュージーランド、アルゼンチンなどで広がっています。

また、介護・福祉の分野でのボランティア・サービスを対象としてアメリカで活用されている「タイムダラー」があります。日本ではエコマネー登場以前に、有償ボランティア運動の対価として発行されるふれあい切符やタイムダラ

図表1-3　「エコマネー」を推進しようとしている主な地域（2001年5月現在）

地域（団体名）	目的	活動	エコマネー名
北海道栗山町（くりやまエコマネー研究会）	介護・福祉・環境・教育・まちづくり	平成12年2月〜3月、9月〜11実験開始。平成13年度本活動予定	クリン
北海道小樽市	介護・福祉・コミュニティ	平成13年6月より実験開始	
北海道富良野市	NPO連携	平成12年度より事業化調査	
北海道札幌市	コミュニティ	平成12年7月より試験流通	S（エス）
山形県鶴岡市	コミュニティ	平成13年度より試験流通	
群馬県太田市（太田エコマネー研究会）	NPO連携	平成13年度より実施予定	
群馬県桐生市	コミュニティ	平成13年度より実施予定	
東京都多摩ニュータウン（COMO倶楽部）	コミュニティ	平成12年5月より実験開始	COMO
東京都世田谷区（南生活クラブ生協）	コミュニティ	平成13年2月より実験開始	
神奈川県横浜市反町（乙姫エコマネー研究会）	介護・福祉・コミュニティ	平成13年7月より研究会発足	
神奈川県横浜市（エコマネー神奈川ネットワーク）	まちづくり	平成13年3月、県内のネットワーク発足	
神奈川県川崎市川崎区（川崎区エコマネー研究会）	ボランティア連携	平成13年6月より実験開始	福
神奈川県大和市	ボランティア連携	平成13年度、実施予定。知・役務・財の交換。電子エコマネー	LOVES
神奈川県藤沢市善行（善行エコマネー研究会）	コミュニティ	平成13年度より実施開始	
千葉県千葉市（千葉まちづくりサポートセンター）	商店街活性化	平成11年9月より本格運用開始〈エコポイント〉	ピーナッツ
長野県駒ヶ根市（駒ヶ根青年会議所）	まちづくり	日本青年会議所（JC）の本年の活動方針を受け、平成12年3月より5カ月間JC内で模擬実験活動を開始	ずらぁ
長野県伊那市（伊那市エコマネー研究会）	コミュニティ	平成12年5月より実験開始	い〜な
富山県高岡市（商工会議所、TMO）	まちづくり・市街地活性化	平成12年10月より実験開始	ドラー
富山県富山市（社会福祉生協）	高齢者福祉・生涯学習	元気な高齢者の生きがいづくりに導入。インターネットを活用した市民塾	夢たまご
静岡県浜松市（特定非営利法人ヘルスブレイン・ネットワーク）	NPO連携	平成12年度より実験開始	
静岡県磐田市（磐田エコマネー研究会）	高齢者福祉・まちづくり	平成12年度より実験開始	ちゃっと
静岡県清水市（清水駅前銀座商店街振興組合）	商店街活性化	平成12年度より実験開始	エッグ
愛知県豊田市（豊田青年会議所）	コミュニティ	平成13年4月〜6月実験開始（買物袋節約エコポイント制度を実施）	
滋賀県草津市（地域通貨おうみ委員会）	NPO連携・まちづくり活性化	平成11年6月より草津コミュニティ支援センターを中心としたNPO活動に導入〈LETS〉	おうみ
三重県津市	市街地活性化・コミュニティ	平成12年度より実験開始（三重県庁内で試験流通を開始）	大夢
兵庫県宝塚市（宝塚エコマネー実践運営委員会）	NPO連携・まちづくり活性化	平成12年8月より2カ月間実験を開始。NPOの連携やまちづくりに導入	ZUKA
高知県高知市（菜園場商店街振興組合）	商店街活性化	菜園場商店街で平成12年8月〜12月末、試験流通を実施。〈エコポイント〉	エンバサ
愛媛県関前村（グループだんだん）	コミュニティ	平成7年7月より実施〈タイムダラー〉	だんだん
愛媛県新居浜市（わくわくアイランド大島）	コミュニティ	平成12年度より実験開始〈タイムダラー〉	
愛媛県松山市（グループあんき）	コミュニティ・世代間交流	平成12年度より実験開始〈タイムダラー〉	
愛媛県松山市（ボランティアグループとなりぐみ）	コミュニティ・世代間交流	平成12年、研究会を発足。インターネット活用を想定	
沖縄県座間味村	地域活性化・地域間交流	平成12年度より実験開始〈LETS〉	ザマミ
日本青年会議所（市民セクター財団支援特別委員会）	まちづくり	平成12年の活動計画に組込む。同7月サマコンにて研究発表。（新・向う三軒両隣論）今後、各地域の青年会議所で展開予定	

（資料）エコマネー・ネットワーク作成。

ーの日本版ともいうべき「時間預託」が活用されています。

このような地域通貨は、図表1―4に示すように、一九九〇年代から登場し世界各地でその数を拡大していますが、それぞれの目的をもっています。

ヨーロッパを中心に広がる「LETS」は経済的不況、低所得者対策として、アメリカの「タイムダラー」は少数民族（マイノリティ）コミュニティ対策として登場しています。

それに比べて日本のエコマネーは、より広く、少子高齢化社会の到来、環境問題の解決などの課題を解決しコミュニティ再生を目指すことを目的としています。

なお、エコマネーと「LETS」や「タイムダラー」などの地域通貨との類似点と相違点については、Q32を参照してください。

図表1-4　90年代以降活発化する地域通貨

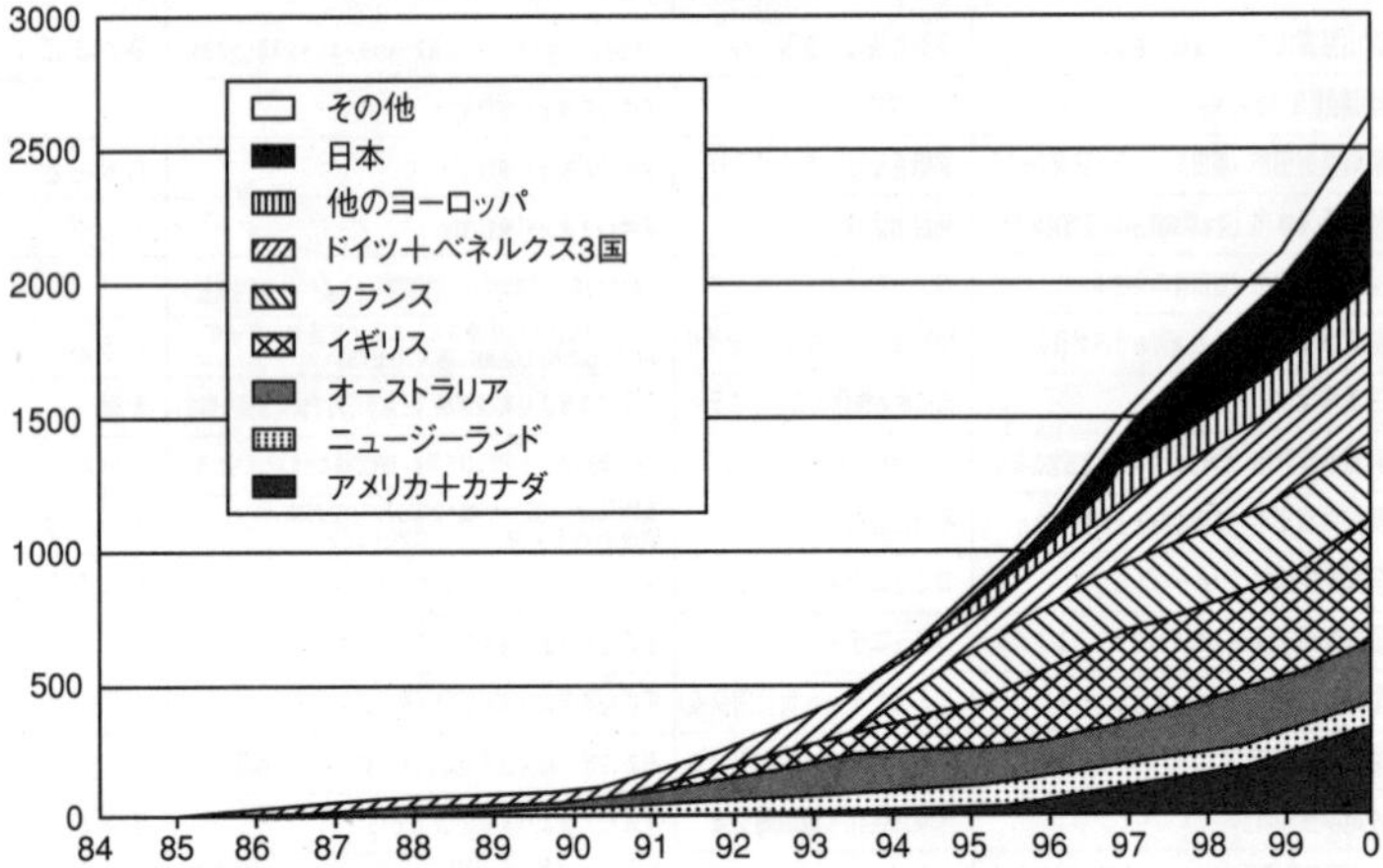

（資料）B・リエター「The Mystery of Money」

Q12 なぜエコマネーというように、「マネー」という言葉をつけたのですか?

A——お金は、元々は人間のコミュニケーション手段でした。エコマネーはその本来のお金の姿を取り戻そうというものなので、エコ「マネー」という名称にしたのです。

よく私は、「なぜエコ『マネー』という名称にしたのですか?」と聞かれます。そう質問する方の趣旨は、エコマネーが「多様な価値を多様なまま評価し、媒介できるマネー」はわかったが、それは「マネー」ではないのではないかとか、「マネー」と言う表現を使うと「善意の価値」を媒介するエコマネーが誤解されかねないのではないかとか、エコマネーというと貨幣経済とリンクして貨幣経済でも使われるもののようにとられかねないのではないかとか、いうものです。

私の答えは、「おっしゃることは私も同感なのですが、実はあえてエコ『マネー』という名称にしたのです」というものです。私はそのような誤解を受けることをあえて甘受《かんじゅ》する覚悟で、エコ「マネー」と名づけました。それは、人間のコミュニケーション手段であった本来のお金のあり方を取り戻そうということなのです。

皆さんは驚かれるかもしれませんが、お金が人類史上登場したときはエコマネー的なものとして登場しました。お金が登場したときは、今のお金のように経済的価値だけを交換するものではなく、コミュニティの多様な価値を交換するものでした。もちろん投機性などもありませんでした。

原始のお金は、共同体の価値観そのものを交換するコミュニケーション手段であったのです。エコマネーは二十一世紀という「百年紀」のみならず「千年紀」の転換期にあって、本来のお金の姿を新しい時代文脈の下で取り戻そうというものなのです。この点は、二〇〇一年二月に刊行した『エコマネーの新世紀―〝進化〟する二十一世紀の経済と社会』（勁草書房）で詳しく論じてありますので、ご関心のある方はお読み下さい。

Q13 「エコマネー・ネットワーク」の活動について説明してください。

A――「エコマネー・ネットワーク」はエコマネーを導入しようという地域コミュニティに対する支援組織としてさまざまな活動を展開しています。その他、エコマネーの語り部育成、研究者のネットワーク、企業コンソーシアムなども機能しています。

エコマネーは一九九七年より私が提唱しているものですが、現在エコマネーに対する反響は、〝エコー〟のように全国に響く状況になってきました。提唱者の私によっては快い驚きとも言えるものですが、九九年五月には、エコマネーを活用した事業をサポートし、関係者をネットワークする「エコマネー・ネットワーク」が発足しました。

図表1―5は「エコマネー・ネットワーク」の活動と組織ですが、活動の主眼は、サポートする事業ごとに設置する実験分科会とマニュアルの作成にあります。この組み合わせは、エコマネーを〝進化〟させる枠組みを具体化させたものと言えます。

図表1-5 エコマネー・ネットワークの活動と組織

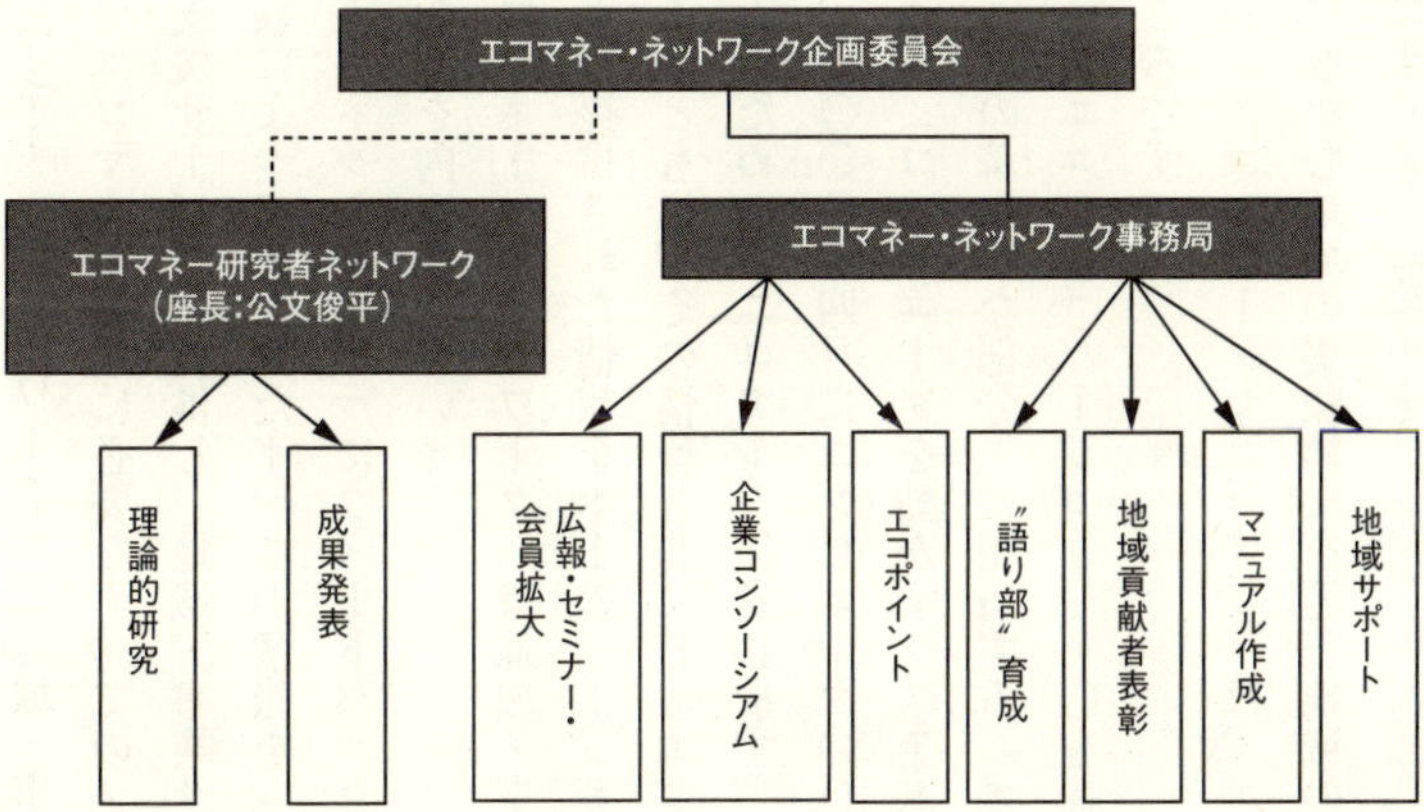

（資料）加藤作成。

エコマネーは地域やプロジェクトにおける実験の過程で生成・発展するもので、はじめから決められた既製のエコマネーがあるわけではありません。エコマネーは実験の過程で参加する生活者・住民の手で〝進化〟していくべきものなのです。したがって、エコマネーの実験のパターンはいろいろなものが考えられます。この実験分科会とマニュアルの作成のプロセスは、さまざまな〝進化〟のプロセスを保証するものです。

まず、地域コミュニティから「エコマネー・ネットワーク」にコンタクトがなされ、サポートする事業が決まると「エコマネー・ネットワーク」の責任者と地域・事業のリーダーその他よりなる地域分科会が編成されます。

この地域分科会の編成に当たっては、「エコマネー・ネットワーク」と地域・事業主体との間に協定の合意が交わされます。その合意は、

「エコマネー・ネットワーク」は地域・事業に対してエコマネー推進に必要なすべてのノウハウや支援サービスを提供し、地域・事業サイドは実験によって得られたすべての情報を「エコマネー・ネットワーク」にフィードバックすることなどを内容としています。

「エコマネー・ネットワーク」は地域・事業サイドから提供された情報をホームページ等で公表するとともに、その情報を基にしてエコマネー導入のためのマニュアルを作成します。このため、二〇〇〇年四月にコンピュータのOSのカーネル（コンピュータを動かすシステムソフトウェアの基本的な部分）に相当する「エコマネー・マニュアル」バージョン〇・〇を提示したところです。

この「エコマネー・マニュアル」は、エコマネーに取組む地域の実験結果を適宜《てきぎ》地域の人々の手により書き込めるようになっています。「エコマネー・ネットワーク」と地域コミュニティとのインターアクションの過程は繰り返し行われ、マニュアルもバージョン一・〇、バージョン二・〇、バージョン三・〇……と発展していきます。コンピュータの新しいOSとして注目を集めているリナックスと同様の枠組みです。

その他、広報普及活動、語り部育成についてはQ42を、研究者のネットワークついてはQ43を、企業コンソーシアムについては、Q44をそれぞれ参照してください。

Q14 「エコマネー憲章」について説明してください。

A――「エコマネー憲章」は、エコマネーの運動を広く展開していくときの基本原則を明らかにしたものです。エコマネーに取り組む方には、「エコマネー憲

図表1-6 **エコマネー憲章**

1. 真剣に「エコミュニティ」の発展を考えて運営を行うこと。
2. エコマネー事業を継続的に推進すること。
3. エコマネーをもっぱら営利を目的とした活動の手段としないこと。
4. 法に違反したり、あくまでも社会通念に反した活動はしないこと。
5. 新しい社会の仕組みとしての独創的かつ積極的な試みを行えること。
6. オープンなマインドで他のコミュニティとも協調できること。
7. 社会全体の利益の増進に貢献すること。
8. 以上の事項に関し、自主的にルールを設定し、それを守ることが出来ること。

1999年9月13日制定
エコマネー・ネットワーク

章」に賛同していただくこととしています。

「エコマネー憲章」は、エコマネーを法や社会通念に反することなく正しく普及させ、「エコミュニティ(*)」の構築を地域コミュニティにおいて継続的に進めるため、その基本となる原則を謳《うた》ったものです。「エコマネー・ネットワーク」に入会しようとする方々、団体の方々にはこの憲章に賛同して頂くこととしています。「エコマネー憲章」の内容については、図表1—6を参照してください。

(*)「エコミュニティ」についてはQ28で説明します。

2章

なぜ、エコマネーなの？（理由編）

Q15 なぜ、エコマネーが必要なのでしょうか?

A――エコマネーは、「エコライフ」(「情報とサービスは豊かに、モノとエネルギーは慎《つつま》しく!」というライフスタイル)をわれわれ一人ひとりが身につけ、持続可能な社会を創るために必要です。

地球環境問題がクローズアップされるにつれて、このまま推移すれば、人類の破局が到来することが明らかにされています。しかし、わたしたちのライフスタイルは、依然として「たくさんモノを作り、たくさん使い、たくさん捨てる生活」すなわち、「大量生産・大量消費・大量廃棄」型の産業文明の下で築かれた「豊かさ」を追求しているといえます。

一九九〇年代後半、バブルが崩壊して経済が大不況期に突入してからは、いかに消費を喚起《かんき》して、GDP(国内総生産)で計った経済指標を立て直すかが大きなテーマになっています。つまり、「大量生産・大量消費」が景気回復のしるしということになっているのです。

ここで、もう一度地球環境に目を向けましょう。西沢潤一氏(前東北大学総長、現岩手県立大学学長)らが著した『人類は八〇年で滅亡する』(東洋経済新報社・二〇〇〇年)と題するショッキングな本では、現在のペースで二酸化炭素の排出量が増大すれば、一〇〇年前後で人間が窒息死する率である三%に達すると警告しています。図表2―1をみてみましょう。

産業革命以降の経済成長は、Aで示すように急激な上昇を示してきました。しかしこのままいくと、一〇〇年前後にBのように破滅のシナ

図表2-1　人類に残されたシナリオ

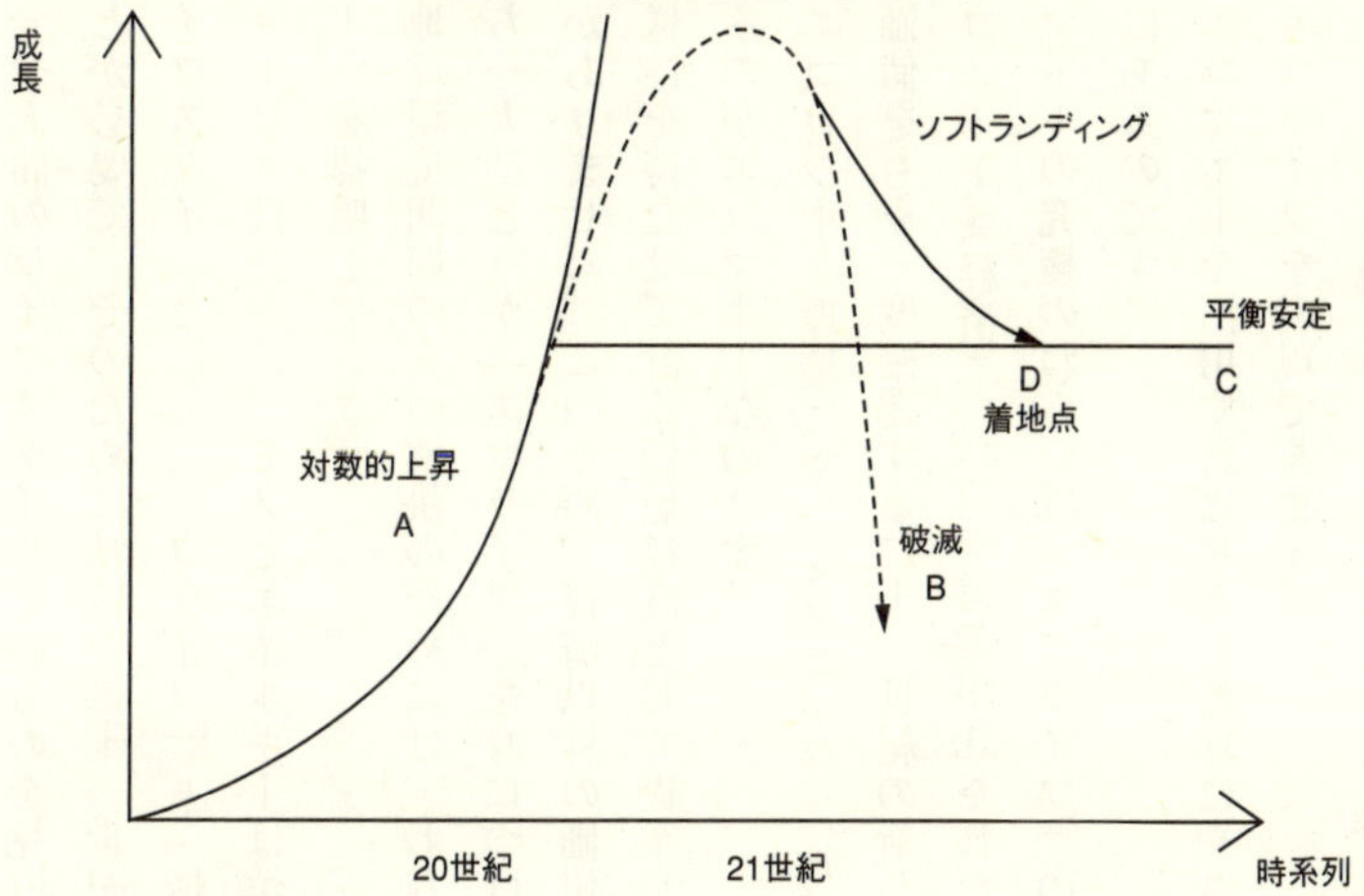

（資料）加藤作成。

リオがわたしたちを待っています。それを避けて、Cで示す平衡安定状態に達するように、急いでソフトランディングを図る必要があります。それがDで指し示す着地点です。

しかし、このような衝撃的な事実が発表されても、イソップ童話『アリとキリギリス』の中のキリギリスのように、人間がいつまでもライフスタイルを変更しようとしないのはなぜでしょうか？

それは、人間がお金以外の共通の価値尺度を持っていないからです。

人間のライフスタイルそのものを変えていくためには、もはや警鐘やお説教だけでは足りないのです。わたしたちは経済の価値を表すお金という価値尺度を持っていますが、お金ではうまく表すことの出来ない「環境、福祉、コミュニティ、文化」などに関する多様な価値を表しきれる価値尺度を持っていないのです。

今や人間のライフスタイルそのものを見直すことが必要で、そのために私は、二十一世紀のライフスタイルとして「エコライフ」＝「情報とサービスは豊かに、モノとエネルギーは慎しく！」を提唱しています。

地球環境問題の真の解決のためには、わたしたち一人ひとりが「エコライフ」を身につけるしかありません。このため、経済以外の価値を多様性を持たせて計る価値尺度として提案しているのがエコマネーなのです。

エコロジー（環境）やコミュニティ（地域）の価値をもう一度確認する二十一世紀の新しいエコノミー（経済）。三つの言葉が託されたエコマネーの究極のねらいは「エコライフ」の確立にあるのです。

エコマネーを活用すればヒトや地球にやさしいエコライフを実現できます。

Q16 なぜ、今のお金で持続可能な社会が創れないのでしょうか？

A——今のお金では、GDP（国内総生産）で計られた経済活動を膨張《ぼうちょう》させるばかりで、それによって持続可能な社会を創ることはできません。

今のお金は、ビジネスなどの場で金銭に換算できるほんの一部の情報しか扱っていません。しかも「価格」というひとつの物差しに置き換えているにすぎません。

これに対してエコマネーは、環境や福祉、コミュニティ、教育、文化などの多様な価値を多様なままで評価し、それを流通させます。この違いが持続可能な社会が創れるかどうかの決定的な違いを生みます。具体的に述べてみましょう。

まず、お金のパワーが全開となった二十世紀を振り返ってみましょう。

この一〇〇年を振り返ると、お金の世紀二十世紀のたどった軌跡がよくわかります。一八八九年と一九〇〇年に開催された「パリ万博」は、エッフェル塔やセーヌ川に架《かか》るアレキサンドルⅢ世橋などの巨大な構造物を展示し、人間の好奇心を喚起《かんき》することで二十世紀をスタートさせました。その結果「大量生産・大量消費・大量廃棄」型の産業文明が生まれました。

実は、われわれが使っているお金はその大きな駆動力でした。人間の欲望を全開させ、「大量生産・大量消費・大量廃棄」型の産業文明を構築したその究極の姿は、地球環境問題の発生であり、一九九七年から九八年にかけて起こったアジア通貨危機などの世界経済の不安定化なのです。

二十世紀は衣・食・住はもちろん、移動手段・情報をやりとりする手段・モノを生産する手段も飛躍的な発展を遂《と》げてきました。クルマがあれば好きな時に好きな場所に行けますし、工場では機械化により無人でも効率的な生産が可能になりました。家事も家電製品が肩代わりしてくれるようになりました。十九世紀では考えられなかったであろう夢が数え切れないほど現実のものになりました。

では、二十世紀において私たちはどれだけ幸せだったのでしょうか？

「幸せ」とは、私たちの欲求が財から得られる効用によってどの程度充足されたかで表せます。「満足度」と言い換えてもよいと思います。


幸せ＝（財から得られる効用）÷（人間がもっている欲求）

このように「幸せ」は分数で表せますから、分子（財から得られる効用）を大きくすれば幸せの値は大きくなります。二十世紀の世界は、モノの生産と消費が著しく伸びてきたことからも分かるように、財から得られる効用を追い求めてきたといえます。つまり分子をひたすら大きくしてきたのが「GDP」です。この分子の大きさを表してきたのです。

では、GDPの値が大きいこと＝幸せであること、と捉《とら》えて本当によいのでしょうか？

GDPやGNP（国民総生産）はモノがたくさん作られ、たくさん売られ、たくさん使われれば値が大きくなります。これがわれわれが獲得できた「豊かさ」の姿です。

しかし、モノとお金以外にも大事なことがあります。いくらお金があっても、「家の外に出れば空気が汚い」「交通事故が多い」「仕事に通うのに長い時間と高い交通費がかかる」といった問題があったとしたら、「この生活のどこが幸せなのだろうか？」ということになります。

また、コミュニティ（共同体）も幸せな生活になくてはならない重要な要素です。少子高齢化社会が刻々と進行している中で、地域における介護サービス・育児サービスなどお互いを助け合えるコミュニティがあるのとないのとでは大きな違いがあります。いくらお金があってもお互いを助け合える環境が無かったとしたら、それで「幸せ」なんでしょうか？

つまり、GDPには私たちの日々の生活に密接な「環境」や「人間関係」「コミュニティ」のようなお金で価値をうまく表せない部分が含まれていないという問題があるのです。

また、GDPにはマイナスの副産物もあります。われわれを取り巻く生活環境を見ると、環境が悪化し、都市化・過疎化でコミュニティが崩壊しています。「モノがたくさん作られ、たくさん売られ、たくさん使われる」ことで経済のレベルが上がるという現代の社会は様々な問題を引き起こしています。

例えば、一九六〇年代には高度経済成長のツケが各地の公害問題としてクローズアップされました。現在では新しい環境問題として、地球環境問題のほか「ダイオキシン排出」「ゴミ埋め立て処分場」「産業廃棄物」「環境ホルモン」などが挙げられています。

また環境問題以外でも、少年犯罪の増加や一人暮らしのお年寄りの増加に代表される老後の不安など、他人事では済まされないコミュニティとして取り組むべき問題もあります。

このように今のお金には、持続可能な社会を創ることはできないという内在的な限界があります。

Q17 では、エコマネーには持続可能な社会を創るという機能があるのでしょうか?

A——エコマネーには、山積みされた二十世紀の課題を解決し、みんなが「幸せ」を感じながら持続可能な社会を創れるようになる機能があります。

ここで「二十一世紀版の幸せの方程式」を考えてみることにしましょう。

さきほど、「幸せの方程式」として

幸せ＝（財から得られる効用）÷（人間がもっている欲求）

とあげました。

これを使って説明すると、「二十一世紀の幸せの方程式」は次のように考えます。

まず、分母（人間がもっている欲求）を一定限度に保つことにします。具体的には、不必要にエネルギーを使おうとしないように心がけたり、周りの人に迷惑になるようなことをしないということです。

その上で分子（財から得られる効用）のアップを求めていきます。モノやエネルギーの大量生産・大量消費・大量廃棄では二十世紀と同じですから、二十一世紀では財から得られる「価値」の質をモノやエネルギー重視から情報とサービス重視に転換していく必要があると思うのです。

「転換」ということばを使いましたが、ここでの意味はモノの豊かさを追求することをやめて、心の安らかさだけ求めよ、というのではありません。それでは、現実からかけ離れた禁欲主義になりかねません。それにモノを完全に捨て去ることなど現在のわたしたちには不可能なことでしょう。

わたしたちは「豊かさ」というと、食料に恵まれ、交通や通信の発達でコミュニケーションが充実していて、日々の生活の中に役立つ道具がたくさんあること想像してしまいがちですが、心の豊かさも重要ですよね。

すがすがしい空気、きれいな水、静かな住環

境、明るくあいさつができる近所づきあい、困ったときにいつでも相談に乗れる友人・知人・家族など、お金で買えない「ホッ」とする心のやすらぎがあってこそ本当に「豊か」であり、「幸せ」を感じられるのではないでしょうか？

お金では買えないヒトにやさしい環境や人間関係の大切さをお分かりいただけたでしょうか？　しかし、どうすれば手に入れられるのでしょうか？

地域にお金をばらまいたからといって、あたたかい人間関係ができるわけでもありません。そこで、私が提唱しているのがエコマネーなのです。

お金では買えない心の通い合いができる二十一世紀のマネーであるエコマネーはコミュニティの中で流通します。お互いに困っていること、助けてあげたいことを交換し、感謝のしるしとしてエコマネーを交換します。エコマネーが巡りめぐると、人間関係が希薄だった状態があたたかいコミュニティになるのです。

ここでもう一度「二十一世紀の幸せの方程式」を考えてみましょう。

「二十一世紀の幸せの方程式」は

幸せ＝（お金で買えるモノから得られる価値＋エコマネーを通じて得られるお金で買えない価値）÷（人間が持っている欲求）

と表せます。つまり、モノだけに頼らずココロからも豊かさを実感できる生活ができたとき、それが二十一世紀にあるべき幸せのカタチといえるのではないでしょうか？

ここでエコマネーは、分子の価値を高める役割を果たします。その分、お金で得られるものから得られる価値を低めても私たちの「幸せ」を維持し、さらに高めることもできるのです。

モノだけに頼らず、人や地球に優しい生活を実感できたとき、それが二十一世紀のあるべきライフスタイルといえると思います。

Q18

エコマネーは二十一世紀型の技術革新（イノベーション）を起こすために必要だといわれていますが、どういうことなのでしょうか？　コンピュータの世界におけるリナックスと同じ考え方だといわれますが、その意味するところは何なのでしょうか？

A――エコマネーは、一人ひとりの生活者が技術革新（イノベーション）の主体となって環境問題、少子高齢化などの社会的問題を解決していくための手段です。コンピュータのOSとして注目を集めているリナックスは、非営利主体が継続的に技術革新を起こしていく二十一世紀型の技術革新のあり方を象徴しています。

エコマネーは、リナックスモデルに代表されるネット上で起こっている二十一世紀型の技術革新を、リアルな地域コミュニティにおいて創造するものです。

二十一世紀の人類が抱える課題は、環境問題、少子高齢化などの社会的問題を解決し、エコライフを実現するためいかに技術革新を起こしていけるかです。そのためには、従来のように技術革新の主体を営利企業に限定するのではなく、一人ひとりの生活者が技術革新の主体となって環境問題、少子高齢化などの社会的問題を解決していく必要があります。生活者が発行するエ

図表2-2　21世紀型イノベーション（技術革新）への転換 ―非営利がコアに（常識の逆転）―

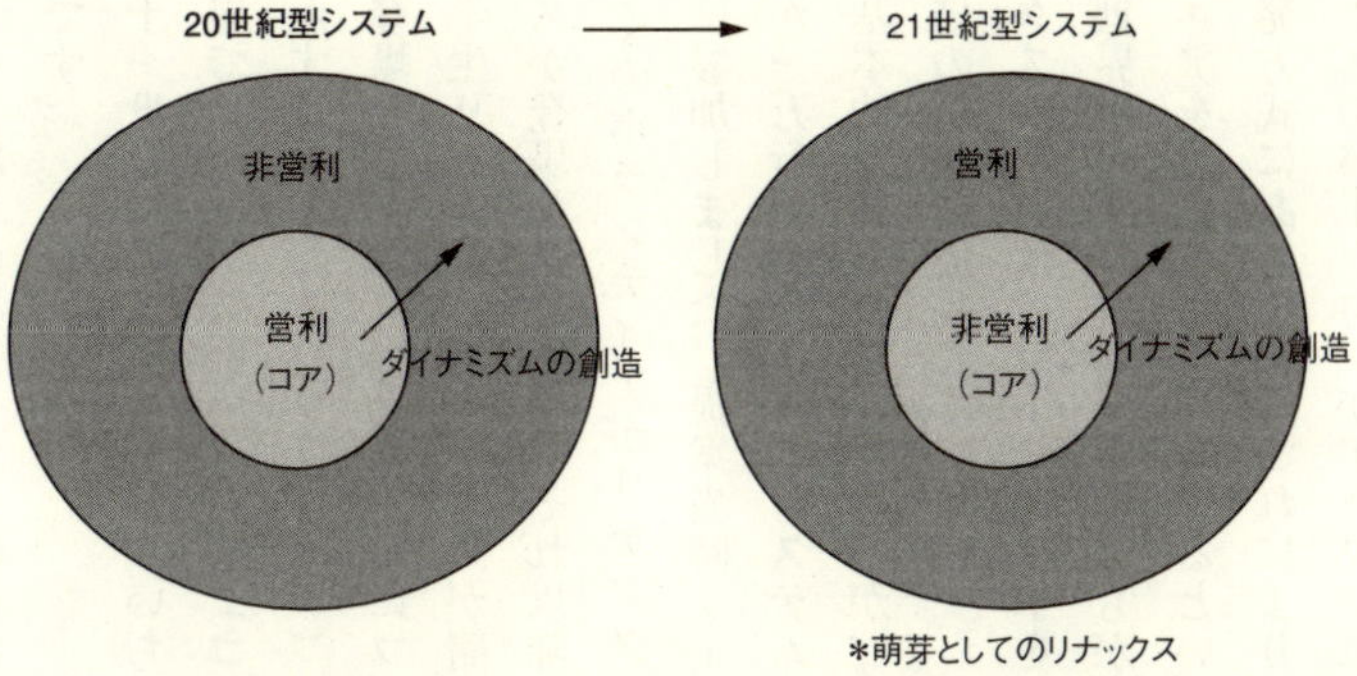

（資料）加藤作成。

コマネーは、まさにその技術革新の手段です。

二十世紀型の技術革新は、コンピュータ、ソフトウェア、インターネットなどを社会に提供してきました。この方式には、経済的技術革新中心、主体は営利企業、技術革新の対価として知的所有権が付与されるが、知的所有権が付与されれば技術革新は終了する（その意味で一回限り）という特徴があります。最近話題となっている「ビジネスモデル特許」は、その方式の延長線上にあるものです。

それに対して二十一世紀型の技術革新は、環境問題、少子高齢化などの問題を解決し、エコライフを実現するための社会的技術革新が中心であり、主体は一人ひとりの生活者や非営利組織（NPOなど）で、技術革新の対価として知的所有権が付与され一回限りで終了することはなく、技術革新は継続的に行われるという特徴があります。図表2―2は、二十世紀型の技術革新と二十一世紀型の技術革新との違いを図解したものです。

この二十一世紀型の技術革新は、いち早くネットの世界でリナックスというOS（コンピュータを動かす基本となるソフトウェア）を開発する際に登場しました。一九九一年にフィンランドの大学生リーナス・トーバルズが開発したリナックスが登場しましたが、それ以降世界中から数多くのボランティアがリナックスの改良・開発に参加しました。提案当時ソースコードがわずか一万行のカーネル（システムソフトウェアの基本的な部分）だったものが、今やその三〇〇倍のOSに成長しています。

リナックスの特徴は、ソースコードを無償で公開し、世界中のプログラマーの誰もが自由にソフトウェアを改良して再配布するというオープンな開発方式にあります。これにより、次第にリナックスのバージョンがアップされていきます。言ってみれば、OSが〝進化〟していくのです。

リナックスは、今やマイクロソフトすら脅かすようになっています。一九九八年十一月のハローウィーン期間中に、ネット上のオープンな開発方式の伝道師の一人であるエリック・レイモンドによりマイクロソフト社内の戦略文書である「ハローウィーン文書」が暴露されましたが、その文書の中には、マイクロソフト社自身がはっきりとリナックスを脅威と認めていることが明らかにされています。文書の最後には、マイクロソフト社としていかなる手を使ってリナックスに対抗すべきかまでもが記されていました。

その後、IBM、サン・マイクロシステムズなどがぞくぞくとリナックスをサポートすることを表明しており、今やリナックスは、サーバーOSとしてはマイクロソフトのウィンドゥズ

NTと並ぶシェアを占めるまでに成長しています。

リナックスは、商用ソフトよりもはるかに安定していて信頼性が高いといわれていますが、その秘密はソースコードの共有や公開性にあります。インターネットでつながった世界中のプログラマーがあらゆる環境で試し、もしバグ（ソフトウェアの誤作動）があれば直ちに修復される状況となっているからです。このようなリナックスの発展は、知的所有権による保護がなくとも技術革新が進展し、しかも、商用ソフトよりも優れた製品を生み出せることを証明したものとして画期的だといえます。

リナックスは、企業の存在や市場を排除してはいません。

むしろ、リナックスを使ったさまざまなソフトウェアを一般のユーザーへ提供する段階においては、企業を活用する形となっています。リナックスのユーザーへの提供を行う非営利企業であったレッドハットは、九九年八月株式公開して営利企業として事業を展開しています。カルデラ・システムズ、スーサ、ターボリナックスなどもこれに続いています。また、リナックスに適したハードウェアの開発・販売とともに、ハードのメンテナンス・サービスなどを提供しているVAリナックスなどの活動も活発化しています。

このような技術革新の創造とその後の事業化のメカニズムは、これまでの二十世紀型のものとは一八〇度異なります。ここで現れているリナックスモデルの方式は、権利化されないオープンな環境の下で非営利主体が技術革新を創造し、その後の継続的事業化のプロセスは、営利企業によって推進するという方式です。

二十世紀型の方式が、いったん製品が開発されると技術革新が終了することになるのに対して、二十一世紀型の方式においては、持続的に技術革新を創造し続けていくことが可能です。

また、二十世紀型の方式があくまで特許権による権利化、営利という動機を駆動力にするのに対して、リナックスモデルに代表される二十一世紀型の方式は、非営利によってダイナミズムを生みだし、それを営利によって実現するというまったく別の駆動メカニズムです。リナックスモデルの最大の成果は、個人個人がネットワークを通じて参加し交流することで、OSという大規模なソフトウェアでさえも作成可能だという認識を世界中の人に与えたことであり、その方式は他の分野に大きく拡大するでしょう。

エコマネーは、リナックスモデルに代表されるネット上で起こっている二十一世紀型の技術革新を、リアルな地域コミュニティにおいて創造するものです。

ここで、皆さんにQ13で紹介した「エコマネー・マニュアル」を思い起こしていただきたいと思います。二〇〇〇年四月「エコマネー・ネットワーク」は、コンピュータのOSのカーネルに相当する「エコマネー・マニュアル」バージョン〇・〇を提示したところですが、この「エコマネー・マニュアル」は、エコマネーに取組む地域の実験結果を適宜《てきぎ》地域の人々の手により書き込めるようになっています。

これによりバージョン〇・〇は、その後展開される「エコマネー・ネットワーク」と地域コミュニティとの相互作用によって、バージョン一・〇、バージョン二・〇、バージョン三・〇……と〝進化〟していきます。これはリナックスと同様の〝進化〟の枠組みです。

しかも、このような地域におけるエコマネー実験によって、各地域に経済のみならず、福祉、教育、文化などに関する社会的技術革新がNPO、ボランティア組織などの非営利主体によって創造され、その後適宜営利企業が参加して技術革新の成果が地域住民に還元され「エコミュニティ(*)」が構築されます。

このように、エコマネーの〝進化〟とエコマネー実験による社会的技術革新創造のメカニズムは、生活者のニーズに基づいて、技術革新のためのダイナミズムを非営利活動によって生みだし、それを営利活動によって実現するというリナックスモデルに代表される二十一世紀型の技術革新を、リアルな地域コミュニティにおいて創造するものなのです。

(*)「エコミュニティ」についてはQ28で説明します。

3章 エコマネーはどのようなもの？（解説編）

Q19 エコマネーの名前は各地域で異なっているようですが、名前はどうつけるのでしょうか？

A——エコマネーの名前は各地域コミュニティの考え方にしたがって、象徴的で、親しみのある名前を考えるのが良いでしょう。

親しみやすく、その地域コミュニティの活動にもっともふさわしい名前を考えてください。

例えば、

①〝クリン〟：北海道栗山町のエコマネーで、栗山のクリとクリーンな通貨という意味です。

②〝ＺＵＫＡ〟：兵庫県宝塚市の塚からとられました。

③〝ＣＯＭＯ〟：東京都多摩地区のエコマネーで、英語の「Community」からとっています。

④〝ドラー〟：富山県高岡市の〝ドラー〟は、高岡市がドラえもんの作家の故郷であることからつけられました。

その他、駒ヶ根市の青年会議所が付けた〝ずらぁ〟（お国言葉の〇〇ずらぁ）、富山県の社会福祉生協が付けた〝きときと〟（生き生きとしたという意味）など本当に楽しい名前が沢山あります。

そもそも貨幣の名前は、その地域コミュニティのアイデンティティを表すものです。エコマネーを導入しようとするとき、その地域コミュニティがどのような土地柄で、これからどのようなコミュニティを目指すのか、エコマネーの名前を考えることはこのような深い意味もあります。

▲宝塚で実験が行われた時のフォーラム。左から２人目が加藤

Q20 エコマネーの仕組みを具体的に説明してください。

A——**Ｑ７で説明した図表１―１を振り返ってください。その図を基に具体的に説明します。**

まず、住民、行政、企業、各種ＮＰＯ（非営利組織）、組合等の共同作業により、エコマネー運営団体（ＮＰＯなど）が設立されます。エコマネー運営団体については、Ｑ48を参考にしてください。

次に参加を希望する人は、エコマネー運営団体にメンバー登録します。エコマネー運営団体は、自治体や町内会・自治会などの協力を得て、本人からサービスの提供と受領に関する希望を聴取して集計し、会報やインターネットのウェブなどの上で「サービス・メニュー表」を作成します。図表3―1は、栗山町の「サービス・メニュー表」のサンプルを示したものです。

この「サービス・メニュー表」は、誰がどのようなサービスを提供し、誰が何を求めているかを知らせることを目的としたものであり、個々のメンバー（場合によっては、複数の場合もあります）は、「サービス・メニュー表」をもとに相手方にコンタクトし、取引を開始します。

メンバー間の実際の取引は相対《あいたい》で行われ、両当事者により取引価格が決定されます。その後参加メンバーの中で取引を連鎖的に広げます。AさんからBさんへ、BさんからCさんへ、CさんからDさんへ、DさんからEさんへ、といった具合です。

エコマネーに参加する住民は、環境、コミュニティ、文化のそれぞれのケースでエコマネーを活用して、新たにサービスを交換することができます。エコマネーの活用をいずれか一つの分野に限定する必要はありません。たとえば、AさんとBさんとの取引が「環境」に関するサービスでおこなわれ、BさんとCさんとの取引が「コミュニティ」に関するサービスでおこなわれ、さらにCさんはDさんと「文化」に関する取引をする。そんな形で、取引がメンバー間で連鎖的に広がっていきます。

各メンバーの取引はその都度各自の口座に記録され、メンバーには毎月定期的にバランスが通知されます。

さらに、各メンバーの個人勘定の残高は、他のメンバーもわかるように情報公開されます。これによって、つねに残高がマイナスを記録しているメンバーとの取引は、自制されるという効果が期待できます。

また、プラスやマイナスの残高に利子がつく

図表3-1
クリンサービス別メニューの主なもの

〈してあげられること〉　※のべ9000を超えるサービスが掲載

番号	サービス内容	氏名	年齢	住所	電話番号
1	買物同行	Aさん	26	角田	2-0000
2	わが家の雑煮	Bさん	53	松風2丁目	2-0000
3	そば打ち	Cさん	44	桜丘1丁目	2-0000
4	写真の撮り方	Dさん	65	継立	2-0000
5	モーニングコール	Eさん	19	桜丘1丁目	2-0000
6	図書館の本を借りてあげる	Fさん	9	中央3丁目	2-0000
7	メールの使い方	Gさん	33	中央4丁目	2-0000
8	庭木の雪囲い	Hさん	68	中里	2-0000

〈してほしいこと〉

番号	サービス内容	氏名	年齢	住所	電話番号
1	アイスクリームの作り方	Aさん	45	角田	2-0000
2	魚のおろし方	Bさん	19	松風2丁目	2-0000
3	有機野菜の育て方	Cさん	64	朝日3丁目	2-0000
4	昔の遊び方	Dさん	8	継立	2-0000
5	掃除の裏技（台所編）	Eさん	30	桜丘1丁目	2-0000
6	家庭の省エネアドバイス	Fさん	48	中央3丁目	2-0000
7	おいしいお店情報	Gさん	26	中央4丁目	2-0000
8	除雪	Hさん	78	富士	2-0000

クリンサービスメニュー別主なもくじ

ジャンル	項目	してあげる人のページ	してほしい人のページ
生活一般	食事・料理に関すること	1〜14	409〜440
	裁縫・着付けに関すること	14〜18	440〜446
	子育てに関すること	18〜33	446〜447
趣味	音楽に関すること	135〜137	474〜479
	文化・芸術に関すること	137〜151	479〜489
	植物に関すること	151〜162	489〜499
その他	写真・ビデオに関すること	168〜172	520〜520
	文書に関すること	172〜178	522〜522
	コンピュータに関すること	178〜182	523〜528
してあげられる人・してほしい人リスト		205〜408	531〜652
新しいメニュー		653〜660	661〜664

（資料）エコマネー・ネットワーク作成。

ことはありません。

残高は「エコマネー運営団体」全体ではつねにプラスマイナスゼロになっています。一つのサービスが実行されるたびに、提供者にプラスが加算されれば、サービスを受けた人に、それとおなじ分のマイナスが生じるしくみなので、全体を合算すれば、つねにゼロなのです。

個人勘定において残高がどれほど増加しても、そのエコマネーはコミュニティの中でしか使い道はありません。逆に、残高がマイナスになっても債務を返済する義務はありません。エコマネーでの取引を続けることによってバランスを回復すればよいのです。

また、取引にあたっては、中立的な立場にある「コーディネーター」を通じてマッチング(サービスを依頼する人と提供する人をうまく結びつけること。以下「マッチング」という言葉を使います)する場合もあります。コーディネーター制については、Q66を参照してください。

これは、顔見知りの関係でない者の間でもコンタクトを容易にしたり、サービスの提供者と受領者との間のマッチングを容易にする効果があります。これによりエコマネーの循環が促進されることが期待されます。

エコマネーでの取引は、一定期間経過後は(三カ月、六カ月など。具体的には、コミュニティごとに決める必要があります)振り出しに戻ります(*)。その意味で、エコマネーには有効期限があります。

このことは、エコマネーでの取引は債権債務関係ではなく、メンバー間の信頼関係に基づくものであるからです。

振り出しに戻る際、残高がプラスで期間中活発に取引した人に対しては、地域のエコマネー運営団体や「エコマネー・ネットワーク」から表彰が行われます。このような方には、お金ではなくお金に代えられない栄誉で報いることが適当と考えられます。

エコマネーを受け取った住民は、エコマネーを活用して、新たにサービスを交換することが可能です。また、受け取ったエコマネーを高齢者や福祉関係団体に譲渡して、その高齢者や福祉関係団体が介護サービスを受ける場合に活用することができます。また、粗大ゴミの回収をしてもらうときに市町村等に払う手数料の支払いにあてたりすることもできます。この場合は、行政の協力が必要です。

以上のようなエコマネーの取引を促進するためには、メンバー間の信頼関係が前提となります。そのため、メンバー同士の定期的な交流会(エコマネー・フェスティバルなど)などを通じて、オフラインの交流も進め、信頼関係の醸《じょう》成《せい》に努めることも必要です。

(＊) Q4の注で補足したように、時間の経過とともにエコマネーの価値が減価していくことも考えています。

Q21 エコマネーの使い方をもう少し具体的に説明してください。

A——Q6で代表的なものを紹介しましたが、それらを含めて整理すると、次のようなケースがあります。いずれにしても、エコマネーはすべてのコミュニティ活動に適応することが可能ですので、参加メンバーでアイデアを出すことが必要です。

①介護福祉

介護保険制度の対象は身体介護を基本とし、

簡単な日常生活の支援や「心のケア」までは対象になっていません。

これら介護保険制度の対象にならないサービスや介護保険制度での要介護の認定を受けていない高齢者を対象とした住民の相互扶助に対してエコマネーを適用することができます。話し相手や家の前の雪かき、病院の送り迎え、安否確認、買物代行など高齢者が求めることはいくらでもあります。

②環境保全、自然との共生

市民が参加する街の清掃、ゴミのリサイクル、ゴミの発生量の抑制、さらにはグラウンドワーク（市民と行政が協力して、市民公園の造成、河川の浄化などの事業を行うもの。イギリスが発祥の地であるが、日本でも静岡県三島市を中心に各地で取り組まれている）、植林や河川浄化活動などにエコマネーを適用します。この場合、エコマネーを取得した住民がエコマネーを行政の各種有料サービスの支払いに当てることができるように工夫することが可能です。この点は、Q61を参照してください。

③まちづくり

エコマネーをまちづくりに活用する方法としては、商店街と住民のボランティア活動を結びつけ、商店街と住民のつながりを拡大することが考えられます。

例えば、駅前商店街に放置された自転車の整理をした学生さんにエコマネーが支払われ、学生さんはそのエコマネーで、宅急便を留守のときに預ってもらったり、商店街で開催されるそば打ちのイベントなどでそばの打ち方などを教わることができます。また、商店街の空き店舗を活用して高齢者にインターネットを教える「パソコン・インターネット教室」が設置され、そこで高齢者にインターネットを教えた若い女学生が伝統的な料理のつくり方を教わることなどのケースも考えられます。

その他、商店街の活性化と関連させたエコマネーの活用方法については、Q62で詳しく説明していますので参照してください。

④教育

高齢者向けの「パソコン・インターネット教室」、高齢者から子供への知恵や知識の伝承、小学校でのコミュニティ活動の実践と地域社会との交流などに適用できます。

例えば、小学生が校内や地域でボランティア活動をしてエコマネーを手にいれます。それで、お父さんには日曜日に学校で一日先生になってもらい、仕事の専門的な話を聞きます（銀行員のお父さんには、銀行の為替の話など）。

また、お母さんには得意の料理を皆で教わり

ます。そして、エコマネーを支払うなんてどうでしょうか。高齢者の昔話を聞くのも良いですね。子供と父兄、地域の人たちとの交流の輪が広がります。

⑤都会と地方の交流

エコツーリズム、アウトドアなどを通じた都会と山村、農村、漁村などの住民同士の交流促進などに適用できます。

今、山間地域や農山漁村地域は、高齢化や過《か》疎《そ》化をはじめさまざまな課題を抱えています。一方、都会の人たちも自然に接する機会が少なく、心や身体に〝乾き〟を感じています。そこで都会と地方との住民の交流を促進するためにエコマネーを活用します。それは、単に自然の中に入っていくという単純なことではなく、そこに住む人たちとの交流が潤《うるお》いを与え、人を元気にするのです。この交流にエコマネーを活用するのです。

例えば、田植えを手伝いエコマネーをもらって、夏に再び訪れて盆踊りを教えてもらう。山村で植林などの手伝いをしてエコマネーをもらい、それで竹籠《たけかご》づくりなどを教えてもらうなど、都会の人と山村、農村、漁村の人たちとの交流にエコマネーを導入するのです。

以上主要なケースをご紹介しましたが、その他次のようなケースも考えられます。

ケース1

コミュニティ活動の中核として小学校や中学校を位置づけ、各種のコミュニティ活動を展開したいというニーズ

コミュニティ活動の場として小学校や中学校などの学校を活用し、運動会などすべての行事を住民参加型として、参加する住民に対してエコマネーを発行します。

ケース2

核家族化の進んだ現在、高齢者と子供がふれあう機会が少ない。その機会をつくりたいというニーズ

高齢者と子供との交流を促進するため「高齢者・子供デイケアセンター」を設立し、その運営をすべてボランティアベースでおこない、ボランティアに対してエコマネーを発行します。

ケース3

都会に自然とふれあう場所をつくりたいというニーズ

都会に自然の営みを肌《はだ》で感じることができるような「エコフォレスト」（森林空間）を配置し、自然とのふれあい、新鮮な空気、精神的な癒《いや》し、新鮮な食べ物などを身近に得られるようにする。この「エコフォレスト」づくりを住民参加のグランドワーク方式で行い、参加する住民に対してエコマネーを発行します。

Q22 エコマネーは介護の分野にどう使われるのですか？

A——エコマネーでは、介護保険制度ではカバーされないお年寄りの話し相手になるなどの「心のケアサービス」を提供することができます。

介護保険制度自体は非常によい制度ですが、それだけでは地域が抱える介護の問題を解決できません。というのは、要介護の認定を受けていないけれども放っておくと要介護になる高齢者に対するサービスの提供は介護保険制度では対応できず、また、要介護の認定を受けた高齢者に対しても、介護保険制度の下で提供されるサービスは身体介護と家事支援だけで不十分であるからです。

このような高齢者からすれば、全くサービスを受けられなかったり、身体介護と家事支援のサービスを受けられるだけで、話し相手や相談相手もなく孤独な生活を送っていかなければいけない可能性があります。このような高齢者に必要なのは、話し相手や相談相手になってくれる人であり、それらの人により提供される「心のケア」サービスです。「心のケア」という表現は、（財）さわやか福祉財団理事長の堀田力さんがよく用いるものです。

介護保険制度では、放っておくと要介護になる高齢者に予防のためサービスを提供することはできません。また、介護保険制度では、いったん要介護の認定を高齢者が受けてサービスを受けても状態が悪化した場合は、要介護度の認定のレベルが上がってサービスが手厚く受けられるようになるのですが、高齢者が努力して症状を軽くしてもその努力を評価する仕組みが内蔵（ビルト・イン）されていないため、高齢者がいったん要介護の認定を受けると状態が悪化する方向に向かいがちになるという問題があります。

要介護の認定を受けていない高齢者が健康状態を維持して要介護にならないようにしたり、いったん認定を受けた高齢者がよくなる方法はいろいろあるでしょうが、一番効果があるのは、「心のケア」サービスを提供する人が「おじいちゃん、もう一度皆と集会場に出られるようになろうね」とか「おばあちゃん、昔のように元気で商店街に行こうね」というように激励しながらケアを進めることではないでしょうか。

私の考えは、このような「心のケア」サービスにエコマネーを活用できないだろうかというものです。こうした問題は、三二〇〇以上ある全国の市町村が抱えています。元気な高齢者が増えることは、市町村にとってそれぞれが運用している介護保険の保険収支が改善するばかりか、地域コミュニティの活力向上につながります。また、家族にとっても好ましいものといえましょう。

Q23 エコマネーは「信頼」により流通するとのことですが、中央銀行が保証しないようなお金が本当に流通するのでしょうか？

A――お金は使うメンバーの信頼さえあれば流通します。この点はエコマネーであっても日本銀行によって保証されている円であっても同様です。むしろ「信頼」に基づくエコマネーの方が流通しやすいともいえます。

「信頼」によってお金が流通しその担保は必ずしも必要ないというと、「本当にそうだろうか?」という風に不安を感じる方がいらっしゃるかもしれません。われわれは、お金が流通しているのは中央銀行である日本銀行が担保しているから流通していると思い込んでいますが、実はそうではありません。

日本銀行は、今、市場に流通している円に相当する金などの資産を保有していません。管理通貨体制の下では、そのようなものは存在しません。

財布から「千円札」を取り出してみてください。夏目漱石の左側に赤い印影があります。よくみると「総裁之印」という文字が識別できます。というのも、この紙切れは「日銀総裁が千円の借金をした」ことを示す借用証書だからです。日銀総裁は、この一枚一枚に対して「千円という価値を国民から借りている」という事実を表明しているのです。

したがって「千円札」とは、「日銀による千円相当の借用証書」にすぎません。それ自体は何の価値もないものなのです。ところが、この紙切れをわれわれは「お金」としてありがたく受け取っているのです。

なぜ、こんな紙切れに「お金」としての価値を認めているのでしょうか?――それはわれわれが日銀を信用しているからです。日銀に信用があるから、日銀の借用証書にすぎない「千円札」を「お金」として受け取るのです。借金が「お金」になっているのです。

さらに重要なことは、この借用証書を他の人も受けとってくれるということです。この他人も受けとってくれることを「一般受容性」といいます。「一般受容性」があるから、この借用証書でモノやサービスが交換されます。他の

人も受けとってくれると信じているから、利息もつかない借用証書をすべての人がありがたく受けとるのです。

まずは「この借用証書には千円の価値がある」という「信用」があります。その上に「他の人も同じ『信用』を有している」「だから他の人も受けとってくれるだろう」というように「信用」が連鎖する構造になっているのです。そういう「信用」の連鎖の中で、日銀の借用証書が流通するというのが実態なのです。

エコマネーの場合はどうでしょうか？　エコマネーの取引は、「サービス・メニュー表」をもとに相手方にコンタクトし取引を開始します。取引は常に相対《あいたい》で行われ、サービスが提供された後にエコマネーが支払われるのです。そこにあるのは、お金の場合の「信用」より強固な「信頼」関係です。「信頼」は人と人とが直接つながって形成されるものであり、「信用」より強固といえます。

お金の取引の場合の「信用」は、たとえば「千円札」を持っているとすると、その「千円札」を受け取ってくれるのはAさんでも、Bさんでも、Cさんでも問わないのですが、エコマネーの場合の「信頼」は、たとえば一〇〇エコマネーを受け取るのは、介護とか環境に対するサービスを提供するという意思を「サービス・メニュー表」上に表明し、実際に顔を合わせてサービスをしたDさんなのです。

こう考えるとエコマネーの場合の方が「お金」として流通する基盤が強固であるといってもよいのではないでしょうか。しかもエコマネーには有効期限があり、一定期間経過するとそのエコマネーは有効でなくなります。そうすると、エコマネーを持っている人はそれを蓄積しようとするのではなく、常に使って流通させようとするでしょう。そうなると、一度エコマネーにより生まれた「信頼」が、何度もエコマネーが流通することによりさらに強固になると考えられます。こうしてエコマネーの流通に「良循環」が形成されます。

Q24 ボランティア活動との違いはQ8でわかりましたが、エコマネーをわざわざ使わなくてもボランティア活動で十分ではありませんか？

A——エコマネーがボランティアサービスと異なるには、そこに交流が生まれ信頼のコミュニティを創造する効果がある点です。

日本のボランティアサービスでは、サービスを提供する人が一方的にその善意を提供するものとして限定的に考えられがちですが、エコマネーはそこに「双方向性」を生み出します。

これも北海道の栗山町のケースですが、二〇〇〇年二月と三月に行われた第一次実験の際、あるおばあちゃんがメンバーとして登録していました。しかし、そのおばあちゃんは、「サービス・メニュー表」に自分のできることを登録する段になって、なかなか登録をしませんでした。

「どうしたの？」

「エコマネー運営団体」である「くりやまエコマネー研究会」の事務局の人が事情を聞いてみたところ、「登録できるほど立派なサービスで自分ができることはない」という回答。

その事務局の人が「おばあちゃん、登録するのは自分ができることであれば、なんでもいいんだよ」と説明し、「何かあるのじゃないの？」と聞いていているとき、おばあちゃんが秋田県出身であることに気づきました。

「おばあちゃん、秋田のこと何かあるんじゃないの？」

「うん、それなら、きりたんぽの作り方なら教えられる」

「そう、そう、それでいいんですよ」

結局、そのおばあちゃんは、きりたんぽの作り方を「サービス・メニュー表」に登録しました。このようにエコマネーの対象となるのは、従来のボランティア活動で呼ばれてきた範囲を大きく超えるものなのです。

これまでお金に換算されることがなかったけれど、私たちにとってきわめて重要なもの、それらの環境、福祉、コミュニティ、文化に関するサービスの仲立ちをし、活発に流通させるのがエコマネーです。

これまでこうした活動は、「ボランティア」といった言葉で表現されるものでした。「ボランティア」といった言葉は、美しい響きをもっています。たしかに、そうした行為は人間の美しい面をあらわすものですが、半面、活動に参加する人を狭く限定するという面もあります。

環境、福祉、コミュニティや文化への関心が高まるなか、これからはもっと自然に、すべての市民がコミュニティのさまざまな活動に参加する雰囲気をつくる必要があります。そのとき、多くの人が参加できるシステムとして機能するのが、エコマネーです。

ふれあい切符を推進している財団法人さわやか福祉財団理事長の堀田力さんも、「ボランティアという考え方中心でやってきた堀田さんも、これからはコミュニティサービス路線でやらなきゃ、時代遅れになるってことですかね」(*)とご自分の心情を吐露《とろ》されていますが、ここでいう「コミュニティサービス」とは地域コミュニティにおける双方向のサービスを指しています。

一部の人の善意が、ある特定の分野に振り向けられるのが、これまでのボランティアのあり方であったとしたら、

エコマネーがつくりだす世界は、すべての人の善意が双方向的に行きかい、人々の自発的な活動が網の目のようにつながる世界といえるでしょう。

このように、エコマネーは多くの人を巻き込むことの出来るシステムであり、そこに信頼の輪をつくることができます。今、日本の社会では「信頼」のネットワークが欠けています。その「信頼」のネットワークを創るためには、ボランティア活動では不十分でエコマネーが必要となります。

（＊）堀田力「ボランティアとコミュニティサービス」（さわやか福祉財団「さあ、言おう」二〇〇〇年九月号より）

Q25 エコマネーがなくても、感謝の気持ちは表せるじゃありませんか？　なぜそのために、エコマネーを循環させる必要があるのですか？

A――エコマネーを用意する理由のひとつに「遊び心」を取り入れて、多くの人に参加してもらう目的があります。

エコマネーが多くの人にとって参加しやすいシステムだと考えられる理由には、そこに「遊び心」があるからということもいえるでしょう。エコマネーが増えたり減ったりする数字を眺《なが》めたりするのは楽しいものです。プラスになれば表彰されるなど、いい意味でのゲームの要素を取り入れていけば、より多くのエコマネーが流通して、結果としてコミュニティが活発になると考えています。

実は、日本のコミュニティにはこのような「遊び心」でお互い支え合う仕組みがあったのです。

一九九九年七月、北海道栗山町に最初にうかがったときにも、こうした説明をしたのですが、説明会に出席していた一人のおばあちゃんがおもしろいことをおっしゃいました。

「そりゃ、〝手間替え《てまが》〟ということだ」

「なるほど、おっしゃるとおり」と、私は思わず感心せざるをえませんでした。

「手間替え」とは「結い《ゆ》」とも呼ばれ、日本にむかしからあったコミュニティのしくみの一つです。「万雑《まんぞう》」と呼ぶところもあります。

「結い」とは、沖縄県を始めとする日本全国の農村共同体において、共同体の中で集中的な人手を必要とするときに、同じ人数の労働力を同じ日数だけ、お互いに提供し合う相互援助システムです。

沖縄県石垣島が発祥の地とされていますが、江戸時代までは日本全国の農村共同体で一般的に行われていました。数十年前まで多くの農村共同体に残っていたので、思い出される方もいらっしゃると思います。

沖縄県では「結い」または「ゆいまーる」と呼ばれていますが、その他の地域では「手間替え」や「万雑」という呼称を使っているところもあります。

「結い」は、単なる労働力の相互援助システムではありません。さきほどの「遊び心」をふんだんに取り入れたコミュニティのイベントなのです。そのイメージを持っていただくために、二十世紀半ばまで全国の農村にあった田植えの「結い」をとりあげてみましょう。

そこでは、田植えだけを共同作業しているのではないのです。田の神の物語が共有され、参加する人々を楽しませる歌や踊りがあり、〝ハレ〟(日常とは異なる特別な時間。日常の時間である〝ケ〟と対比されます)の食事が用意されています。田植えをする人たちも特別な衣装や笠で飾り、神主役をつとめる着飾った人、楽器を奏《かな》でる人、特別な料理を整える人も登場します。

エコマネーに換算されるサービスは、「結い」とおなじ発想で、地域コミュニティのニーズを満たしてくれます。一家にある労働力だけで田植えやお葬式をすませるのはたいへんだ。だから、何軒かが共同でやろう。

それとおなじ発想で、たとえば寝たきりのお年寄りの話し相手を家族のなかにだけ求めるのではなく、コミュニティ全体に求めます。そこにエコマネーが交換されて「遊び心」が生まれます。また、肌でふれあう「エコマネー・フェスティバル」などのイベント、交流会なども開催されます。

エコマネーは二十一世紀の新しい「結い」をつくろうというものともいえます。ただし、昔の農村共同体の関係を新しいコミュニティで復活させようというのではありません。この点は、Q29を参照してください。

Q26 エコマネーでの価格決定は、どのように行うのですか?

A——一時間あたりのサービスを一〇〇〇エコマネーとするなど時間を単位とし、その標準に感謝の気持ちなどを表す幅として一〇〇〇エコマネー、五〇〇エコマネーなどを設けて、〝ゆらぎ〟の値づけを行います。

エコマネーが「あたたかいお金」であり、その特性が価格決定に反映されます。

まず、お金による値づけについて考えてみましょう。

通常のお金は、経済の分野においてビジネスなど金銭に換算できるほんの一部の価値を対象として、しかも価格という画一的な指標に置き換えて媒介しています。しかも、モノの価格は市場で決まり、その価格をわれわれが受け入れて取引するという関係が一般的です（この意味で「冷たいお金」と形容することができます）。これに対してエコマネーは、環境、介護・福祉、教育、文化などに関する多様な情報を多様なまま媒介するものです。人間の多様性をできる限りそのままの形で媒介します。この点がエコマネーの本質的な特徴です。

　したがって、その値づけは、サービス提供者の〝思いやり〟や〝自由な意志〟、サービス受領者の〝感謝の気持ち〟を反映できるように個別の取引ごとに相対《あいたい》で決めることが必要です。この意味でエコマネーは「あたたかいお金」であり、価格情報だけではなく相手に対する思いやりやコミュニティの価値自体をも媒介することができます。

　したがって、エコマネーにおけるサービスの価格決定は、市場における価格という指標とはできる限り離れて、しかも、市場という場において無機的になされるよりも両当事者間の自由な値決めに任されるべきものだと考えられます。

　具体的には、サービスの価格決定に当たっては、そのサービス提供に要した「時間」が尺度になります。ただし、「時間」を尺度としつつも、すべてのサービスを、たとえば「一時間あたり一〇〇〇エコマネー」とするのではなく、一定の範囲内で（最大一対二まで。その範囲については、エコマネーに取り組むコミュニティごとに決める必要があります）、サービス提供者の〝思いやり〟や〝自由な意志〟、サービス受領者の〝感謝の気持ち〟を反映できるように工夫をします。これを〝ゆらぎ〟の値づけといっています。

栗山町のケースでは一時間当たりのサービスを一〇〇〇クリンとし（三〇分では五〇〇クリン）、一〇〇クリンや五〇〇クリンを感謝の気持ちを表すときに交付することにしています。

Q27 〝ゆらぎ〟の値づけについて、もう少し説明してください。

A——〝ゆらぎ〟の値づけは、エコマネーが対象とする「互酬《ごしゅう》」の関係での価値の価格決定に最も適したものです。

このことは、エコマネーでの価格決定のシステムをみると明確になります。

エコマネーでの価格決定においては、取引当事者間の価格決定が一定の範囲内で時間の経過や状況の変化とともに変化してもよいという柔軟性を持っています。

今、サービス提供者であるAと受け手であるBとの取引に際してエコマネーが使われる場合を想定してみましょう。

この場合、AとBの契約当初は、両当事者が満足する形で価格決定することが困難であることが考えられます。サービス受領者の〝感謝の気持ち〟は、サービスを受けてみてはじめて確定するものであり、サービスを提供する者の〝思いやり〟や〝自由な意志〟も、サービス提供後わかる場合が多いからです。

このような場合は、いったんAとBとの間でAが提供するサービスの価格をエコマネーで暫《ざん》定的《ていてき》に決めておき、サービス提供後にBに対するAの借り勘定を当初決めた価格より大きくしたり、小さくしたりして評価し直せばよいと考えられます。

経済学においては、このような価格決定は「互酬」における値づけと呼ばれて「交換」における値づけと区別されています。

このような互酬システムにおける値づけの特徴は、特定の行為に伴う貸し借りの評価を、一義的・最終的に決定する必要はなく、その評価が当事者によって違ったり、時間の経過や状況の変化とともに変化してもよいという柔軟性を持っていることです。

Q28 エコマネーが目指すコミュニティとは、どのようなものですか？

A――「エコミュニティ」(Ecommunity)という、〝自然〟(Ecology)、〝経済〟(Economy)、〝コミュニティ〟(Community)が一体となって、一人ひとりの生活者が生き生きと活動する新しいコミュニティを目指しています。そこで新しい〝文化〟(Culture)が生まれます。

「エコミュニティ」とは、エコマネーが流通する新しいコミュニティのことです。

エコマネーを浸透《しんとう》させるためには、それを実験する〝場〟が必要となります。その〝場〟の主役は、今までの社会とは異なり、一人ひとりの生活者です。このため私は、各地域において、図表3—2に示すような「エコミュニティ」(Ecommunity)という新しい社会を構築すべきことを提唱しています。

「エコミュニティ」においては、生活者である人間がさまざまな活動や交流を展開します。そしてその活動が結晶し、コミュニティ・ビジネスが活発に起こり(〝経済〟)、信頼の輪がコミュニティで形成され(〝コミュニティ〟)、環境と共生し、地球に優しく持続的な発展をめざされます(〝自然〟)。

「エコミュニティ」においては、「大量生産・大量消費・大量廃棄」型のシステムの中で物質的満足度をひたすら追求する社会から、コミュニティの構成メンバーが自己実現を達成する機会が保障され、隣人や友人と多様なネットワークを構築する社会へと転換がなされます。

図表3-2 「エコミュニティ」

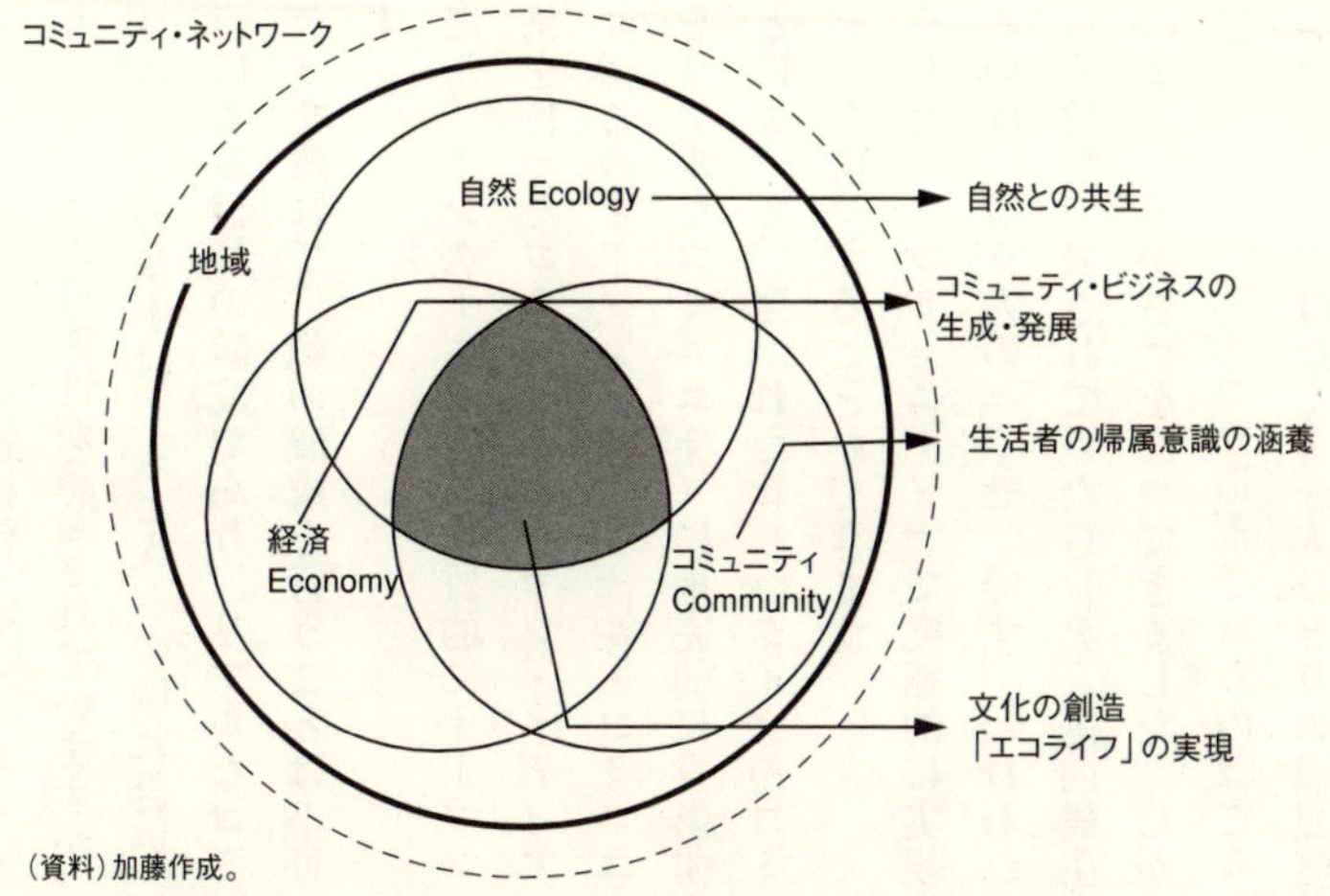

(資料)加藤作成。

この「エコミュニティ」においては、インターネットを活用したコミュニティ・ネットワークにより、生活者が何らかの意味で関係づけられ、その関係づけを利用して個々の知識が編集されたり、結びつけられたりして新しい知識を生み出します。知識は次第に昇華し、新しい独自の〝文化〟を形成することが期待されます。「エコミュニティ」を構成する第四の要素は〝文化〟であり、「エコミュニティ」の究極の目的は、〝文化〟の創造にあります。

こうして「エコミュニティ」において、〝経済〟のみならず〝コミュニティ〟〝自然〟や〝文化〟に関する新しい価値が生み出され、それが循環して、図表3―3に示すように「真の意味での循環型社会」が実現します。

この「エコミュニティ」はリアルなコミュニティが基本であり、それにインターネット上のバーチャルなコミュニティが投影します。インターネットの社会への浸透に伴ってバーチャルなコミュニティの可能性が議論されていますが、コミュニティの基本は、人と人との触れ合い、出会いによる信頼の醸成《じょうせい》であり、リアルなコミュニティを離れて信頼の醸成を行うことは不可能です。

ただし、インターネットは本質的にオープンな性格を持ったコミュニケーション・メディアであり、このオープンなバーチャル・コミュニティをリアルなコミュニティに補完的に投影することによって、開かれた新しいタイプのコミュニティを構築することができます。

こうした「エコミュニティ」で究極的に実現されるのは、個々人の「幸せ」です。われわれは長らく貨幣で表されていたGDP（国内総生産）により「豊かさ」を計ってきました。しかし、「エコミュニティ」で追求されるのはこうした「豊かさ」ではなく、一人ひとりの満足度

図表3-3　「エコミュニティ」における新たな価値の循環

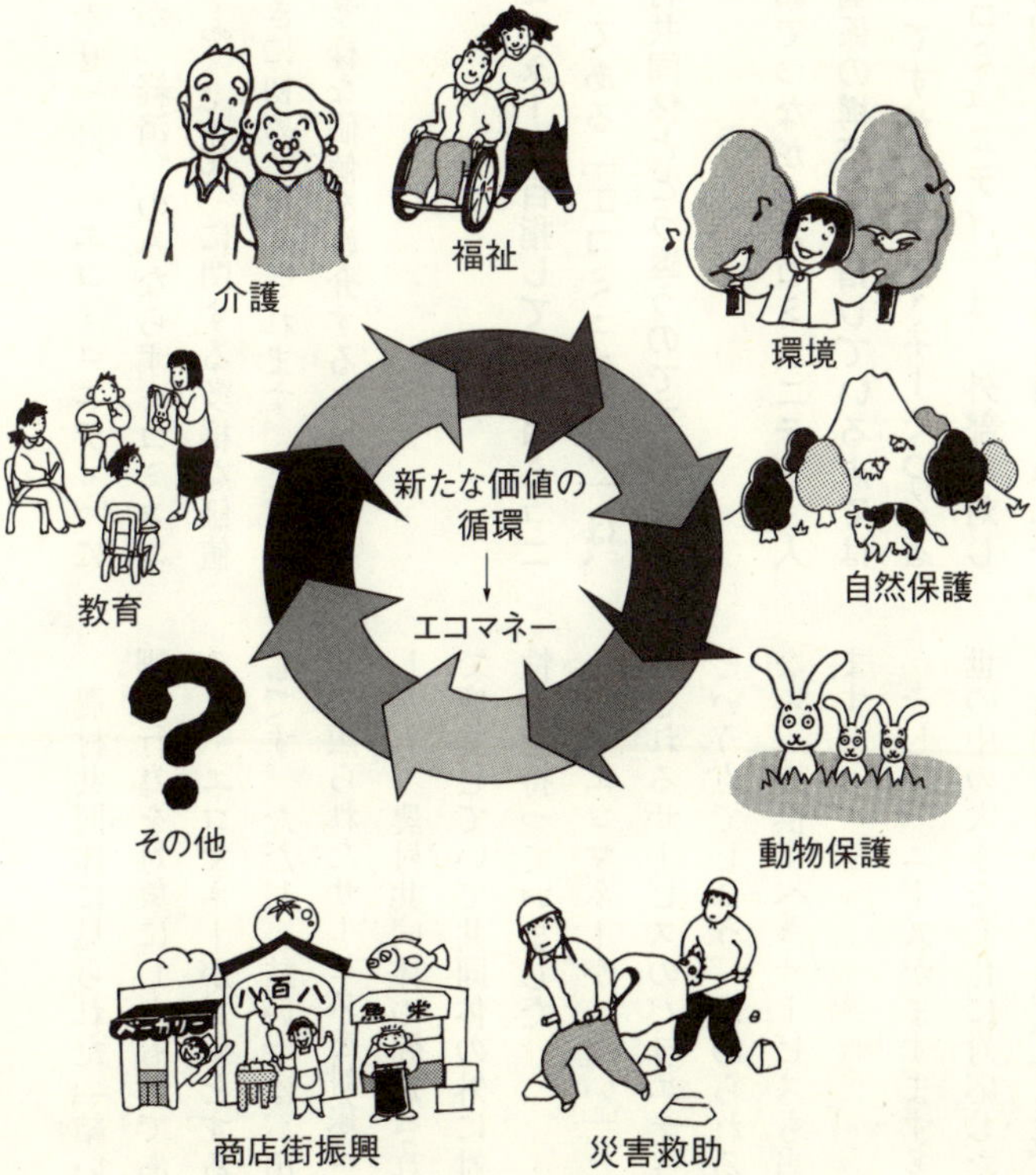

（資料）エコマネー・ネットワーク作成。

(satisfaction) を向上させる「幸せ」が追求されます。

　こうした「幸せ」は、「エコミュニティ」において、人間が〝経済〟のみならず〝コミュニティ〟〝自然〟や〝文化〟に関する多様な価値を交換したときに初めて達成されます。ここで流通するのが多様な価値を媒介するエコマネーです。

Q29 エコマネーが目指しているコミュニティである「エコミュニティ」は、農村共同体とどう違うのですか？

A——信頼でつながったコミュニティ、人間関係の構築を目指している点では同一ですが、エコマネーでつくる「エコミュニティ」は、外部に対しても開かれたオープンなコミュニティの創造を目指しています。

　農村共同体に見られた「結《ゆ》い」も共同体の互《ご》酬《しゅう》の行為を対象にしたものであり、性格的に見ると、エコマネーが対象とする互酬の行為と同じです。ただし「結い」は、田植えやお葬式などの限られたサービスを対象にしたものであり、しかも、農村共同体の固定されたメンバーの中で成立していて共同体の外に対しては閉鎖的な性格を持っていました。

　まずエコマネーが「結い」と異なるのは、交換されるサービスのバラエティがきわめて広いという点でしょう。求められるサービスが多様なら、提供すべきサービスも当然、多様となります。

　そして、ニーズがますます多様化するという世の中の大きな変化に対応したものがエコマネーなのですから、「結い」とはちがった広がり、すなわち環境や文化への大きな広がりをもつのは、やはり当然のことなのです。

エコマネーが「結い」と最も異なる点は、コミュニティの外に対する人間関係です。

昔の農村の人間関係は、コミュニティの中のメンバーに対しては信頼を高めるものでしたが、コミュニティの外の「よそ者」に対してはよそよそしいものでした。これに対して「エコミュニティ」における人間関係は、「よそ者」に対してもオープンで常に開かれています。

エコマネーという新しいお金はサービスの値段を評価するモノサシですが、なぜこのようなモノサシが必要かというと、新しいコミュニティ「エコミュニティ」をオープンな形で作り上げるため、エコマネーという第三者でも明確にわかる客観的な指標をもって互酬の交換を進める必要があるからです。

エコマネーの取引においては、参加や離脱はメンバーの自由に任されており、「よそ者」の第三者に対しても、その人が「エコミュニティ」をつくろうというコミットと参加の意思さえあれば、いつでも参加したり、離脱することができます。

信頼が共有されるコミュニティの構築と外の第三者に対しても常に開かれていることの両立は難しい課題ですが、私は、二十一世紀のコミュニティはその両立を目指さなければならないと考えています。

オープンな「エコミュニティ」の構築は、常に実験を繰り返す過程で初めて実現するものだと考えられます。そのため、そもそもオープンなメディアとしての性格を有するインターネットという手段も使って常にチャレンジするということを目指しています。

Q30 エコマネーが使われる地域コミュニティとはどの範囲のものをいうのですか？

A——エコマネーは信頼に基づく関係をベースにして、それを発展していくものです。したがって、エコマネーが使われるコミュニティの範囲については、メンバーの間で信頼の醸成《じょうせい》ができる範囲であることが基本です。

信頼の醸成は「顔見知り」の関係の中で行われますが、「顔見知り」でなければ信頼の醸成ができないかというと必ずしもそうではありません。「エコマネー」の目的は、コミュニティのできる限り多くの人々に信頼を醸成することにありますので、必ずしも「顔見知り」の関係ではないけれども、エコマネー運営団体が主催する交流会やフェスティバルなどで知りあうなどの工夫を行ったり、エコマネーの取組みにあたって相手方の評価を当事者が書き込むような工夫を行ったりすれば、「顔見知り」の範囲以上に信頼の関係が拡大しうると考えられます。

コミュニティの範囲については、必ずしも行政区画と一致する必要はありませんが、市町村が基本となるものと考えられます。人口規模が大きいところにおいては、適宜《てきぎ》まとまりのある範囲を考えることが必要です。

この点で宝塚市の試みが参考になります。宝塚市は人口二一万人の都市ですが、二〇ある小学校区単位に住民も参加する「まちづくり協議会」がおかれています。宝塚市のエコマネーであるZUKAは、この「まちづくり協議会」の活動の一環として行われているものです。したがって、人口一万人程度の小学校区でエコマネ

ーが使われていることになります。
このような信頼の共有できる範囲でエコマネーを導入しながら、導入している小学校区と別の小学校区とをつないでいく過程で、エコマネーが活用されるコミュニティの範囲を拡大していくのが現実的であると考えられます。
また農村共同体は、メンバーが地縁という一つのコミュニティに帰属するのに対して、「エコミュニティ」はリアルな地域コミュニティをベースとしつつも、そのメンバーは地縁のみならず、好縁（サークルなど気の合った仲間集団）、事縁（イベントなどで集まった集団）などで複数のコミュニティに重層的に帰属することになる点も大きな違いです。

Q31 エコマネーが使われるのは地域コミュニティに限定されるのですか？　たとえば、会社ではどうですか？

また、インターネット上のコミュニティは可能なのでしょうか?

A——地域コミュニティが基本になりますが、会社内、県庁内などで使われるエコマネーも登場しています。インターネット上のコミュニティについては、チャレンジングな課題だと思っています。

エコマネーは「エコミュニティ」を構築するためのものであり、その対象は地域コミュニティが基本になります。ただし、エコマネーの精神は信頼のコミュニティをつくろうというものであり、それは地域コミュニティ以外にも会社、県庁などの組織に拡大できます。

静岡県浜松市にある大学産業株式会社は、「水と災害を科学する」を合い言葉に総合水処理・防災用品開発業を展開する企業ですが、一九九六年七月より社内通貨制度「どらぁ」を導入しています。

この「どらぁ」は時間外で活用されており、社長を含めた全社員が互いの時間外の労働力を社内通貨で交換するものです。同社は従業員三〇数人の会社であり、水処理事業部、防災事業部、水質研究所、開発課、事務課のセクションがありますが、時期によって業務に繁閑《はんかん》があります。そこで、できるだけ業務負担を均一化して成果を皆で享受《きょうじゅ》できるようにすること、人を助けると同時に人を使うことのできる人材の育成などをねらっています。

また三重県では、二〇〇〇年十一月から県庁内で流通する「大夢《たいむ》」というエコマネーを導入しました。三〇分のサービスを一〇〇大夢として、開始時に五時間分にあたる一〇〇〇大夢のエコマネーを配って取引をスタートさせています。県庁内のＬＡＮを使い、たとえば「してほしいこと」の欄に「会議で配る資料にカットを描いて欲しい」と登録した職員が、「できること」の欄に「イラストが得意」と登録した職員を見つけ連絡をとる。仕事の内容や日時、価格などを話し合い、条件が折り合えばエコマネーで取引するというものです。

このほか、第六章対話編に登場する静岡県三島市の主婦の野崎アツさんは、姑《しゅうとめ》さんとの間で昼食をつくることなどのケースにエコマネーを使い、嫁と姑とのコミュニケーションをはかっています。

インターネット上のコミュニティについては、現在さまざまなネットコミュニティが生成発展しており、そのネットコミュニティにおいてエコマネーが流通するようになるかどうかは、チャレンジングな課題だと思っています。インターネット上の交流と信頼の醸成という非常に面白い課題がそこに含まれています。

Q32 エコマネーは、ＬＥＴＳや時間預託（タイムダラー）、ふれあい切符などの地域通貨と違うのですか？　また、エコマネーとそれらとの連携はあるのですか？

A――エコマネーは、他の地域通貨の理念をもとり入れながら、生活者一人ひとりが新しいコミュニティを創造しようという未来指向のものです。その意味で共通しているところもありますが、違うところもあります。

エコマネーの最も重要なところは、生活者一人ひとりがコミュニティ形成に取組み、エコマネーそのものを発展していくことにあります。エコマネーを発行するのは一人ひとりの生活者であり、流通させていくのもその生活者なのです。

最初から決められたエコマネーがある訳ではなく、その形はどんどん〝手に馴染《なじ》むように〟発展して変化していくのです（この点で、私は「エコマネーは進化するお金である」という表現をよく使っています）。

新しいコミュニティを作るのは、従来のように行政などの組織ではありません。トップダウンの試みではないのです。主役はエコマネーを使う生活者一人ひとりであり、このコミュニティにおける「組織から生活者一人ひとり」への主役の交代を、二十一世紀において実現するのがエコマネーなのです。

この点で従来の地域通貨は、円、ドル、ポンドなどのお金の代替となるものを構築しようという側面が強かったと思います。

地域通貨の中にはいろいろなタイプのものがあるので一概には言えませんが、流通する範囲が従来の貨幣経済であったり、当事者の関係を貨幣経済と同様の債権・債務関係で捉《とら》えていたり、通貨の発行をNPO（非営利組織）が中央で一元的にコントロールするなど、今のお金の代替として構想されたものが多いように見られます。

エコマネーの出発点は、今のお金の代替物をつくろうというものではありません。信頼に基づく新しいコミュニティを創造しようという、より発展した未来指向のものです。具体的に述べてみましょう。

エコマネーの位置づけを、縦軸にボランティア経済か貨幣経済か、横軸に信頼関係か債権・債務関係かをとって分類すると、図表3―4の

図表3-4　信頼の通貨「エコマネー」の位置づけ

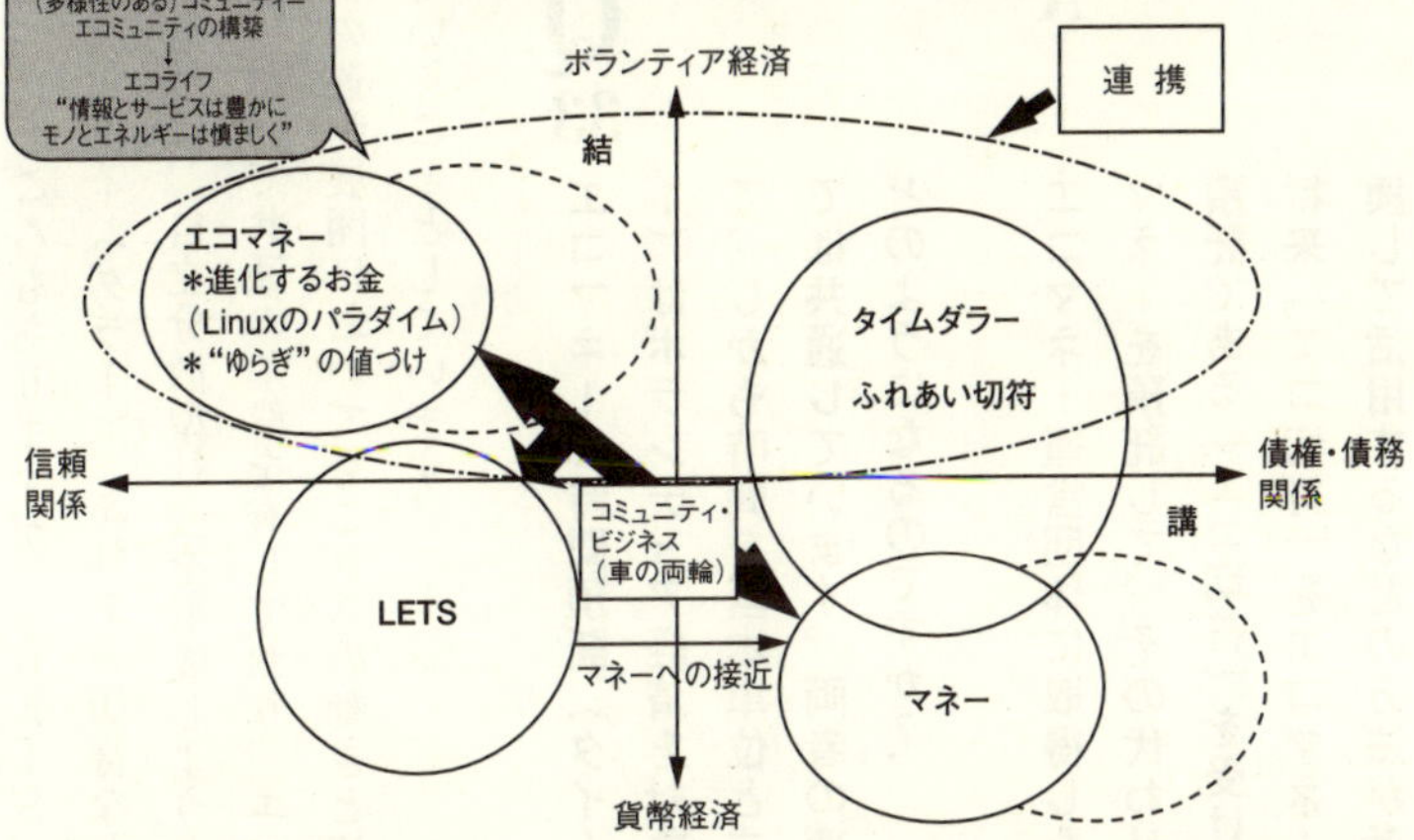

（注）結（コミュニティの相互扶助）と講（地域のベンチャーキャピタル）との共生（共存）は、日本文化固有のもの。

（資料）加藤作成。

ようになります。

エコマネーは、ボランティア経済（お金で表しにくい環境、福祉、教育、文化などの領域）を対象にして、信頼関係（同等のサービスが自分に戻ってくる〝請求権〟を獲得するという債権債務関係とは異なり、メンバーの信頼の醸成《じょうせい》によって処理する）により流通します。

簡単に言えば、「ボランティア経済＋信頼関係」です。

このようなエコマネーは、環境、福祉、コミュニティ、教育、文化などの課題を解決し、信頼に基づいたコミュニティを再生することを目指しています。

これとの対比で言えば、LETSは「貨幣経済＋信頼関係」、時間預託（タイムダラー）やふれあい切符は、「ボランティア経済＋債権・債務関係」の考え方で構築されています。

このようにエコマネーと他の地域通貨とは異

なったところもありますが、ＬＥＴＳ、時間預託（タイムダラー）、ふれあい切符などの地域通貨は、自立分散型社会を形成しようという点において共通の基盤を有しており、エコマネーの運動展開においてもこれらの動きと連携していくこととしています。

Q33　エコマネーと時間預託（タイムダラー）はボランティア経済を対象にして、しかも時間を基本単位とする点では共通しています。両者の連携はどのようになるのですか？

A――エコマネー運営団体に取得したエコマネーを預託して、その代わり時間預託である「エコ切符」を受け取り、将来「エコ切符」をエコマネーと交換して活用するなどの方法が考えられます。

エコマネーと時間預託（タイムダラー）はご指摘の点で共通しています。目指す理念もかなり近いところがあると思いますので、地域コミュニティ再生のため具体的な連携の方法を考えています。

この場合ポイントとなるのは、エコマネーはＱ32で説明したように「ボランティア経済＋信頼関係」で構築されており、一定期間経過後（三カ月後、六カ月後など）は振り出しに戻るという形でリセットされる点です。これに対して時間預託（タイムダラー）の場合は、現在介護サービスを提供した見返りとして時間を預託し、将来介護サービスを受けられるというもので、短期間でリセットするものではありません。

このため、エコマネーと時間預託（タイムダラー）の連携としては、たとえば次のような方法が考えられます。図表3―5を注目下さい。

今ある地域コミュニティで、エコマネーが活用されていたとします。そこにおいては、Aさんが介護サービスを提供した対価として取得したエコマネーは、一定期間中（三カ月、六カ月など）であれば、そのエコマネーを使ってコミュニティの他のメンバーからサービスを受けられますが、Aさんが保有するエコマネーを時間預託したいと思ったとします。

その場合Aさんは、エコマネー運営団体にエコマネーを提供し、その代わり時間預託である「エコ切符」を受け取ります。Aさんからエコマネーを取得したエコマネー運営団体は、システム開始時点では主にそのエコマネーを口座勘定が赤字となっている寝たきり高齢者などの要介護者への寄付にまわします。

Aさんは将来介護サービスが必要になったとき、エコマネー運営団体との間で保有する「エ

図表3-5　エコマネーと時間預託との連携

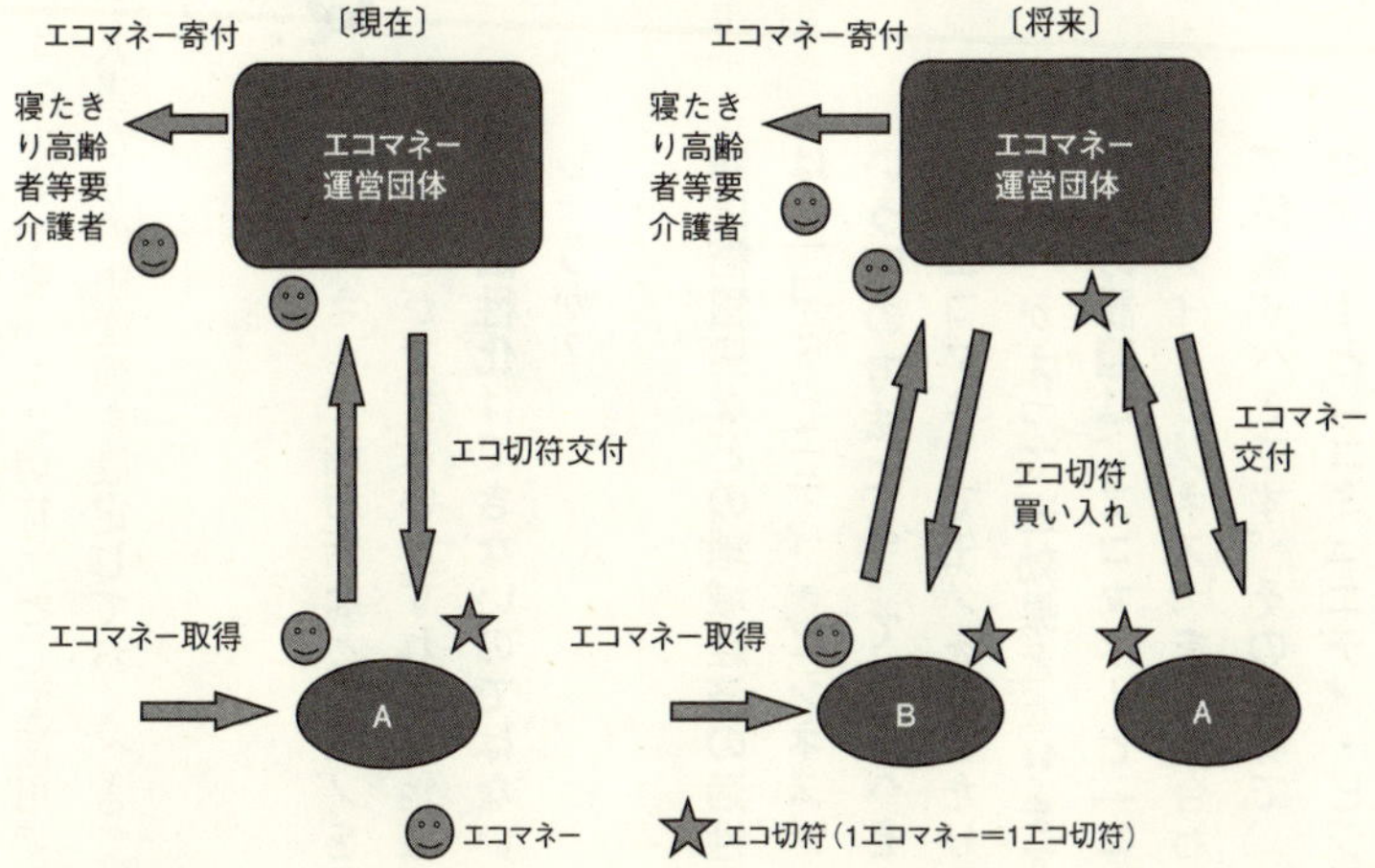

（資料）加藤作成。

コ切符」をエコマネーと交換して、そのエコマネーにより介護サービスを受けることが可能です。

これはシステム開始時点ですが、システムが軌道に乗ってくると、エコマネー運営団体は、何らかのサービスを提供してエコマネーを取得した人（たとえばBさん）からAさんと同様の申し出を受けた場合に、エコマネーの提供を受ける代わりに「エコ切符」を交付します（もちろんこの場合においても、エコマネー運営団体は取得したエコマネーを寝たきり高齢者などの要介護者への寄付にまわします）。

このようにすると、現在、将来いずれの時点においてもエコマネーの循環が成り立っているので、一定期間経過後（三カ月後、六カ月後など）ごとにエコマネーの取引をリセットすることが可能となります。

ただし、このシステムを実施する上においては、エコマネーを「エコ切符」として活用できる一人当たりの限度額を設定しておくべきでしょう。

Q34 エコマネーで商店街などでモノを買うことができないとすれば、地域経済の活性化はできないのではないでしょうか？

A――商店街振興などの地域経済の活性化は、「コミュニティ・ビジネス」という別の方法によって行うべきです。エコマネーでモノを買えたりすると、かえって逆効果となります。地域の課題は、エコマネーと「コミュニティ・ビジネス」を組み合わせて解決すべきです。その意味で、エコマネーと「コミュニティ・ビジネ

ス」は車の両輪です。

エコマネーと貨幣経済の関係については、エコマネーは換金性はないし、取得したエコマネーを商店街などで使って、財・サービスを直接市場取引により購入することはできません。

エコマネーで取引される分野（ボランティア経済）とマネーで取引される分野（貨幣経済）が無制限に接続したり、接続が放置されたままのエコマネーは、お金や金券そのものになりかねません。そうなると人々の〝善意〟をお金で取引するということにもなりかねません。また、国家の通貨発行権や税法との関係でも問題を生ずる可能性があります。

地域コミュニティの経済的な活性化は、一部のＬＥＴＳのように、お金で取引されていた財やサービスを地域通貨による取引に置き換えるよりも、むしろ今のお金を地域でできる限り循環させる工夫をすることにより、対応されるべきです。

日本で始めてＩＣカード型の電子マネーを導入した長野県駒ヶ根市においては、人口三万五千人のところ電子マネーは二・五万枚程度発行されており、地域の住民のマネーが地域の商店街に還流することによって地域経済の活性化が図られています。

駒ヶ根市の試みにおいては、地元の協同組合のほか、地域金融機関である赤穂信用金庫が大きな貢献をしています。

同じような事例は、商店街のポイントカードが地域の資金循環に好影響を与えている世田谷区の烏山商店街の例など、多くの地域に見られるようになっています。

このことは、エコマネーでは商店街の振興や地域経済の活性化ができないということを意味するものではありません。

まず、エコマネーは人と人との交流を促進する効果を有するものですが、エコマネーを使って人の交流が進む場合、そこで必要となる材料などについては、お金を使って取引が行われます。

たとえば、お年寄りが自宅のバリアフリー化を目指して小規模な改修をエコマネーにより依頼する場合、改修サービスそれ自体の対価はエコマネーで支払われますが、改修に必要となる手すりや段差の解消のための小道具は、近所のホームセンターなどからお金で購入されるのです。

また、二〇〇〇年四月からの介護保険制度のスタートを契機として、介護・ケアビジネスなどの「コミュニティ・ビジネス」を起こしていこうという動きが各地で見られるようになっています。「コミュニティ・ビジネス」の発展は、地域の経済循環を形成し、ひいては地域の資金循環を形成することとなります。

「コミュニティ・ビジネス」は、介護・ケアビジネスのほか、ものづくり、環境、医療、商取引など各種の領域にわたり、地域の課題を解決するため、住民、産業界、行政、研究機関などがパートナーシップを組んで取り組むもので、地域の資金循環の構築に大きなインパクトを与えます。エコマネーと「コミュニティ・ビジネス」は、図表3—6で示すように車の両輪の関係にあります。

地域の資金循環ができる前のお金は、地域コミュニティとは無縁の無機的なお金ですが、「コミュニティ・ビジネス」が発展した資金循環形成後のお金は、地域の生活者・住民により支えられた有機的なお金としての性格を有し、地域内で循環して地域コミュニティの活性化に寄与することになります。

この段階においては、エコマネーの循環とマ

図表3-6　エコマネーとコミュニティ・ビジネス（車の両輪）

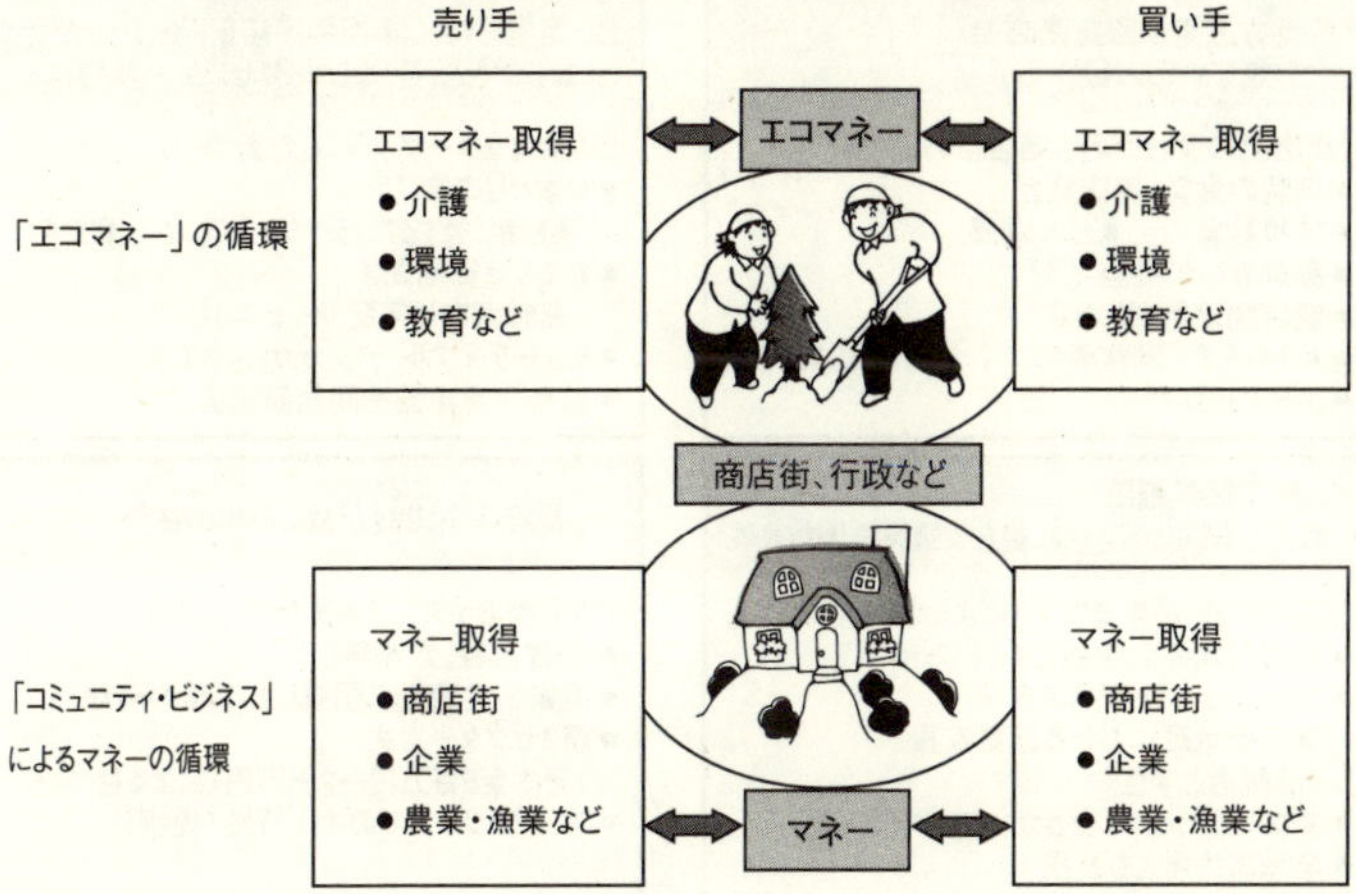

（資料）加藤作成。

ネーの循環が形成され、エコマネーとマネーとの共生関係が構築されます。

このようにエコマネーと貨幣経済を直接関係させることはできませんが、地域の商店街などが、エコマネーの循環を促進するため、一定の範囲でエコマネーの寄付などを行うことは可能です。

この点については、Q62を参照して下さい。

Q35 「コミュニティ・ビジネス」について、具体的に説明してください。

A——「コミュニティ・ビジネス」とは、地域の生活者・住民が主体となって、地域の課題をビジネスチャンスとしてとらえて〝地域課題解決ビジネス〟を推進することにより、地域における課題の解決と地域経済の活

図3-7　「コミュニティ・ビジネス」の具体例

(1) 足立区東和銀座商店街
((株)アモールトーワ)

〈商店街の会社が行う商店街の活性化〉
- 病院の食堂・売店経営
- 学校給食　● ビル清掃
- 高齢者への弁当宅配
- 空店舗活用（鮮魚店）
- Aふらんき（障害者のつくったパンの販売）
- よろず相談所

(2) 足利市中心市街地商店街（商工会議所、まちづくり会社、まちづくりセンター（NPO））

〈高齢者をターゲットにした街づくり〉
- ひまわりの家
  「高齢者に対するアンテナショップ」（地元、観光客）
- わたらせ御用聞き
  「高齢者向け宅配サービス」
- ビューティフル・アシカガ・スクエア
- 福祉介護機器等開発研究会

(3) 新宿区早稲田
((株)商店街ネットワーク、創業支援機構（NPO）等)

〈商店街ネット、創業、まちづくりによる地域活性化〉
- 全国各地の商店街とネットワーク
- コミュニティ・ビジネス支援
  商店街地区における起業支援
  （高齢者と学生）
- エコステーション（空きカンのリサイクル）
- 早稲田大学とも連携

(4) 長野県小川村((株)小川の庄)

〈特産物おやきによる高齢者の活用〉
- 60歳入社、定年無し
- 高齢者の通勤に配慮した工場の建設
- 第3セクター方式
  （資本金5百万円→2千万円）による村づくり
- オーストラリアでのそば栽培（提携）

（資料）加藤作成。

性化とを同時に達成しようという新しい地域づくりの手法です。

最近「コミュニティ・ビジネス」という言葉がよく聞かれるようになりましたが、その定義は「事業主体のミッション（使命）が優先する地域密着型ビジネス」（たとえば、細内信孝著『コミュニティ・ビジネス』中央大学出版部・一九九九年）というものであり、必ずしも私が提唱している「コミュニティ・ビジネス」と同一ではありません。

私は、「コミュニティ・ビジネス」を主張している多くの方々とその発想、趣旨において共通していますが、他方、今までの「コミュニティ・ビジネス」論の限界も感じています。上記のような定義づけでは、従来の地場産業の定義と質的に変わっておらず、新しい「コミュニティ・ビジネス」興しの方法論が見えてこないからです。

私のいう「コミュニティ・ビジネス」とは、地域の生活者・住民が主体となって、地域の課題をビジネスチャンスとして捉えて〝地域課題解決ビジネス〟を推進することにより、地域におけるコミュニティの再生と地域経済の活性化とを同時に達成しようという新しい地域づくりの手法です。

具体的には、
①コミュニティの課題を、従来のように税金を投入する行政の手法ではなく、ビジネスチャンスとして捉えてビジネスの手法により解決する。
②担い手は、アントレプレナーシップ（起業家精神）をもってコミュニティの課題を解決する「市民起業家」である。
③NPOやボランティア活動などの非営利活動によって生まれたコミュニティ価値を経済的な価値に変換する。
④営利活動と非営利活動の両面を有する。
⑤生み出された経済的価値をもって、NPOなど地域コミュニティの運営団体の活動の財源とする。
⑥介護、福祉、育児、家事支援、教育、環境保護、動物愛護、ものづくり、観光、まちづくり、インターネットのコンテンツをつくるビジネスなど、いろいろな分野にわたる。
というものです。

「コミュニティ・ビジネス」の具体例については図表3―7に示していますが、これらの「コミュニティ・ビジネス」に対しては、図表3―8に示すような国などの政策支援が活用できます。「エコマネー・ネットワーク」では、そのための具体的な支援活動も展開していますので、ご相談下さい。

図3-8　「コミュニティ・ビジネス」に対する政策支援

1999年12月新中小企業基本法が制定され、創業支援策等が抜本的に強化。特に市場拡大が期待されるコミュニティ・ビジネス振興のため、中小企業支援策の積極的な活用も可能に。

- 新規開業のため専門的アドバイス（経営技術診断・助言事業）
- 事業者間のネットワーク化（中小企業の連携促進・支援事業）
- 新規開業促進のための資金面等の支援（マル経融資・創業支援・債務保証等）
- 新規開業相談窓口機能の強化（新事業支援センター整備事業）
- 地域振興活性化事業（商工会議所・商工会の事業支援）

（資料）加藤作成。

Q36 地域コミュニティにおいて「コミュニティ・ビジネス」に具体的に取り組むには、どのような仕組みを構築することが必要ですか？

A——「コミュニティ・ビジネス」を推進する組合、NPO（非営利組織）、会社などの「コンソーシアム」（事業推進連合体）とともに、それをサポートする中核組織としてNPOである「プラットフォーム」を設立して、両者を有機的に組み合わせた「プラットフォーム・コンソーシアム方式」を構築することが有効です。

「コミュニティ・ビジネス」は、イギリスなどで盛んになっていますが、日本においてまだまだこれからという状況です。その原因は、従来の「コミュニティ・ビジネス」の定義づけが必ずしも的確ではないこともありますが、一番大きな要因は、今まで「コミュニティ・ビジネス」興しに関する提案に具体性がないことです。「コミュニティ・ビジネス」興しに関する提案を行う場合、まず「コミュニティ・ビジネス」の基本的な特性を踏まえる必要があります。「コミュニティ・ビジネス」の基本的な特性は、営利事業と非営利事業との中間に位置するというものです。営利事業と非営利事業とを分かつポイントである利益の配分についても、営利事業は構成員に利益を分配し、非営利事業は分配しないのに対して、「コミュニティ・ビジネス」の場合は、利益はコミュニティの福利を増大させるために再投資されます。

したがって事業遂行方式についても、営利事業と非営利事業のいずれの要素も取り入れた折《せっ》衷《ちゅう》的な方式が必要となります。そこで私は、図表3―9に示すような「プラットフォーム・コンソーシアム方式」を提案しています。

この方式においては、「コミュニティ・ビジネス」は、事業協同組合、企業組合などの組合やNPO、会社により推進されます。これを「コンソーシアム」と称しています。

組合というと古い形態のように思われがちですが、決してそうではありません。〝古くて新しい〟形態なのです。組合は四人いれば簡単に設立可能であり、しかも、会社のように投資家と事業家が分離しておらず、意思決定も全員参加の総会においてなされるなど、事業遂行の継続性と事業遂行の民主的プロセスとの調和を図れる形態です。

このため「コミュニティ・ビジネス」の事業体としては非常に適していると考えられます。組合は、ワーカーズコレクティブ、労働者協同

図表3-9　プラットフォーム・コンソーシアム方式

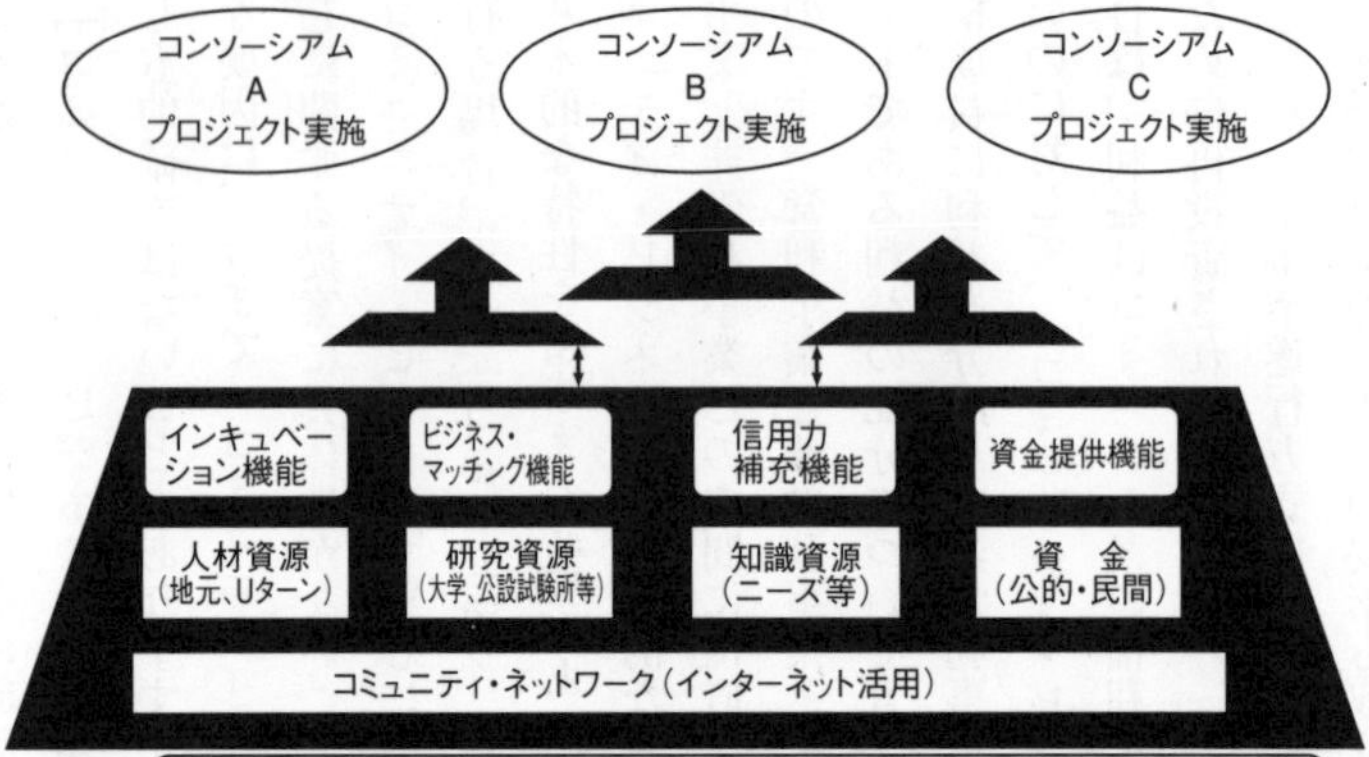

事務局
①運営費：参加者からの会費・寄付等
②設備費・活動費：可能な限り既存施設を有効に活用
③組　織：スリム、柔軟、既存の地域の経済団体
④その他：意欲ある人、企業は誰でも参加可能（オープン）。また、見直し期限付き

（資料）加藤作成。

組合のような形態であることもあります。

「コンソーシアム」は、組合のほか、NPOや合名会社、合資会社、有限会社、株式会社などの会社の形態をとることもできますが、NPOは非営利性の高い福祉や環境の分野に適しており、会社は組合の事業が発展して事業の拡大が必要になったときに選択すべき形態でしょう。

このような「コンソーシアム」による「コミュニティ・ビジネス」をサポートするため、商工会議所・商工会、信用金庫、地銀などの地域金融機関、福祉・環境関係団体、市民団体、NPO、そして行政などの共同イニシアティブにより、「コミュニティ・ビジネス」推進のための中核組織として「プラットフォーム」を設立することが有効です。

この「プラットフォーム」は、地域の研究資源・人材資源や地方自治体、市民の代表者等を知識ベースとしてプールし、プロジェクトごとされます。

に「コンソーシアム」が編成されるように設計

「プラットフォーム」は、NPOとして設立することが適切でしょう。「プラットフォーム」が有効に機能する基盤は、地域コミュニティの関係者のネットワーキングであり、そのためには地域コミュニティの生活者、市民と地域コミュニティの関係者との間で「信頼のおける第三者」(Trusted Third Party)の立場にたちうるNPOが最も適しているからです。

「コミュニティ・ビジネス」は、①ニーズの発掘、②プロジェクト化、③予算化、④試作品の製作、⑤事業化・販売のような段階を追って進められますが、「プラットフォーム」は、この各段階において、「コンソーシアム」に対しインキュベーター(孵化器《ふかき》としての役割を演ずるもの)として施設・機器を低価格で貸与するとともに、需要家とのビジネス・マッチングや需要家に対するコンソーシアムの信用力の補完などの機能果たします。特に事業開始当初は信用力のないコンソーシアムに対してプラットフォームとして信用力を補完する手立てを講ずることが重要です。

その過程で「コンソーシアム」に対して資金、情報、ノウハウ等を提供して支援します。資金的支援については、有望な「コンソーシアム」を評価、発掘し、そこに投資・融資するとともに、「コンソーシアム」を育成していく一貫したシステムを作ることが必要です。

「コミュニティ・ビジネス」が成長して「コンソーシアム」が会社形態をとるようになり、会社に投資するようになったときには、投資家とのビジネス・マッチングを進めるとともに、複数の投資家の資金を一定規模プールして基金を作り、そこから「コンソーシアム」に投資する仕組み＝地域投資トラストを作ることも有効です。

Q 37 エコマネーで取引されるのは、サービスに限定されるのでしょうか？　モノは駄目なのでしょうか？　近くでとれた野菜をエコマネーで取引したり、フリーマーケットなど市場価格がつかないところでは、エコマネーを使ってもよいのではありませんか？

A——エコマネーの取引は、モノは駄目でサービスに限定されるわけではありません。ポイントはモノかサービスかというよりも、市場価格がついているもの、あるいは市場価格がつく可能性が高いものは、エコマネーの対象にすることは差し控えるべきだということです。

たとえば、感謝のしるしにエコマネーとともに野菜などのモノでお礼することはかまいませんが、近くでとれた野菜を取引したりする場合やフリーマーケットなどで取引する場合で、市場価格がつく可能性がある場合については差し控えるべきです。

これもエコマネーを商取引の代替として使ってはいけないことの表れなのですが、このようにいうと、厳格すぎるのではないかという声があると思います。

確かに近くでとれた野菜やフリーマーケットで取引される古い自転車やタンスには市場価格はついていませんが、このようなモノについてエコマネーを活用しようとする場合は、慎重に対処する必要があります。

そのようなケースで、たとえば同じ畑でとれた別の野菜が出荷されていて市場価格がついているような場合は、その野菜にも潜在的な市場価格がついているように観念される場合がありますす。またフリーマーケットのケースも、容易にマネーを使ったフリーマーケットが成立して取引される場合もあるでしょう。

このような場合に、モノをエコマネーで取引することは、結局は市場価格の感覚でエコマネーを使うことになります。エコマネーとマネーは別物なのですが、エコマネーを使う人の感覚では、たとえば一〇〇〇エコマネーは一〇〇〇円と考えるようになるということです。そうなるとエコマネーはお金のように観念されて、金券化してしまいます。

小規模であればあまり考えられないことですが、ある程度規模がまとまれば「チケット・ショップ」のようにエコマネーを金券として下取りして、さやを稼ぐ人がでてくるかもしれません。

エコマネーの本質が関係者に十分理解される前にこのような使い方をされると、結局はエコマネーが金券化することになります。そうなると「善意をお金で買う」ことになりかねないので、私は注意深く対応する必要があると考えています。そのようなニーズがある場合は、むしろエコポイントや「コミュニティ・ビジネス」などで対応すべきでしょう。

二〇〇〇年十一月栗山町でエコマネーを活用したフリーマーケットが開催されました。このフリーマーケットでは、エコマネーでモノを買えるような形ではなく、古い自転車やタンスを修繕して、その修繕サービスをエコマネーで取引するようにしました。

Q38 エコマネーとは異なったエコポイントというものもあるようですが、そ

れはどのようなものでしょうか？

A――エコポイントとは、従来より商店街などで発行されている販促ポイントについて、ポイントの還元メニューの中にそのポイントをエコマネーなどの活動支援などに回すという仕組みを導入したものです。

「エコポイント」は、商店街などの企業サイドの利益とエコマネーとをつなぐ仕組みとして考案されています。今までは、商店街などに人を集めようとすると、現在の各種の販促ポイントのように、モノを安くして人を集めようと考えるのが今までの考え方でした。しかし、その効果はどうでしょうか？　こうした販促ポイントは、もはやあまり効果を有していません。消費者の立場からすれば、もはやモノは満ち溢《あふ》れているので、販促ポイントにより多少安くなってもその購買行動が影響されることは少なくなっています。

その代わり消費者の購買行動に影響を与えているのは、自分の一つひとつの行動が環境保全など社会に役立っているという感覚を与えることです。たとえば、NPO「富士山クラブ」が毎日新聞やコンビニのセブンイレブンと提携している活動があります。「富士山クラブ」は、富士山の環境美化などの活動を市民の協力を得て進めているNPOですが、その活動の一部にセブンイレブンの全国七〇〇〇店舗弱で消費者が寄付する釣り銭がまわっています。

Q34で説明したように、エコマネーで商店街でモノを買うなどの商取引の代わりをすることはできません。また、そのようなことは行うべきでもありません。商店街の方々の利益を実現させる方途《ほうと》としては、従来の販促ポイントにつ

図表3-10　エコポイントと通常のサービスポイントとの違い

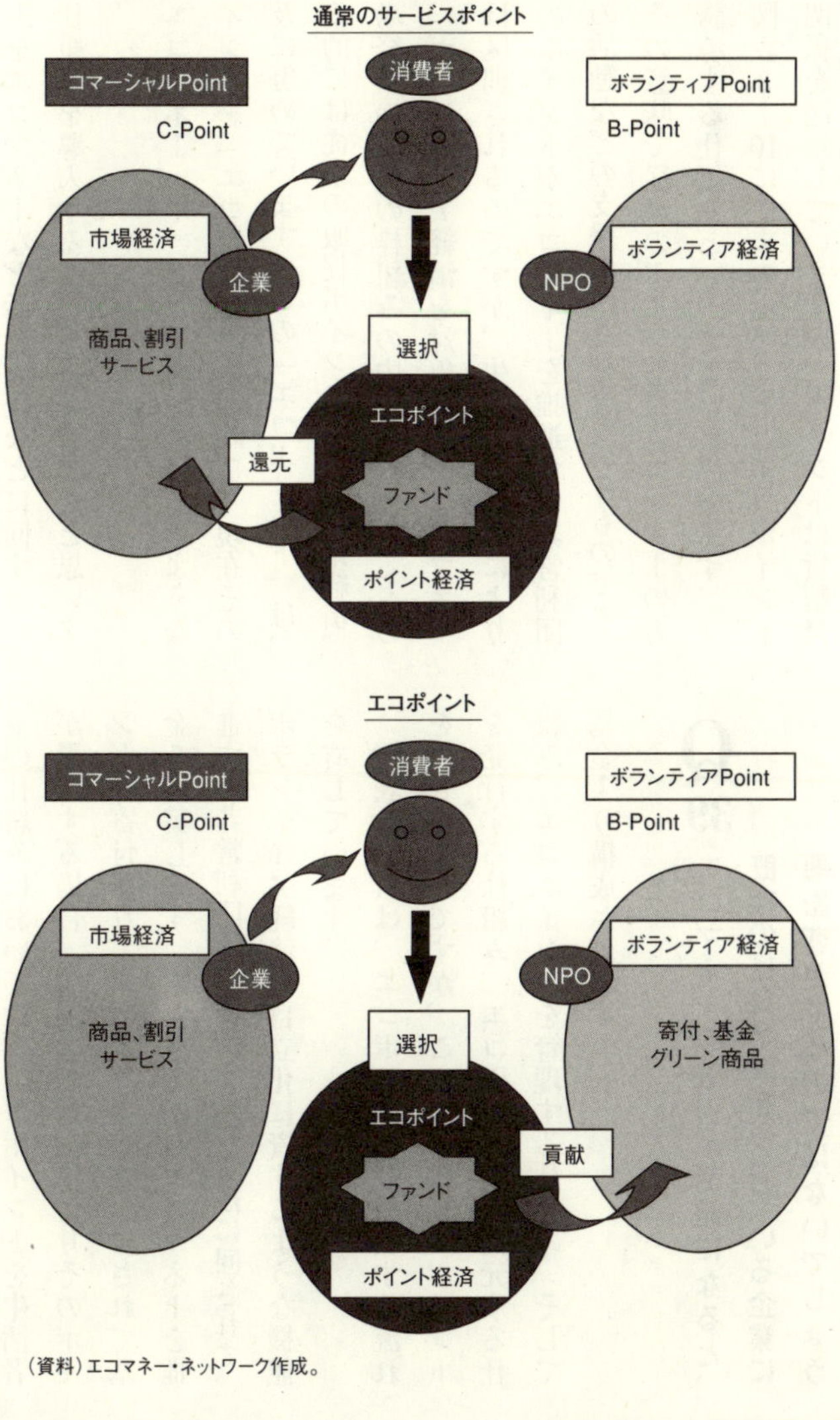

（資料）エコマネー・ネットワーク作成。

いて、ポイントの還元メニューの中にそのポイントをエコマネーなど活動支援などに回すという仕組みを導入することの方が有効だと思います。

「エコマネー・ネットワーク」ではこのようなポイントを「エコポイント」と呼び、現在その普及に努めています。この「エコポイント」は、性格的には従来の販促ポイントと同様貨幣経済、市場経済の取引の枠組みの中で発行されるもので、ボランティア経済を対象とするエコマネーとは区別されるのですが、生活者の選択によりそのポイントがエコマネーを推進する非営利団体の活動などの支援に回されるというものです。

その意味で従来のポイントをエコマネーの方に誘導する仕組みといってよいと思います。

図表3―10に従来のポイントとエコポイントの関係を図示していますが、ポイントは貨幣経済で循環するのに対して、エコポイントは貨幣経済において発行されるものです。エコポイントの仕組みにおいては、エコポイントを生活者が還元する場合、生活者の選択によりそのポイントが寄付されて、ポイントがプールされて基金を構築します。この基金からエコマネーを推進する非営利団体の活動などの支援に回されて、ボランティア経済の自立化に資するような機能を有しています。

図表3―11は、エコポイントが循環する流れを示したものですが、この流れはエコポイントを発行する仕組み、エコポイントを還元する仕組み、エコポイントを管理する仕組み、そして基金より構成されます。

Q39 エコマネーの取引が活発になると、既存のビジネスをやっている企業に悪影響がでるのではないでしょうか？

A——エコマネーを商取引の代わりに使うようにすると、ご指摘のような問題も生ずる可能性がありますので工夫が必要です。

たとえば、ある人が他の人を自分の車で送ってあげるというサービスを登録していたとします。その人が提供するサービスは、タクシー会社がタクシー代を円でとってサービスを提供しているのと同じものです。

栗山町の第二次実験では、このようなケースの場合にエコマネーで取引されるのは、サービスを提供する人が自分自身がある目的地まで行こうとしていたときに他の人を分乗させるような場合に限っています。

図表3-11　エコポイントの循環

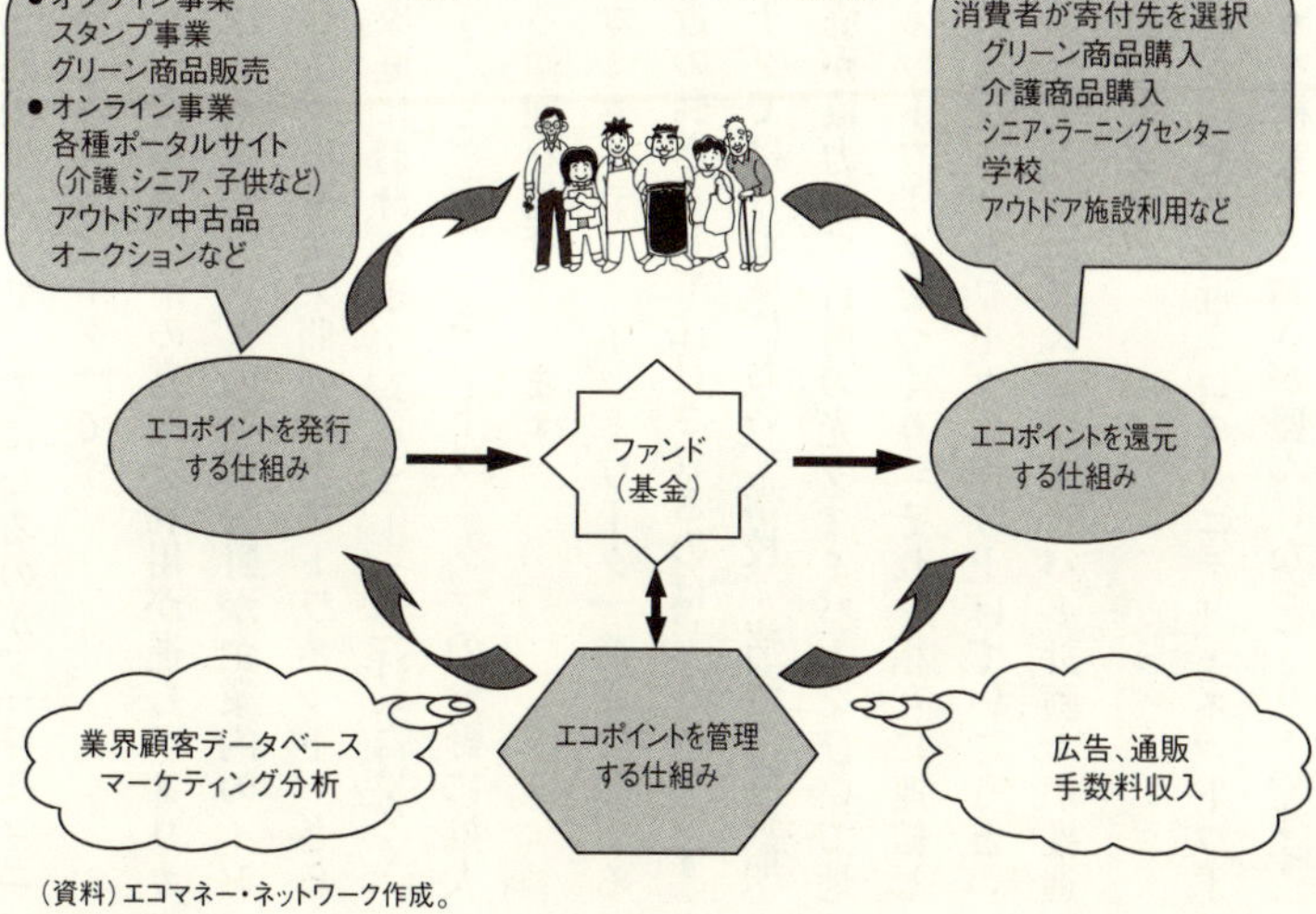

（資料）エコマネー・ネットワーク作成。

Q40 「エコミュニティ」では、インターネットはどのように活用されるのですか？

A――「エコミュニティ」では、インターネットを積極的に活用します。このため「コミュニティ・ポータルサイト」構想を推進しています。

「エコミュニティ」では、インターネットを活用して「コミュニティ・ネットワーク」が構築されます。

エコマネーが流通する「エコミュニティ」は、その構成メンバーである生活者一人ひとりが〝経済〟のみならず、〝コミュニティ〟〝自然〟そして〝文化〟に関する具体的な活動を展開することにより形成されます。このさまざまな活動を展開する上で必要になるのが、「コミュニティ・ネットワーク」です。

インターネットの高度な利用が進むアメリカでは、ネットワークの利用分野が企業内のイントラネットや企業間のエクストラネット、さらに家庭におけるホーム・ユースだけではなく、「コミュニティ・ネットワーク」の分野に拡大する傾向を見せています。

「コミュニティ・ネットワーク」形成に関する最近の動きとして注目されるのは、カナダです。カナダでは各地域において学校、病院、図書館、家庭が協力して自前の光ファイバーをひいて地域ネットワークをつくり、それを相互に連結して大きなネットワークを作り上げていこうという「コンドミニアム・ファイバー計画」が推進されています。

わが国でも最近「コミュニティ・ネットワーク」を構築する動きが盛んになってきています。

図表3-12　コミュニティ・ネットワーク

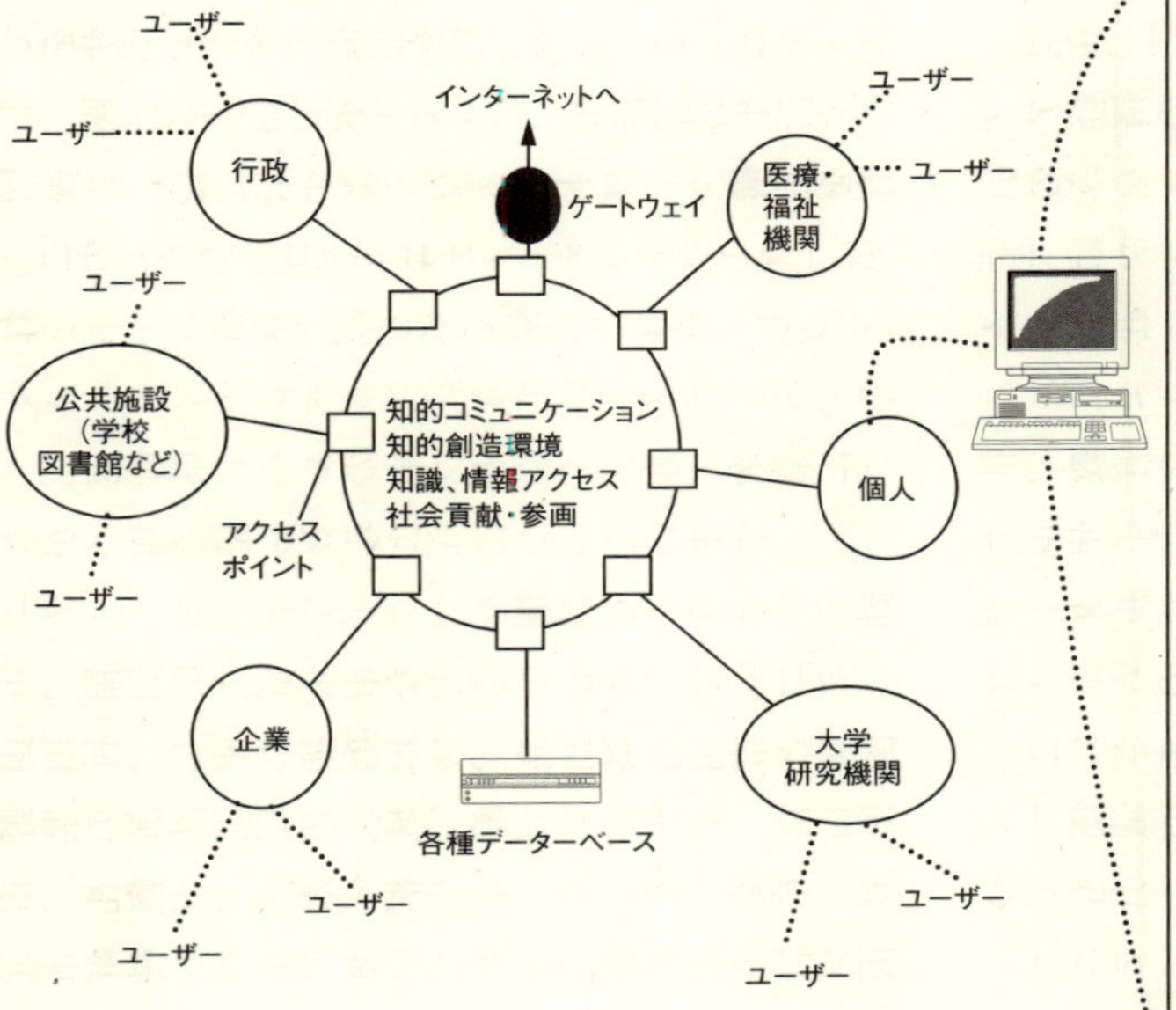

コミュニティ・ネットワーク

■トピックス、共有情報
- 県内地図・市内主要地図
- 電話帳・関連ホームページ
- 検索エンジン

■サービス

（経済）
- 商店街、商業集積（商業）
- ビジネス&インダストリアルパーク（産業・企業）
- 科学技術センター（科学・技術）
- リサーチセンター（研究機関）

（コミュニティ）
- ホームヘルプ、介護施設（介護・福祉）
- メディカルセンター（医療・福祉）
- コミュニティセンター（地域コミュニティセンター）
- 公共施設予約センター（各種公共予約）
- レクリエーションエリア（娯楽施設）
- ライブラリー（図書館）

（自然）
- グランドワーク、リサイクル、街の清掃（環境保護）
- 植林活動（緑化）

（文化・教育）
- 地域文化活動（地域文化の振興）
- 芸術センター（博物館・美術館）
- アカデミックセンター（大学・学校）

（その他）
- 管理ビル（ネットワーク管理センター）
- 緊急・救急センター（警察・救急・消防）
- ブロードキャスティング（TV・FM・新聞）
- テレポート（インターネット接続）
- 行政センター（県・市町村行政機関）

■エコマネー
- 取り引きされる財・サービス
- エコマネー運営団体への要望

■電子メール

（資料）加藤作成。

従来日本では、都道府県レベルのネットワークの構築が積極的に推進されてきましたが、最近市町村レベルにおいても、現在北海道岩見沢市、札幌市、栃木県桐生市、東京都三鷹市、長野県の諏訪湖周辺地域、静岡県浜松市、富山県山田村、兵庫県播磨地域、高知県高知市と南国市、福岡県久留米市などを中心として「コミュニティ・ネットワーク」を構築しようという動きが各地で見られるようになっています。

都道府県レベルのネットワークも、次第にコミュニティ・レベルに降りていき、むしろ、それを下から積み上げる形で編成されるでしょう。

このような「コミュニティ・ネットワーク」は、図表3—12に示すようなネットワーク構造を有し、図表3—13で示すように、生活者の生活すべてをサポートする機能を持った「コミュニティポータル・サイト」へと発展していきます。

各地域コミュニティにおいて「エコミュニティ」を構築するためには、一人ひとりの生活者が「エコミュニティ」を構成する〝経済〟〝コミュニティ〟〝自然〟〝文化〟に関する情報をいつでも引き出し、個々具体的な「エコミュニティ」創造活動を展開することが必要となります。

このさまざまな活動を展開する上でプラットフォームの機能を果たすのが「コミュニティ・ポータルサイト」です。「コミュニティ・ポータルサイト」は、生活者が必要とする医療、福祉、教育などの情報を引き出せる状況をつくることにより、一人ひとりの生活者に力を付与する（最近〝エンパワーメント〟と呼ばれています）ばかりではなく、マネーを使った電子商取引のみならず、エコマネーを活用したボランティア経済の取引を行うことができます。

現在、「エコマネー・ネットワーク」では「エコマネー企業コンソーシアム」を結成して、このような「コミュニティ・ポータルサイト」構

図表3-13　コミュニティ・ポータルサイト

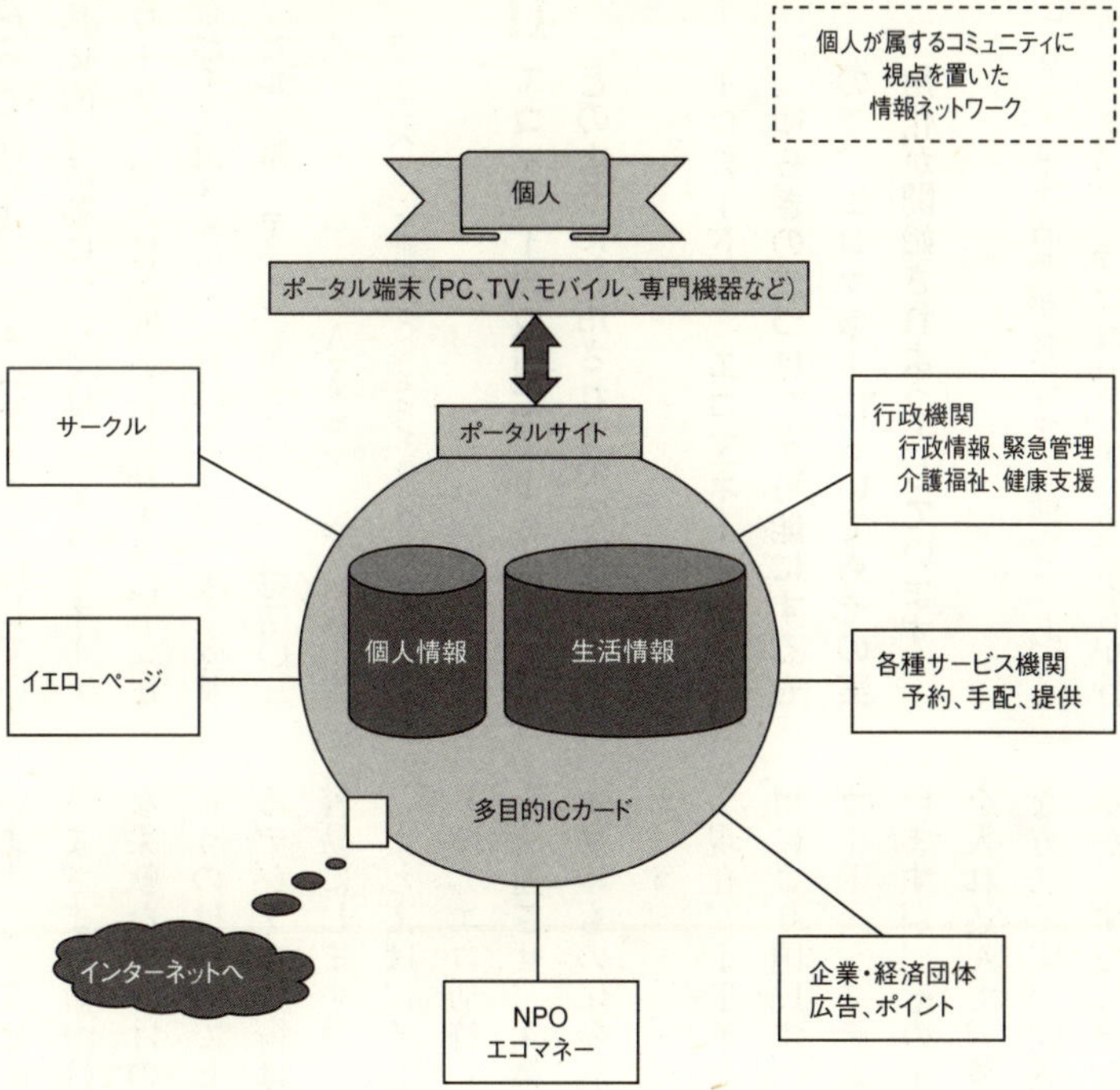

*コミュニティ・ポータルサイトの機能

・情報提供からサービスへ
・生活者のニーズに対するワンストップ機能
・生活福祉、医療、コミュニティ・ビジネスとの連携と発展
・営利と非営利の結合
・新しい地域生活の基盤へ

（資料）エコマネー・ネットワーク作成。

築に当たって各地域コミュニティを支援しています。具体的な活動については、「エコマネー・ネットワーク」の方にお問い合わせ下さい。（住所＝東京都千代田区神田神保町一―二七　東京堂神保町第二ビル二階　〒一〇一―〇〇五一　電話〇三―三五一八―二五一二　FAX〇三―三五一八―二五一五　ホームページ＝http://www.ecomoney.net/）

Q41 エコマネーの取引に、ICカードはどのように利用されるのですか？

A――ICカードは、エコマネーにおける〝ゆらぎの値づけ〟を可能にするもので、エコマネーにおいてもその実用化が開始されようとしています。

エコマネーは生活者が発行する通貨であり、エコマネーでの値づけは取引をする当事者が行います。そこでは同じサービスが取引によってさまざまに値づけされます。今まではこのような柔軟な値づけの管理をエコマネー運営団体が行うのは困難でしたが、最近急速に発展しているデジタル技術は、このような柔軟な値づけを容易にします。

たとえば、インターネット上の情報のやりとりで〝エコ切符〟や〝エコクーポン〟的なものを流通させ、次第に、ICカードを活用するタイプのものに発展・拡充していくことが考えられます。

現在、IT革命のメリットを身近なカード利用により国民すべてが享受《きょうじゅ》できるように、ICカード・システムの普及が促進されようとしていますが、そのICカードにエコマネーの機能を入れ込んで、導入を進めていくことが現実的な方法です。図表3―14はそれを図解していますが、すでに幾つかの地域ではそのような試みが開始されています。

電子商取引の世界では、「eベイ」「楽天市場」などのオークション型のウェブサイトが人気を集めていますが、これらにおいてはすでに柔軟な値づけがなされています。特にeベイの場合には、商品の売り手が最終的に最も高い売り値を選択する仕組みとなっており、オークションが終了するまで価格は変動するし、同じ商品であってもオークションによって異なった値づけがされます。このように電子商取引においては、同じ商品やサービスの価格が取引の状況によって異なることが一般化しているのです。

このようなデジタル技術を有効に使えば、エコマネーの取引に参加する人々のメンバーの輪を拡大するとともに、エコマネーでの柔軟な価格決定を容易化することができます。すでに、電子チケットの技術やインターネットに接続された携帯端末を活用してエコマネーの取引を行

図表3-14　多目的ICカードを利用したエコマネー

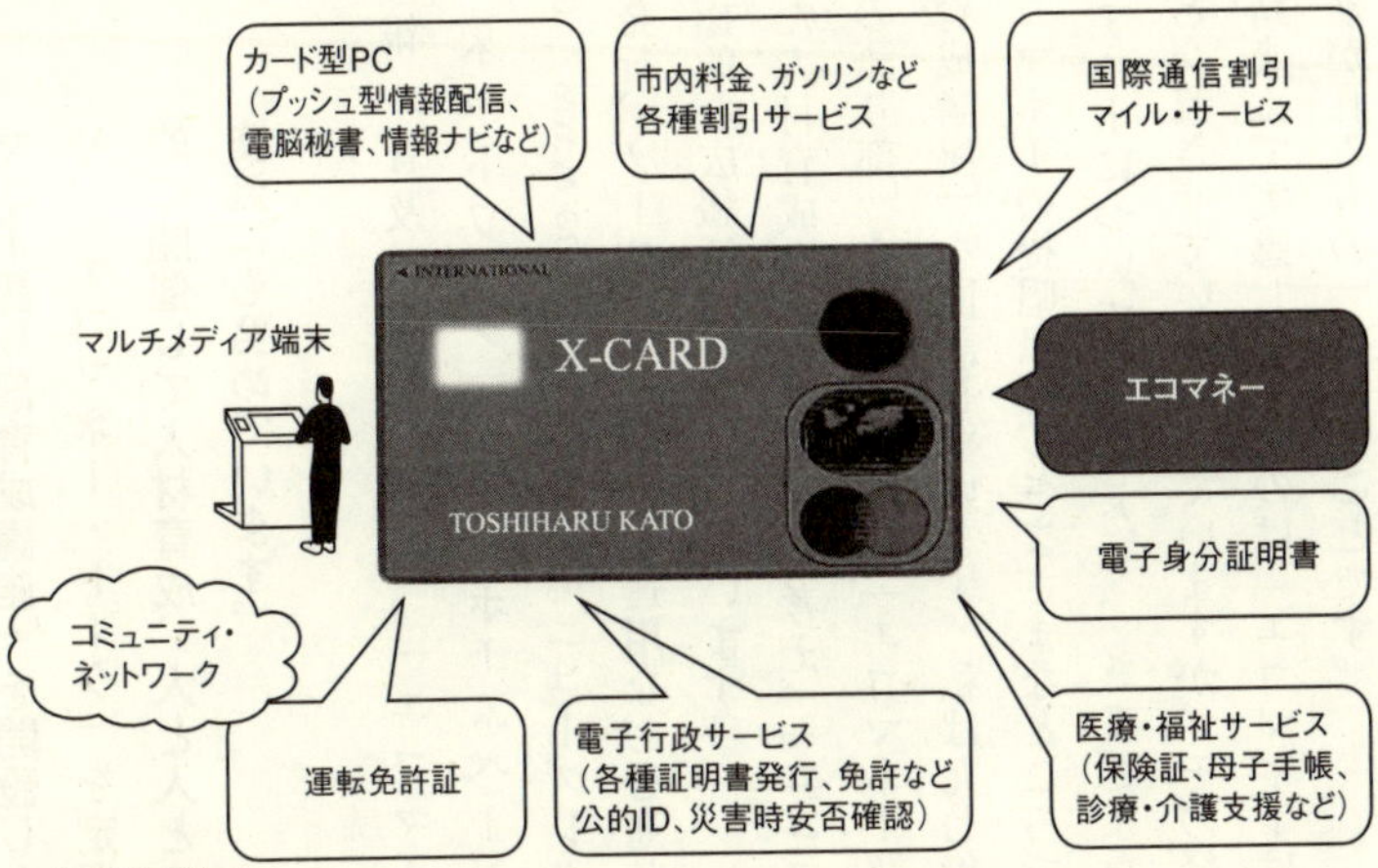

(資料)加藤作成。

うシステムが開発されており、宝塚市ではそのモデル地域としての実験も行われたところです。

現在宝塚市のほか神奈川県大和市などでは、エコマネーもアプリケーションの一つとして取り込んだＩＣカード実験が推進されていますが、これらが実用化されると、エコマネーの取引がさらに容易化されるでしょう。

Q42

「エコマネー・ネットワーク」では、エコマネーを広報・普及するためどのような活動を展開していますか？また、「エコマネー語り部育成講座」とは何ですか？

A——**ホームページ、ニューズレターなどで情報を提供するとともに、会員の意見交換の場としてメーリングリストを運用しています。また、「エコマネー語り部育成講座」を開設したり、「エコマネー・トーク」を定期的に開催して人材育成、人と人との交流にも努めています。**

広報・普及活動としては、「エコマネー・ネットワーク」では、ホームページ(http://www.ecomoney.net/)、ニューズレターの発行、メーリングリストの運用などを通じて積極的な広報活動を展開しています。

また人材育成も重要であると考え、「エコマネーの語り部」を育成するため「エコマネー語り部育成講座」を開設しています。私は九七年のエコマネーの提唱以降、さまざまなところでエコマネーについて説明したり、さまざまな方々と交流させていただいていますが、その経験を踏まえて実感していたのは「エコマネーは語り継がれるもの」ということです。

このインターネットの発達した時代に古いことをいっているのではないかとお思いになる方もいらっしゃるかもしれませんが、エコマネーが伝えようとしているのは、単なる情報ではありません。

信頼のネットワークをつくるというのがエコマネーの目的ですが、信頼の必要性についてはインターネットで伝えきれるものではありません。そこには琵《び》琶《わ》法《ほう》師《し》のように信頼を実感した人が他の人々に語りかけていくプロセスが必要なのです。

そこで、二〇〇〇年九月に「第一回エコマネー語り部育成講座」を開設しました。この講座は三カ月間のプログラムで、最初と最後は東京での受講が必要ですが、後は与えられる課題に対する回答を定期的にオンラインで提出するという形式を取ったものです。その結果、三〇人弱の「エコマネーの語り部」が誕生しました。今後もこの方式で語り部の育成を進めていきたいと考えています。

また、エコマネーの考え方を普及するとともに、関係者の交流の場を提供するため、「エコマネー・トーク」を一カ月半に一回程度の割合で定期的に開催しています。毎回エコマネーに取り組む地域の代表の方に取組状況を報告いただき、続いて私が最近のエコマネーをめぐるトピックスを提供した後、交流会を開いています。

Q43 エコマネーの理論的な研究や実証的な研究はどうなっていますか？

A——**私自身エコマネーの理論づけに努めていますが、公文俊平先生（国際大学グローバル・コミュニケーション・センター所長）を座長とする「エコマネー研究者ネットワーク」**

において研究者の交流の場が提供されており、そこではさまざまな研究交流がなされています。

一九九九年八月「エコマネー・ネットワーク」に付置する形で、「エコマネー研究者ネットワーク」（座長：公文俊平国際大学グローバル・コミュニケーション・センター所長）が発足しています。これは、情報、金融・通貨、環境、福祉、都市計画などエコマネーに関する学際的な研究者の交流の場を提供するもので、エコマネーに関する共同研究などを進めています。大学・大学院の教授、博士課程・修士課程の学生などが参加しています。私も提唱者として加わっています。

現在「エコマネー研究者ネットワーク」の活動は、エコマネーのみならず他の地域通貨やコミュニティのあり方をも研究の対象にすべく「オルタナティブ経済社会研究者ネットワーク（略称「オル研」）」（http://www.ppcon.org/pf/alt-econ/）へと発展して、その中で活動を展開しています。この活動は、Q45で紹介するインターネット博覧会上の「エコライフ・パビリオン」ともリンクしています。

Q44

「エコマネー・ネットワーク」の活動には、企業は参加しているのですか？

A――**「エコマネー・ネットワーク」自体は非営利組織ですが、その下で「エコポイント事業」、地域コミュニティ・ポータルサイトなどを構築する「エコマネー企業コンソーシアム」が結成されており、そこに企業が積**

極的に参加しています。

「エコマネー・ネットワーク」では、エコマネーそのものの推進事業に加えて、「エコポイント事業」（企業が発行する各種のポイントについて、消費者への還元メニューとして環境保全、社会福祉などに関するエコマネー導入事業を支援する基金を用意して、その基金に消費者の意思により寄付がなされる仕組み）や地域コミュニティにおける「生活ポータルサイト」などを構築する「エコマネー企業コンソーシアム」（NTT東、NTT西、NTTソフト、NTTドコモ、NTT―ME、日立、凸版などが参加）が結成されており、積極的な活動を展開しています。

特に二〇〇一年に力を入れているのは「生活ポータルサイト」の構築です。「生活ポータルサイト」は、医療、福祉、行政サービスなどのコミュニティに関する生活情報や生活者一人ひとりの個人情報がデータベース化されていて、いつでも必要な情報を引き出すことができたり、それを活用して他者とのコミュニケーション、交流のみならず、電子商取引などができる機能を有するもので、エコマネーの基盤となるものです。

Q45 インターネット博覧会に出展している「エコライフのパビリオン」とは、どのようなものですか？

A――エコマネーの世界を疑似体験できる3Dのコーナーなどを設け、二十一世紀のエコマネーの世界を世界に向けて情報発信しています。

二〇〇〇年十二月三十一日から一年間、新千年紀の門出に当たって日本国政府が主催してインターネット博覧会が開催されています。

このイベントは、日本におけるインターネットの飛躍的な普及・発展を図るとともに、日本から世界に向けて、新千年紀、そして二十一世紀へのメッセージを発信することを目的としています。「楽網楽座《らくもうらくざ》」とも言い、大阪での万国博覧会をはじめ各種の博覧会を手がけてきた堺屋太一さんの発案によるもので、糸井重里さんらが総合プロデュースをしています。

「エコライフのパビリオン」は、その一環として出展し、インターネットの3D空間上でエコマネーの世界を疑似体験する場を提供するとともに、エコマネーに関するさまざまな情報を提供しています。

図表3—15にインターネット上の画面を載せてありますので、ご覧ください。実際のサイト(http://www.inpaku.go.jp/ecolife21/)にもアクセスして見てください。


この「エコライフのパビリオン」が訴えるのは、生活者一人ひとりの価値観を〝所有〟から〝使用〟に転換し、「エコライフ」にライフスタイルを変えることです。

そのため、〝巨大な構造物を展示し人類の好奇心を喚起《かんき》する〟のではなく、インターネット上のバーチャル空間上で使用価値を媒介する手段であるエコマネーを使って情報交換することにより、われわれ一人ひとりの生活者の望むものを、所得・消費水準の上昇といった「豊かさ」から、多様な選択肢《せんたくし》のもとで自らがライフスタイルを自覚的に選択し、その下で他者とのネットワークを構築していく「幸せ」へと変化させていくことをねらっています。

この「エコライフのパビリオン」への来場者は、「説明ゾーン」(エコライフ、エコマネーなどの基本概念をわかりやすく説明)、「事例ゾーン」(エコマネーに関する国内事例、海外事例

図表3-15　「エコライフのパビリオン」3D空間

▲アバターギャラリー（15体のかわいいキャラクターから自分の使うアバター〈分身〉を選択できます）

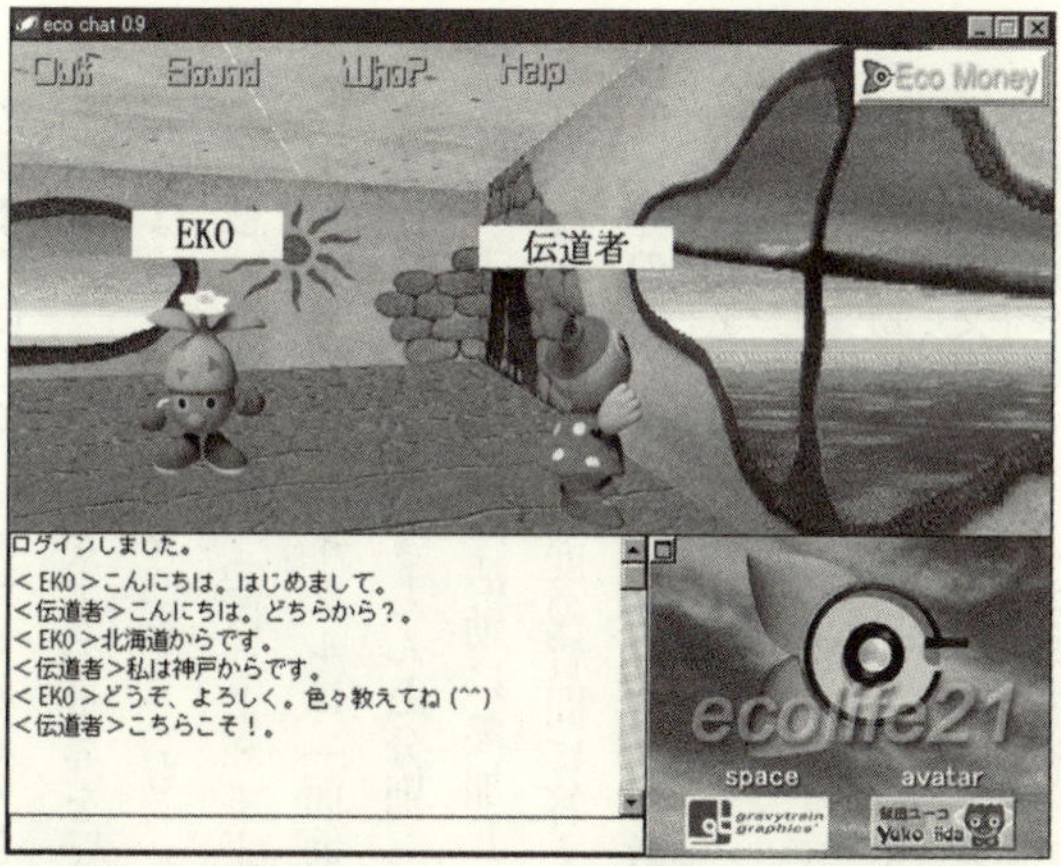

▲3Dチャット画面（ネットワーク上の仮想空間でさまざまな人たちと交流をすることができます）

（資料）http://www.inpaku.go.jp/ecolife21/

などを紹介）などでエコマネーに関する情報を得るとともに、「エコマネー・３Ｄチャット・ゾーン」に入場することができます。

そして、アバター（バーチャル空間上の人形）を装着後、「エコマネー・３Ｄチャット・ゾーン」に設けられた情報交換ルームに好みに応じて入室し、他のアバターとの間で会話を楽しみ、情報交換し交流します。

たとえば、〝ゼロ・エミッション〟（廃棄物をゼロにすること）について他のアバターから教えてもらったり、他のアバターに日本の農村共同体にあった〝結《ゆ》い〟（田植えや葬式のときに労働力の等価交換をする相互扶助《ふじょ》システム）について教えたりして、交流します。

将来は、このような情報交換や交流の対価としてエコマネーをネット上で疑似的に交換するシステムを構築することも構想しています。「エコマネー・パラダイス・ゾーン」は、インターネットの３Ｄ空間上でエコマネーの世界を疑似体験する場なのです。

このようにして、「エコマネー・３Ｄチャット・ゾーン」でエコマネーの世界を疑似体験した人々は、「出口ゾーン」で〝「もったいない」とよく思いますか？〟〝「買うよりまず修理」と思いますか？〟〝リサイクルは「面倒だ」と思いますか？〟〝ゴミはきちんと分別していますか？〟〝エコマネーの活動に参加したいですか？〟など二〇項目程度の質問に答えると、自動的にその人の「エコライフ度」が数字でチェックされます。

また「エコライフのパビリオン」では、エコマネーの活動に実際に取り組んでいる地域コミュニティの交流空間をも提供する予定です。

この交流空間では、「エコマネー・ネットワーク」と各地域コミュニティとの相互交流が繰り返し行われ、エコマネーのマニュアルがバージョン一・〇、バージョン二・〇、バージョン三・〇……と発展していきます。

その他この交流空間では、海外で地域通貨に取り組むところとの積極的な交流やエコマネーの研究に取り組む研究者間の研究交流も行っています。

さらに「エコライフのパビリオン」では、さまざまなインターネット上でのポータル・サイトと提携し、ポータル・サイト上で行われる電子商取引の収益の一部が生活者の発意によりエコマネー促進活動に寄付されるような「エコポイント」の仕組みも構築して、企業の社会参加も促《うなが》していく予定です。「エコポイント」については、Q38を参照してください。

Q46 二〇〇五年には「自然の叡智」をテーマとした日本国際博覧会が開催されます。「エコライフのパビリオン」のメッセージはそこに引き継がれるのですか？ また、日本国際博覧会ではエコマネーが使われるのでしょうか？

A――「エコマネー・ネットワーク」としては、「エコライフのパビリオン」のメッセージを二〇〇五年の日本国際博覧会に引継ぎ、日本国際博覧会(http://203.141.82.194/common/)でエコマネーが使用されることを要望しています。

皆さん、二〇〇五年に日本国際博覧会が開催されることをご存知でしょうか？

インターネット博覧会は、二十一世紀の門出を記念して行われるものですが、二〇〇五年には、愛知県瀬戸市、長久手町、豊田市を舞台として日本国際博覧会（愛知万博）が開催されます。これはパリ万博に始まる国際博覧会として位置づけられる世紀のイベントです。この日本国際博覧会のテーマは「自然の叡智」（Nature's Wisdom）であり、十九世紀以来の技術がリードする文明に失われた自然の叡智を注ぎ込み、私たちの心に慎《つつま》しさと謙虚《けんきょ》さを取り戻し、人間と自然の、そして人間と人間の壊《こわ》れかけた関係に豊かな回復を取り戻そうとするものとして位置づけられています。その究極の目的は、来たるべき新たな時代における地球文明の創造です。

①〝宇宙、生命と情報〟(Nature's Matrix)、②〝人生のわざと智恵〟(Art of Life)、③〝循環型社会〟(Development for Eco-communities)の三つのサブテーマが企画されていますが、そのうち①の〝宇宙、生命と情報〟の中に生命と情報が取り上げられたり、②の〝人生のわざと智恵〟として美と感動とともにわざと遊び・学びがとりあげられたり、③の〝循環型社会〟にも環境の共生とともに新しい生活モデルが含められるなど「エコライフ」に絡《から》んだテーマ設定となっています。

このように、「エコライフのパビリオン」が訴えるのは、生活者一人ひとりの価値観を〝所有〟から〝使用〟に転換し、私たちのライフスタイルを「エコライフ」に変えることです。これをインターネット上のバーチャル空間で体感できる空間を用意し、いち早く新たな地球文明の創造に関するメッセージを世界に向けて発信しています。この「エコライフのパビリオン」のメッセージは、二〇〇五年の日本国際博覧会に引き継がれるべきものでしょう。

ご存知のように、日本国際博覧会に関しては環境保護派の強い反対運動が展開され、内外の声に配慮して規模が縮小されたという経緯があります。開催派と阻止派の対立があったことも事実です。しかし、日本国際博覧会が目指す「自然の叡智」（Nature's Wisdom）の回復と新たな地球文明の創造は、そのような対立の図式で捉《とら》えきれるものではありません。〝百年紀〟のみならず〝千年紀〟の転換期にあって、人類全体が、そして私たち一人ひとりが、価値観を〝所有〟から〝使用〟に転換し「エコライフ」を実現することができるかどうかが問われているのです。

日本国際博覧会においては、こうした認識に立って「二十一世紀の時代のエンジンは何か？」の問いかけの中で、市民一人ひとりあるいはNPO・NGOなどの参加を図り、それぞれが主体的に問題提起を行い、メッセージを発していくこととしています。二十世紀は国や大企業が時代のエンジンであったが、二十一世紀の時代のエンジンは市民一人ひとりではないかという問題意識です。このような参加を具体化する方法は、さまざまな形態のものが考えられるでしょう。情報発信、情報提供、ボランティア・ベースでのサービスの提供、国際会議での交流など……。

ここで、〝善意による創発（emergent）〟を喚起《かんき》するエコマネーを活用してはどうでしょうか。お金の歴史は人類の歴史そのものであり、ライフスタイルと切っても切り離せない関係にあります。その中でエコマネーは、交換価値を媒介する従来のお金のあり方を見直し、使用価値そのものを媒介するものにお金に転換しようという未来へのメッセージを持ったものです。〝百年紀〟のみならず〝千年紀〟のあり方を問いかける日本国際博覧会においてエコマネーが流通し、世界市民一人ひとりが〝善意による創発（emergent）〟により構築される世界を模索《もさく》する、その過程で新たな交流が生まれ、新しい時代の〝渦《うず》〟が生成・発展して社会が進化していく……。そのような姿を実現したいものです。

4章 エコマネーをどのように導入するの？（実践編）

Q47 エコマネーの導入はどのようなステップで進めればよいですか？　導入までのプロセスを示してください。

A——スタートとして地域課題などを明確化することから始まり、実験の実施、その結果とステップ・バイ・ステップで進めることが必要です。

具体的手順については、図表4—1に表しましたのでそれを参考にしてください。

Q48 エコマネー運営団体としては、どこを選んだらよいのでしょうか？

A——それぞれの地域の実情に合わせて、NPO（非営利組織）、任意の研究会、福祉・環境関係団体などを選ぶ必要があります。

北海道栗山町では、町民が行政の協力も得て任意団体である「くりやまエコマネー研究会」を結成し、町ぐるみでエコマネーを推進する体制を整えました。また、兵庫県の宝塚の「ZUKA」の場合は、NPOである宝塚NPOセンターが事務局として活動し、市民、行政が参加する体制を作り上げ、NPO主体の活動で行っています。

その他、各地の青年会議所、社会福祉協議会など運営団体には本当にさまざまな形態のものがありますが、共通して重要なことは、地域の独自性を生かしながら、図表4—2に示すような「官民パートナーシップ」（PPP：Public Private Partnership）をつくりあげることです。

図表4-1　エコマネーシステム導入(実験)フローチャート

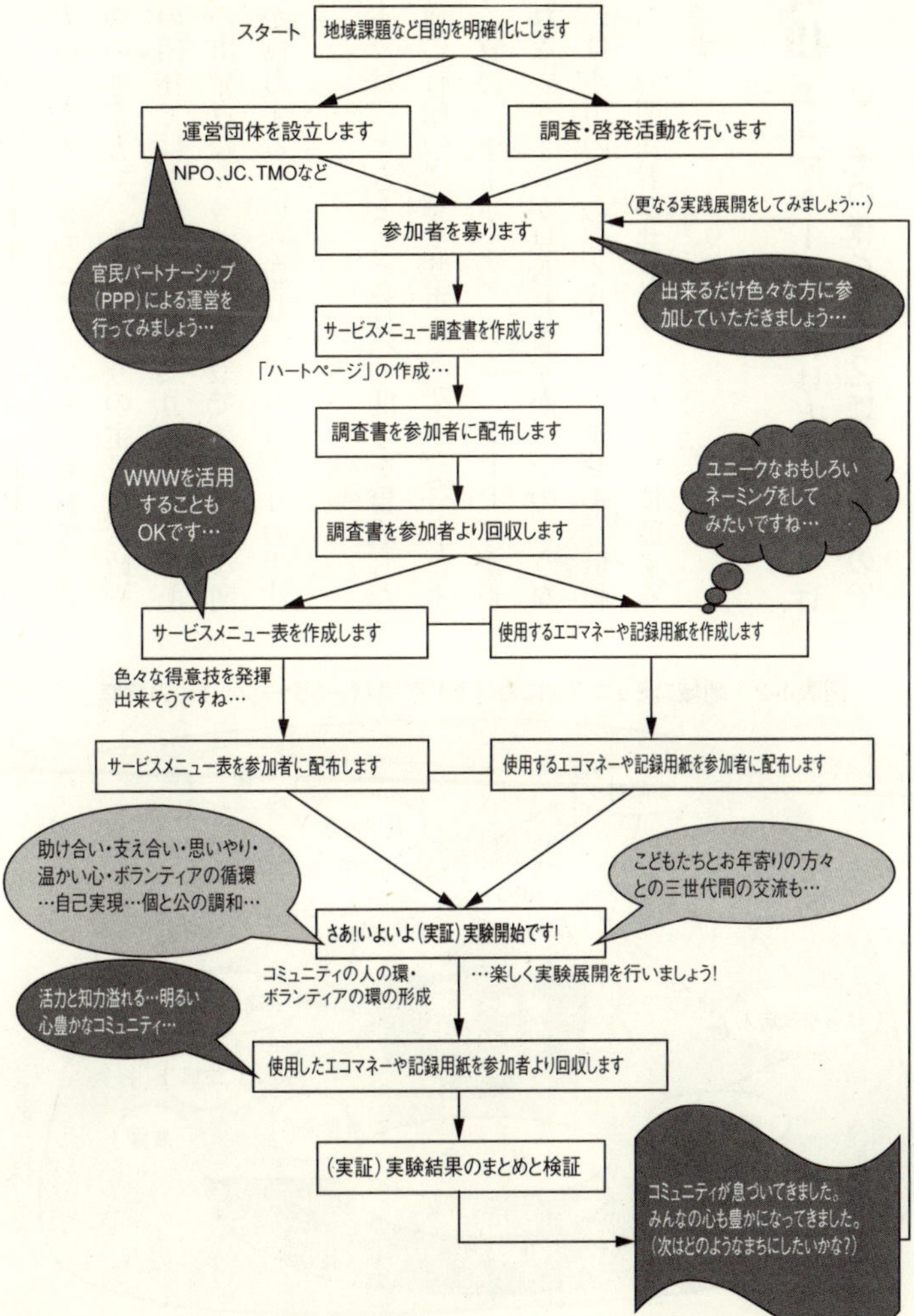
スタート
地域課題など目的を明確化にします
運営団体を設立します
NPO、JC、TMOなど
調査・啓発活動を行います
〈更なる実践展開をしてみましょう…〉
参加者を募ります
官民パートナーシップ(PPP)による運営を行ってみましょう…
出来るだけ色々な方に参加していただきましょう…
サービスメニュー調査書を作成します
「ハートページ」の作成…
調査書を参加者に配布します
WWWを活用することもOKです…
ユニークなおもしろいネーミングをしてみたいですね…
調査書を参加者より回収します
サービスメニュー表を作成します
使用するエコマネーや記録用紙を作成します
色々な得意技を発揮出来そうですね…
サービスメニュー表を参加者に配布します
使用するエコマネーや記録用紙を参加者に配布します
助け合い・支え合い・思いやり・温かい心・ボランティアの循環…自己実現…個と公の調和…
こどもたちとお年寄りの方々との三世代間の交流も…
さあ!いよいよ(実証)実験開始です!
コミュニティの人の環・ボランティアの環の形成
…楽しく実験展開を行いましょう!
活力と知力溢れる…明るい心豊かなコミュニティ…
使用したエコマネーや記録用紙を参加者より回収します
(実証)実験結果のまとめと検証
コミュニティが息づいてきました。
みんなの心も豊かになってきました。
(次はどのようなまちにしたいかな?)

(資料)(社)日本JC市民セクター財団支援特別委員会作成。

この「官民パートナーシップ」（ＰＰＰ）の考え方は、欧米のまちづくりで唱えられている最先端の考え方で、まちづくりの主役は行政や既成《きせい》の団体ではなく、一人ひとりの生活者であるとの出発点に立って、参加型でさまざまな関係者が協力するという新しいまちづくりの手法です。

日本では、ときとして行政の関与を警戒したり、逆に行政の過剰《かじょう》なサポートがあったりして、この「官民パートナーシップ」（ＰＰＰ）が形成されないケースが見られますが、そのようなときには本当のまちづくりができません。信頼はすべての関係者が共有してはじめて機能するからです。

Q49 エコマネーの発行はどのように行い、その後どのように管理するのですか？

図表4-2　地域コミュニティにおける「官民パートナーシップ」の構築

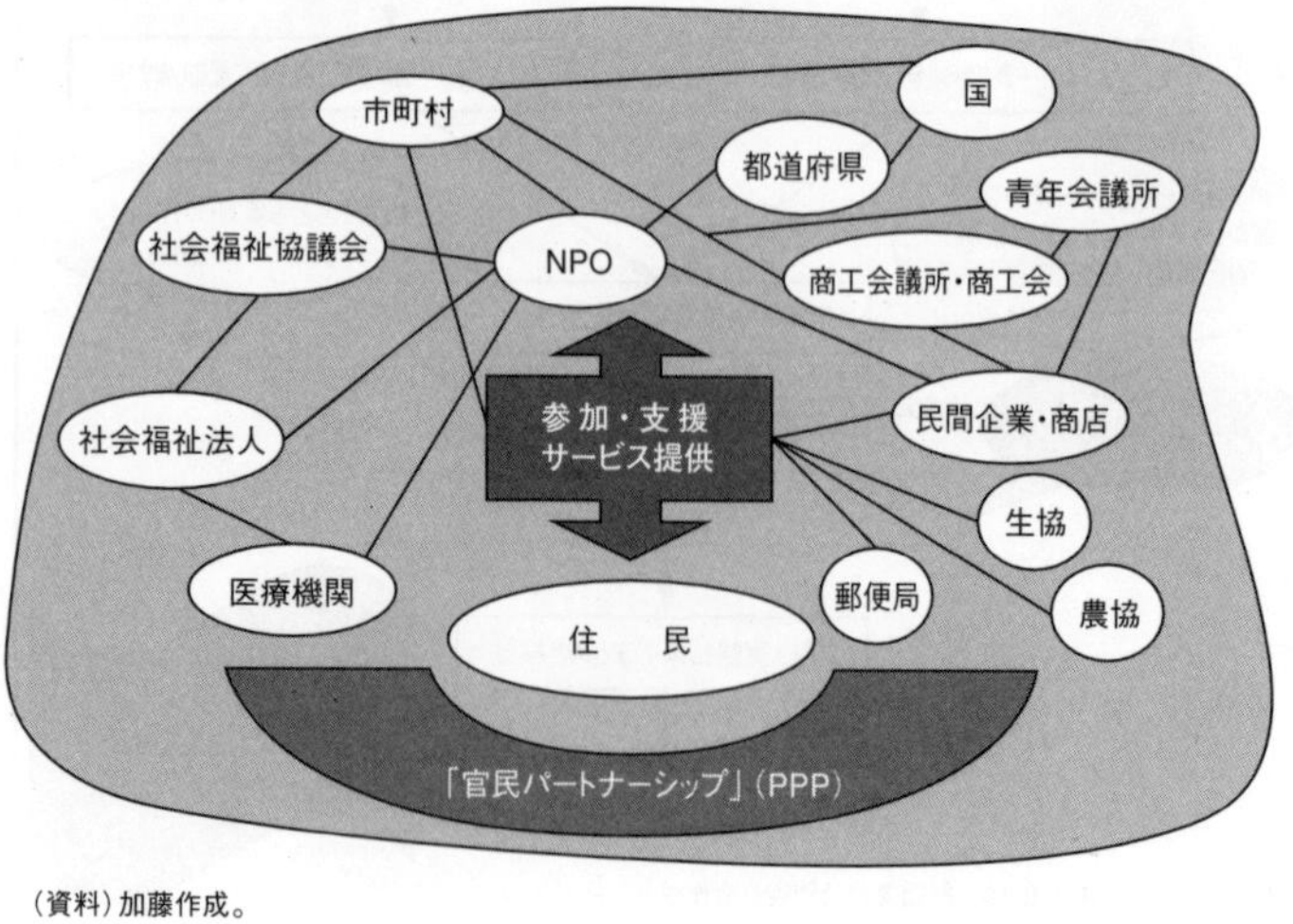

（資料）加藤作成。

A——エコマネーはメンバーが発行し、エコマネー運営団体が管理します。

エコマネーは有効期限を有したものであり、一定期間（三カ月、六カ月など）ごとに発行されます。「エコマネーの発行」といっても、マネーの場合とはことなり、エコマネーの取引き開始時あるいは更新時に、すべてのメンバーが一定のエコマネーを持っている形にしてスタートします。

もちろん、紙幣を発行する場合の印刷やメンバーへの郵送、サービス・メニュー表の作成などの事務はエコマネー運営団体が行うのですが、このことは「エコマネーの発行」をエコマネー運営団体が行っていることを意味するものではありません。すべてのメンバーが一定のエコマネーを持っている形にしてスタートするということは、「エコマネーの発行」をメンバーが決めているものと理解されます。

たとえば北海道栗山町の第二次実験では、エコマネー運営団体である「くりやまエコマネー研究会」がメンバー一人当たり五〇〇〇クリンを渡して実験を開始し、三カ月後にどの程度流通したか、エコマネーの効果はどうであったかを調査しました。

このエコマネー運営団体の管理も、通常のマネーに対して中央銀行がマネーサプライ（通貨発行量）の管理をするのと、ずいぶん異なっています。発行量の管理というよりも効果の測定というイメージです。

Q50 エコマネーの取引は相対《あいたい》で行われるということですが、常に一対一で行う必要があるのでしょうか？　グループで行うことは可能ですか？

A——一対一で行う場合が多いでしょうが、常に一対一である必要はありません。サービスの提供も受領もグループで行うこともあり、それによりエコマネーが交換されます。

取引がどのような形態で行われるかは、交換されるサービスによります。サービスの提供側、受領側いずれか、あるいはいずれもが複数である場合も当然エコマネーが使われます。

Q 51 エコマネーの取引では、紙幣が発行されなければならないのですか?

A——今のところ紙幣が発行されるケースが多いですが、エコマネーでの取引の形態や管理には、その他通帳形式のもの、パソコンやインターネットを活用するものなどさまざまなものがあります。

次のような様々なタイプのものがあります。
①紙の形態をとっているもの。
②通帳に互いの取引きを記入するもの。
③パソコンやICカードにデータを記録するもの。

一部に、エコマネーは紙幣を発行する形態で、交換リング方式のものも見られるLETSなどと形態により区別されるとの誤解があるようですが、これは違います。エコマネーとLETSとの共通点や相違点は、むしろその性格に根ざすもので、取引の形態で区別されるものではありません。

Q52 エコマネーの発行・流通を担保するため、基金を設置することが必要ですか？

A——エコマネーは貨幣的な価値を媒介するものではなく、しかも信頼によって流通するため、エコマネーの流通を保証するための基金は必要ありません。かえって基金を設置してそれを担保にエコマネーを発行すると、エコマネーが金券化するというマイナスもあります。

ただし、エコマネー運営団体の業務を円滑に始めるためには、事務所の設置や運営上の諸費用がかかりますが、そうした活動のための経費については、別問題として考える必要があります。エコマネーの活動を持続的に行っていくためには、メンバーからの入会費をそれに充てたり、寄付金を募ったり、コミュニティ・ビジネスなどの何かの収益事業を構築する必要があります。

Q53 **エコマネーの取引には、税金はかかるのですか？**

A——エコマネーでの取引は、ボランタリー経済におけるサービスを対象として行われるもので税金の対象になりません。

アメリカでも、タイムダラーの取引は非課税になっています。なぜなら、タイムドルは商取引ではなく、家族や隣人がお互い同士のためにしてきたことの延長だからです。一方、LETSにおいて、市場での交換の代替として利用される場合は、課税対象となっています。記録調整者（中央管理者）のもとに記録されている取引記録に基づいて、国民通貨に換算されて課税されています。

このように、エコマネーでの取引には税金はかかりませんが、エコマネーの取引と称して本来税金がかかる取引を脱税のために使うことは絶対に行ってはいけません。

Q54 **エコマネーを換金したり商取引に使うと、税金以外にどのような問題が生ずるのですか？**

A——国家の通貨発行権などとの関係でいろいろな問題が生ずる可能性がありますので、注意が必要です。法律違反は絶対行ってはなりません。

現行法との関連について考えうる問題点を列記すると、以下の通りとなります。

①「通貨の単位及び貨幣の発行等に関する法律」

地域通貨があらゆる取引の決済で利用できるようになる場合には、政府・日銀以外の機関による地域通貨の発行となり、この法律に抵触《ていしょく》する可能性があります。これは、政府が管理していた通貨発行量の調整が不可能となるからです。

通貨（二条三項）：円を単位とする通貨は、貨幣（硬貨）及び日本銀行が発行する銀行券（紙幣）をいう。

発行（四条一項）：貨幣の製造及び発行の機能は、政府に属する。

②「紙幣類似証券取締法」

地域通貨が紙幣類似証券に該当する場合には、財務大臣によってその発行及び流通を禁止される可能性があります。この場合、利用対象範囲が広がり汎用性《はんようせい》をもたせればもたせるほど、この法律に抵触する可能性が高くなります。

紙幣類似証券（一条）：一様の形式を具え、個々の取引に基《もと》かずして金額を定め多数に発行したる証券にして紙幣類似の作用をなすもの、又は一様の価格を表示して物品の供給を約束する証券。

③「前払式証票の規制等に関する法律（プリペイドカード法）」

地域通貨が前払式証票に該当する場合には、発行保証金を事前に供託《きょうたく》しなければならないなど、この法の規制を受けます。

前払式証票（二条）：証票その他の物に記載され又は電磁的方法により記録されている金額に応ずる対価を得て発行される証票等であって、当該証票等の発行者又は当該発行者が指定する者から物品を購入し、若《も》しくは借り受け、又は役務の提供を受ける場合に、これらの代価の弁済のために提示、交付その他の方法により使用することができるもの。

④「出資の受入れ、預り金及び金利等の取締りに関する法律（出資法）」

地域通貨が預り金に該当する場合には、この法律の規則を受けます。すなわち、地域通貨が元本の返済ができる機能をもたせていると、出資法に抵触する可能性があります。

預り金（二条）：業として預り金をするにつき他の法律に特別の規定のある者を除く外、何人も業として預り金をしてはならない。

⑤「銀行法」

地域通貨の決済を行う者は、銀行法の為替業務に抵触する可能性があります。

営業の免許（四条）：銀行業は、内閣総理大臣の免許を受けた者でなければ、営むことができない。

業務の範囲（一〇条）：銀行は、為替取引業務を営むことができる。

⑥商法等

地域通貨が有価証券に該当する場合には、各種有価証券を規定している商法との関係を考慮する必要があります。

⑦その他

「通貨及証券模造取締法」

（一条）：貨幣、政府発行紙幣、銀行紙幣、兌換《だかん》銀行券、国債証券及び地方債証券に紛《まぎ》らわしき外観を有するものを製造し又は販売することを得ず。

このほかにも「外国に於《おい》て流通する貨幣紙幣銀行券証券偽造変造及模造に関する法律」による規制もあります。

Q55 エコマネーが一定期間経過後振り出しに戻るのはどうしてですか？　そうすると残高がプラスの人はどうなるのですか？　表彰などがなされるのですか？

A――エコマネーはコミュニティのメンバー間の「信頼」を高めるためのものであり、蓄積するためのものではないからです。残高がプラスで、かつ、エコマネーの取引を活発に行った人に対しては、地域コミュニティでその人を表彰します。

エコマネーの取引は、マネーの取引のように債権・債務関係を前提とするものではなく、「信頼」に基づく関係を前提にしています。したがって、エコマネーでの取引によって、残高に変動が生じても、一定期間経過後（三カ月後、六カ月後など）は振り出しに戻して、再びエコマネーの取引により信頼を醸成《じょうせい》していくことが必要です。また、その方が期間中にエコマネーの取引が活発になる効果もあると考えられます。

振り出しに戻る際に、残高がプラスであって、かつ、取引頻度《ひんど》も高かった人に対しては、地域コミュニティでその人を表彰する仕組みを考える必要があります。「エコマネー・ネットワーク」としても地域の運営団体と連携して、そのような表彰システムを構築していきます。

このような人のマインドは、エコマネーの取引によりコミュニティに貢献したいということであり、お金で報《むく》いることは、かえって失礼に当たると考えられます。お金に代えられないやり方で表彰してこそ、このような人に対して真の意味で報いることができるでしょう。

Q56 寝たきりの高齢者などサービスを提供したくても提供できない人は、参加できないのですか？

A――寝たきりの高齢者など、サービスを提供できない人もエコマネーのメンバーに加えていくことが必要です。寝たきり老人に対しても、取引開始当初はエコマネーが支給されるほか、期間中親族などによりエコマネーが寄付されることも可能なので、寝たきり老人といえども参加は可能です。

エコマネーの発行は、エコマネー期間開始当初に一定金額を配布した形で行いますので、当然寝たきり老人などもエコマネーを受けられます。ただし、そのエコマネーを使い切ったときに困る可能性がありますが、寝たきり老人といえども何らかのサービスは提供できるわけですし、また、エコマネーは譲渡が認められますから（譲渡についてQ57を参照して下さい）、寝たきり老人に対して親族やコミュニティのメンバーなどがエコマネーをあげることも可能です。

しかも、寝たきり老人といっても、サービスを一方的に受けるだけではなく、たとえば昔話を話し相手に聞かせるなどにより、サービスを提供することができます。Q1で紹介した栗山町のエピソードは、そのことを物語っています。

Q57 エコマネーは他の人に譲渡したり、寄付したりすることはできるのですか？　また、譲渡先や寄付先はどのようなものですか？

A——**エコマネーは信頼関係に基づいて行う仕組みですので、信頼のおけるメンバー間であれば、譲渡できます。もちろん、親族間で譲渡することは可能です。**

エコマネーは流通することに意味のあるお金ですから、エコマネー運営団体としては、寄付を受けつける福祉施設、環境団体などを事前に寄付先として明示するような工夫をすることも必要です。

Q58 他の地域のエコマネーと交換することは可能ですか？

A——**ある地域のエコマネーを別の地域のエコマネーと交換する仕組みは今のところ整備されていません。**

エコマネーは、ひとつひとつのコミュニティに帰属した通貨です。そしてそれは、コミュニティのメンバー間の互いの信頼をベースにしていることを考えると、異なるコミュニティとの交換は原則として不可能です。

ただし、コミュニティとは必ずしも物理的な地域をいうものではなく、たとえば、全国的な植林活動、ボランティア活動を展開するコミュニティ、全国ベースで展開する高齢者の「シニアネット」などの場合は、それらのコミュニティでエコマネーを活用することは可能です。

将来的にエコマネーに取り組む地域コミュニティの数が拡大し、エコマネーが一般的になってくると、ある地域のエコマネーと他の地域のエコマネーを交換する必要が生ずる場合が考えられますが、現段階ではコミュニティ内の信頼をエコマネーで高めることに注力していただいた方が良いと思います。

Q59 メンバーが離脱するときは、その人の残高はどうなるのですか？

A――メンバーが離脱するとき残高がプラスの場合は、そのプラス分を寄付することが考えられます。マイナスの場合は調整が必要です。

離脱の際に残高がプラスの場合は、離脱するメンバーの意思に基づいてそのプラス分を寄付することが考えられます。逆にマイナスの場合は、離脱自体はメンバーの自由としても、エコマネー運営団体との話し合いを十分行うことが必要であると考えられます。

Q60 エコマネーの循環を促進するためには、どのような工夫が必要ですか？

A――サービスメニューをできるかぎり多様なものにしたり、参加メンバーが一堂に会したエコマネー・フェスティバルなどのイベントなどを開催するなどの工夫が必要です。

そもそもエコマネーは、取引の対象となるサービスをコミュニティ・サービス全般に拡大したものです。また、当事者の残高が一定期間経過後振り出しに戻ることも、取引を活性化させる効果があります。

行政や商店街がその循環を支援するなどの工夫を行って取引が活発に行われるようにすることも必要となります。

さらに、「エコマネー」の具体的運用にあたっては、取引を活性化するためには、参加者とともにエコマネー運用団体による働きかけが必要となります。たとえば、参加者を一堂に会しエコマネーの循環を促《うなが》すエコマネー・フェスティバルなどのイベントなどを開催するのも一つの方法と言えます。そこでの〃ふれあい〃や〃語らい〃などから今後の取引が活性化されると考えられます。

その他、行政による支援についてはQ61を、商店街による支援についてはQ62をそれぞれ参照してください。

Q61 エコマネーの循環を促進するため、行政はどのような支援ができますか？

A――行政は、住民に対して独占的に提供するサービス（例えば住民票の提供、粗大ゴミ回収）に対する手数料の支払いを免除し、その代わりエコマネーを受けとるような形で対応することが考えられます。

従来地域コミュニティにおける公的サービスは、行政により独占的に提供されてきましたが、これからは地域住民の自発的な資源を活用してサービスを提供する、具体的には住民同士の相互のサービス提供というエコマネーのスタイルが活用されるケースが多くなると考えられます。

したがって、エコマネーが活躍する場面が増えてくるでしょうが、これに対しては、行政もエコマネーの循環が促進されるような環境を整えることが必要と考えられます。このため行政は、住民に対して独占的に提供するサービス（例えば住民票の提供、粗大ゴミ回収）に対する手数料の支払いを免除して、その代わりにエコマネーを受けとるような形で対応することが考えられます。この場合エコマネーを取得した行政は、エコマネー運営団体や公共施設にこのエコマネーを寄付することが適当です。

Q 62 エコマネーの循環を促進するため、商店街はどのような活動が行えますか？

A――エコマネーで商品を購入することはできませんが、エコマネーの循環を促進するため、商店街はさまざまな工夫をして来客数をふやすことができます。

商店街の活性化は、エコマネーにより人と人との交流が盛んになり、来客数が増えることにより達成されます。このためエコマネーをまちづくりに活用する方法としては、商店街と住民のボランティア活動を結びつけ、商店街と住民のつながりを拡大することが考えられます。

例えば、駅前商店街に放置された自転車の整理をした学生さんにエコマネーが支払われ、学生さんはそのエコマネーで、宅急便を留守のときに預ってもらったり、商店街で開催されるそば打ちのイベントなどでそばの打ち方などを教わることができます。また、商店街の空き店舗を活用して高齢者にインターネットを教える「パソコン・インターネット教室」が設置され、そこで高齢者にインターネットを教えた若い女学生が伝統的な料理のつくり方を教わることなどのケースも考えられます。

また、環境に配慮したいという最近の消費者意識の向上を商店街の活性化に結びつけることもできます。このため栗山町で行われた試みが多いに参考になります。栗山町では第二次実験の際、商店街で買物をする際、レジで袋はいりませんといってゴミの減量に消費者が協力したとき、ポイントをもらえる制度をスタートさせました。そのポイントは一〇ポイントためると一〇〇〇クリン（基本的に、一時間分のサービスに交換されます）と交換できるという仕組みです。

この制度は大ヒットし、第二次実験期間中流通した約七〇万クリンのうち、約一八万クリンはこの「エコマネーポイント」でした。これに伴って節約されたと推定されるレジ袋は五〇〇〇袋にも及びます。詳細は第五章を参照して下さい。

エコマネーと商店街というと、短絡的《たんらくてき》にエコマネーで商店街でモノが買えるようにするというアイディアが浮かびますが、それが適当でないことは、Q34で述べたとおりです。

栗山町のケースでは、エコマネーでモノが買えなくとも商店街にエコマネーで消費者を引きつけることができることが証明されました。ゴミ減量に協力したいという消費者の意識と消費者を引きつけたいという商店街の意識が結合した結果です。このことは、もはや消費者の意識が購買だけではなく、環境保全などのコミュニティに関するものに拡大していることが背景にあります。

また、このような栗山町の試みのほか、商店街がエコマネーの循環を促進させるためのアイディアは他にもありえます。それは、ドイツの「リヴィア二〇〇〇」というプロジェクトの中でフライブルグ市のタレントという名の地域通貨システムが実施している事例が参考になります。この仕組みは、商店街がそこで通用するクーポンをいったん運営団体に寄付し、このクーポンを地域通貨タレントと交換するという仕組みです。

このようなケースをエコマネーに応用する場合には、aエコマネーで直接商品を交換しないことと、bお金とエコマネーの間に一定の交換レートを生じさせないこと、の二つの要件が確保されることが必要です。

その条件をクリアーするには、次の方法が考えられます。

①商店街がポイントカード用に使っている割引分をエコマネー運営団体に寄付する。

②運営団体は、エコマネーの取引を各期間ごとに集計し、その中でエコマネーの残高が一定以上で、かつ一定以上の取引頻度を記録した人を表彰する際に、寄付されたポイントをその人に与える。その際、表彰の対象となる人々を三つ程度のグループ(例えば、プラチナ、ゴールド、シルバーなど)に分けてグループ内では一律のポイントを配布する。

③この②によりポイントを受領した人が商店街で買物をする際、そのポイント分を使って安く商品を購入することができる。

これにより商店街への来客数の増加、地元住民と商店街と共存共栄が図られるものと考えられます。

Q63 参加メンバーの間の「信頼」を増進するためには、どうすればよいのでしょうか？

A――参加メンバー同士のコミュニケーションを促進して「信頼」を高めるため、「エコマネー・フェスティバル」などフェイス・ツー・フェイスの交流会を開催することが必要です。また、エコマネーが循環していくことそれ自体によっても「信頼」が増進されていきます。

「エコマネー・フェスティバル」に関する栗山町の取組みについては第五章3を参照して下さい。

Q64 エコマネーの取引をする相手の信頼度はどのように見分ければよいのですか？　情報公開はどうすればいいのですか？

A――顔見知りの関係をつくることのほか、コーディネーターの活用、メンバーの取引状況などの情報公開などの工夫を進めることが必要です。

エコマネーの取引は、信頼を共有できる相手方との間で行われるというのが原則で、「サービス・メニュー表」を見てどの相手と取引するかは、その当事者が相手方の信頼度をチェックしてから行うこととなります。

ただし、顔見知りでない場合においては、相手の信頼度をチェックしにくい場合も考えられます。したがって、地域でエコマネーを導入するにあたっては、サービスの提供者と受領者をマッチングするコーディネーターをおいたり、取引の相手方に対する評価を取引の当事者が書き込んで後で他の人が参考にできるようにしたり、一定期間ごとにメンバーの残高や取引頻度《ひんど》などを公開するなどの工夫を行っていくことが必要でしょう。

Q65

エコマネーの取引については、メンバーの残高や取引頻度などを公開されるようですが、そのほか個々の取引そのものも公開されるのですか？プライバシーの保護はどのようになされるのでしょうか？

A ——**情報公開（この点についてはＱ64を参照して下さい）に際しては、個々の取引に関する情報などのプライバシーの保護には十分留意する必要があります。**

情報公開とプライバシー保護とをいかに調和させるかについては、コミュニティでルールを決める必要があります。基本的には、メンバーの残高や取引頻度などは公開されますが、個々の取引に関する情報はプライバシーに属するものとして非公開で扱われるものとするのが適当だと考えられます。

Q66

エコマネーの取引を媒介するコーディネーターについて説明してください。

A ——**コーディネーターはサービスの提供**

図表4-3　コーディネーターをおいた場合のエコマネーの仕組み

(1) 一般の人々をサポートする場合

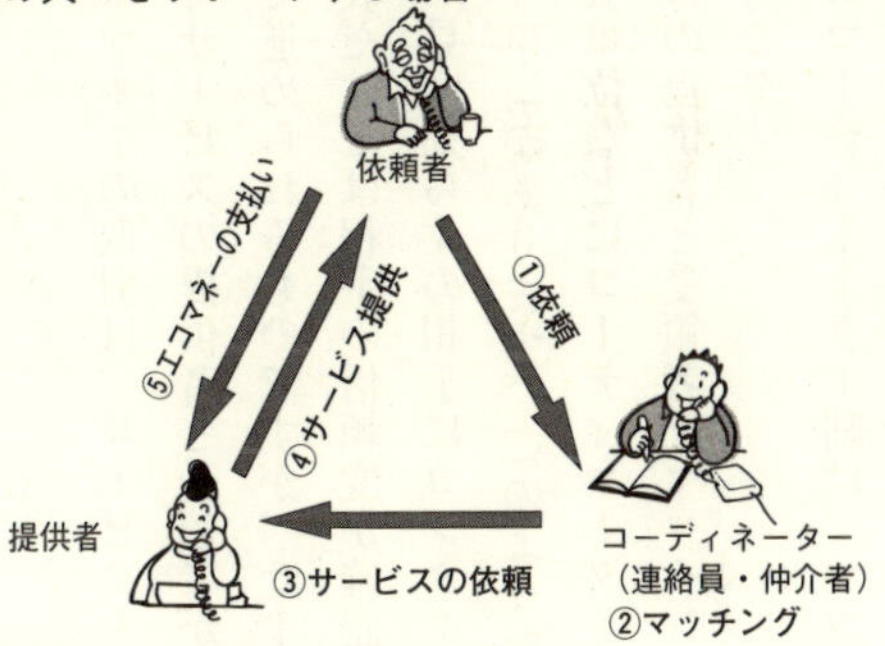

(2) 高齢者夫婦・一人暮らしの高齢者をサポートする場合

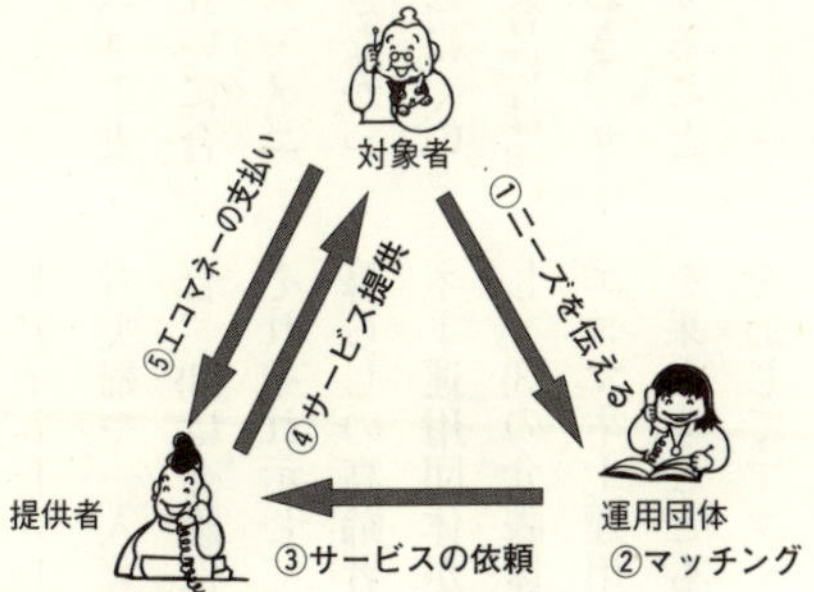

(3) 介護保険受給者をサポートする場合

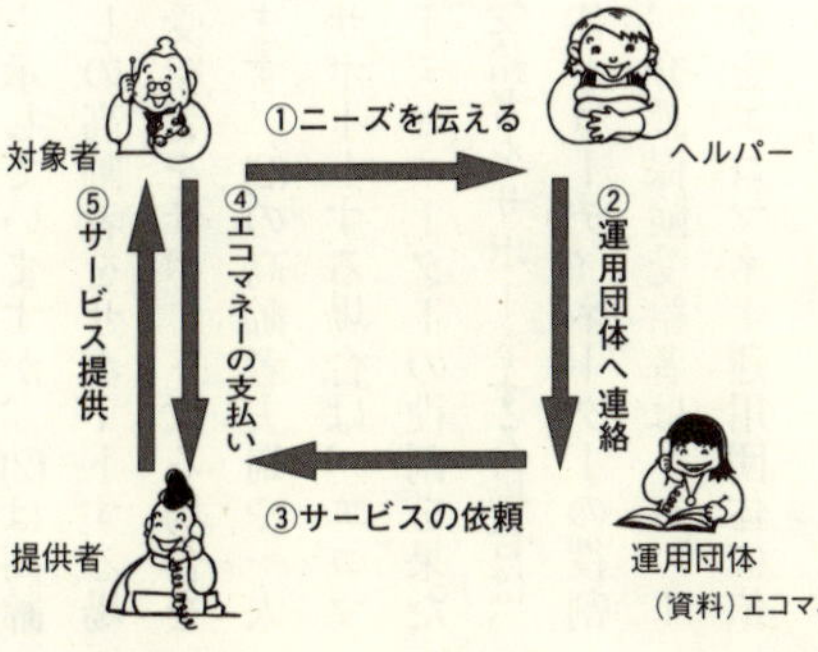

(資料) エコマネー・ネットワーク作成。

者と受領者をマッチングするために置かれるものです。栗山町で初めてこの試みが行われ、その効果がかなりあることが確認されました。

エコマネーの取引は、サービス・メニュー表を見てサービスの提供者と受領者がお互いに合意して進められるものですが、サービス・メニュー表だけでは相手の信頼度が確認できなかったり、見ず知らずの相手にコンタクトしにくいという事情があります。このような場合には、町内会単位などにコーディネーターをおき、サービスの提供者と受領者をマッチングすることが有効です。

このコーディネーター制は、マッチングにかなりな効果があります。栗山町の第二次実験ではある町内会でこのコーディネーター制を実行したところ、コーディネーターをおかない場合に比してほぼ二倍の流通がありました。

図表4―3は、コーディネーターを置いた場合のエコマネーの取引の仕組みを図示したものです。このうち(1)は一般の人をサポートするコーディネーター制を示していますが、(2)は高齢者夫婦や一人暮らしの高齢者をサポートする場合、(3)は介護保険受給者をサポートする場合をそれぞれ示しています。(2)の高齢者夫婦や一人暮らしの高齢者をサポートする場合は、エコマネー運用団体がコーディネーターの役割を果たし、(3)の介護保険受給者をサポートする場合は、エコマネー運用団体がコーディネーターの役割を果たすとともに、介護保険受給者はヘルパーを通じてマッチングをエコマネー運用団体に依頼します。

今のところコーディネーター制は人によって行われていますが、将来はインターネット上でのマッチング・システムも開発され、人によるマッチングを補完することが考えられます。

Q67 エコマネーの実験を開始する前、参加メンバーにその趣旨を徹底するにはどのような工夫が必要ですか？

A――自主制作ビデオなどを作成し、事前に説明会を開催するのがよいでしょう。

エコマネーの実験を開始する前、参加メンバーにその趣旨を徹底することが必要です。そのためエコマネーを使った取引はどのようなサービスを対象にして、どのように行うのかをわかりやすく解説したビデオなどを制作するのが効果的です。説明会の開催も必要ですが、その説明会を効果的にするためにも、事前に説明する対象メンバーをできるかぎり多くするためにも

ビデオの作成が有効でしょう。

栗山町では、第一次実験、第二次実験いずれにおいても、「エコマネー運営団体」による自作自演のビデオが作成されました。また、宝塚市の場合も同様でした。この自作自演のビデオを作成する過程で、参加メンバーの連帯感も高まりました。

Q68 エコマネーの実験を段階的に進める場合、どのような点を心得るべきですか？

A――エコマネーには完成形はありません。人々の協働作業を通じてそのコミュニティにふさわしいエコマネーをつくりあげていくため、一度実験が終わっても次の実験に取り組み、実験を繰り返し繰り返し行っていくことがポイントです。

この点は、エコマネーは地域コミュニティや地域コミュニティの生活者の手によって〝進化〟していくお金だからです。実験といっても本格運用との実質的な区別はありません。エコマネーは二十一世紀の新しいコミュニティを創り上げるためのものであり、その過程は繰り返し実験を行うという新しいプロセスにより生み出されるものなのです。

実験のやり方についても、エコマネー運営団体での徹底した検討により、問題点と解決策を探った上で実験を開始し、ステップ・バイ・ステップで活動をはじめていく必要があります。また、この結果得られた知見と知識、経験はオープンなものとして広く活用していくことが必要です。

そうして第一次実験が終わったらその結果を

▲宝塚市で支援活動をする中山事務局長

評価し、次に進む課題を抽出《ちゅうしゅつ》する。この評価のプロセスが重要です。そして第二次実験に進む。第二次実験が終わったら再び評価し、第三次実験の準備をする。この繰り返しが「エコミュニティ」を構築する過程なのです。

生活者のニーズやコミュニティの課題は常に変化していきます。したがって、生活者が主役となるまちづくりには完成形はありません。常に生活者のニーズをくみ上げ、コミュニティの課題解決に向けて人々が協働作業を繰り返すことが必要なのです。エコマネーはその協働作業を具体化する道具なのです。

Q69 「エコマネー・ネットワーク」は、エコマネーに取り組む地域に対してどのような支援活動を行っているのですか？

A——「エコマネー・ネットワーク」は、各地域に対してエコマネーに取り組む各段階できめの細かなコンサルティング・サービスを提供しています。

「エコマネー・ネットワーク」がエコマネーに取り組む地域に対して提供するコンサルティング・サービスには、具体的には次のようなものがあります。

①各地域における研究会における検討
②対象事業の選定
③導入マニュアルの提供
④システムの開発設計
⑤情報ネットワークの活用への支援
⑥トータル・システム導入の支援
⑦システムの評価

これらの活動を行うにあたっては、「エコマネー企業コンソーシアム」に参加する企業とも適宜《てきぎ》連携しながら、エコマネーに取り組む各段階できめの細かなコンサルティング・サービスを提供します。

以上のほか、エコマネーの語り部を地域で育成するとき（Q42参照）や地域でエコマネーの取引に積極的に貢献した人を表彰するとき（Q55参照）にも、地域を支援しています。具体的なことは「エコマネー・ネットワーク」にコンタクト下さい。

5章

エコマネーはどのように導入されたの？（ケーススタディ編）

1 「希望の国」誕生へのプロローグ

「あたたかいお金」エコマネーは、今や〝エコノミー〟のように日本全国にこだまするようになっており、二〇〇一年五月現在で一〇〇を超える地域コミュニティで導入され、その数は日々増加しています。

このようにエコマネーを導入する地域コミュニティが拡大してきたのは、栗山町（北海道）が二〇〇〇年二月と三月に第一次実験、同年九月から十一月まで第二次実験をそれぞれ行い、常にエコマネーのフロントランナー（先頭を走る役割を演ずる人）として他の地域コミュニティに対して情報発信をしてきたことがあげられます。

この栗山町における実験については、新聞、テレビなどでも大きく報道されましたので、ご覧になられた方も多いと思いますが、なぜ栗山町がエコマネーに取り組むことになったのか、どのような実験であったのか、その成果はどうなのか、など裏に隠れたエピソードも含めてご紹介したいと思います。

多少謎めいていますが、栗山町のお話を村上龍の小説『希望の国のエクソダス』から始めたいと思います。なぜ栗山町と『希望の国のエクソダス』が関係するのか疑問を持ちながら読み進めてください。

「希望の国のエクソダス」？

皆さん、村上龍の小説『希望の国のエクソダス』（文藝春秋・二〇〇〇年）をお読みになった方はいらっしゃいますか？　二〇〇〇年のベストセラーとなりましたので、お読みの方も多いのではないかと思います。

この小説の中では、二〇〇二年秋、経済の大停滞が続く中、八〇万人の中学生が学校を捨て

て、希望の国である北海道の野幌市《のっぽろし》（架空）でネットビジネスを開始します。なぜか？　この点について、小説の登場人物である少年ポンちゃんは、「この国には何でもある。本当にいろいろなものがあります。だが、希望だけがない」と国会の予算委員会で答えています。

おりしも、日本政府が円のグローバリゼーションをねらって推進した円圏の構想が失敗し、第二次アジア通貨危機が起こる中で、少年たちは地域通貨「イクス」を発行して新しい国造りを開始します。地域通貨「イクス」は、電子マネーであるＩＣカードを使っています。

「一つの国の中に新しい別の通貨……？？」。そう思いながら、読者はこの小説を読み進めることになります。そのうちに、「果たして通貨は、一つの国に一つなのであろうか？」という、素朴な疑問が湧《わ》いてきます。

この小説のあとがきで、村上龍は「この小説は、著者校正をしながら、自分で面白《おもしろ》いと思った。そんなことは実は初めてで、なぜ面白いと思ったのか、いまだにわからない」と述べています。おそらく国と通貨との関係、その中での貨幣の神秘性に触れたと感じたためではないでしょうか？　この小説を読み終えた私は、そう感じました。

「希望の国」＝栗山町は実在する！

実は、すでに「希望の国」は実在しているのです！　しかも、小説の舞台となった同じ北海道に！　今までもエピソードの紹介などでたびたび登場した北海道栗山町です。しかも、そこで流通している通貨は、「イクス」が念頭においているような二十世紀までのお金ではありません。

第一章のＱ11でも述べましたが、一九九〇年代に登場した従来の地域通貨は、円、ドル、ポンドなどのお金の代替となるものを構築しようという側面が強かったと思います。流通する範囲が従来の貨幣経済であったり、当事者の関係を貨幣経済と同様の債権・債務関係で捉《とら》えていたり、通貨の発行をＮＰＯ（非営利組織）が中央で一元的にコントロールするなどにその特徴がうかがわれます。

『希望の国のエクソダス』に登場する地域通貨「イクス」も、その延長線上のものです。日本政府が円のグローバリゼーションをねらって推進した円圏の構想が失敗し、第二次アジア通貨危機が起こる中で、少年たちが野幌市で発行する「イクス」は、お金の代替物として構想されているといえるでしょう。栗山町では、二〇〇〇年二月からその構想力をはるかに超えることが起こっています。

▲第１回栗山エコマネー研究会で挨拶する代表の長谷川さん

「事実は小説よりも奇なり」

「事実は小説よりも奇なり」。この諺《ことわざ》のとおり、栗山町では、「イクス」の範疇《はんちゅう》を超えた二十一世紀のお金であるエコマネーが流通しています。

エコマネーの出発点は、今のお金の代替をつくろうというものではありません。信頼に基づく新しいコミュニティを創造しようという、より発展した未来指向のものです。

栗山町では、その未来指向のエコマネーが流通しています。その名は、栗山町とクリーンから名づけられた「クリン」です。栗山町がエコマネーの検討を開始したのは、九九年九月。その後、二〇〇〇年二―三月に第一次実験、九―十一月に第二次実験が行われ、二〇〇一年には第三次実験を経て、その後エコマネーを本格導入する予定です。

特筆に値するのは、第二次実験において、およそ九〇〇〇のサービスが登録されて、町民によりサービスの交換が行われたということです。しかも、介護、環境、コミュニティづくりなどの分野のほか、「コーディネーター」によるマッチングも行われて、質・量とも世界最先端に達しています。

「灯台下《もと》暗し」

日本で地域通貨への関心が高まったのは二〇〇〇年。特に、その頃にNHKのテレビ番組『エンデの遺言』が放送され、世界の地域通貨の様子が紹介され一挙に関心が高まりました。

地域通貨でボランティア活動の取引をするだけではなく、スーパーマーケットなどでその地域通貨が使えるイサカアワーズ（アメリカのニューヨーク州にあるイサカという人口三万人程度の町で発行されている地域通貨）には、かなりの日本人が調査や視察に訪れたといいます。

その他、イギリスやオーストラリアのLETS導入地域を訪問し、その後欧米の地域通貨を日本で導入しようという動きがかなり見られるようになりました。

このような新しい動きについては、ともすれば、海外の事例を参考にして、それを〝輸入〟しようという動きが起こります。そのこと自体は、常に新しいものを勉強し、それを参考にしながら実験をするという日本人の気質を表しているようで、決して悪いことではないと思います。

しかし、地域通貨の問題は、従来の地域の情報化や新規事業興しとは同列ではありません。地域コミュニティをどうつくるのか、その中で生活者一人ひとりの生活やライフスタイルそのものの問題だからです。私は、地域通貨の問題は、欧米のモデルを単純に〝輸入〟するというようなものではないと思っています。

栗山のエコマネー関係者は、二〇〇〇年夏にアメリカの東海岸と西海岸の地域通貨の調査に出かけていますが、これは、第一次実験が終了して自分たちの「クリン」の実験を振り返り、九月からの第二次実験の参考にしようというものでした。

いずれにしても、この栗山町のケースは、質、量とも世界最先端の地域通貨となっています。もはや地域通貨のモデルは足元の日本にあるという状況になっているのです。「灯台下暗《もと》し」。この諺《ことわざ》が示唆《しさ》するように、われわれは足元を振り返り、そこから多くのことを学ばなければなりません。

では、栗山町がどうしてエコマネーに取組むことになったのか、栗山のエコマネーはその後どのような軌跡をたどって発展してきたのか、今後どのような方向に向かおうとしているのか、などについてみて見ることとしましょう。

話だけ聞くつもりが……

栗山町は北海道の中央部、夕張郡に位置する人口およそ一万五〇〇〇人余りの町。夕張メロンや昔の夕張炭坑などで有名な夕張市のとなりに位置する町です。近年は、全国初の町立介護福祉学校を設立したり、在宅高齢者を対象にしたパソコンとテレビ電話を使った遠隔福祉・医療システムを導入したりして福祉の先進地として知られています。

また、絶滅寸前の国蝶オオムラサキの生息地としても知られ、北海道産の木材で一〇〇年もつ木材住宅を供給していることで有名な環境保護メーカーである「木の城たいせつ」の所在地でもあるなど、自然保護に対しても非常に熱心に取組んでいるところです。

栗山町でエコマネーに取り組むきっかけは、栗山エコマネー研究会の事務局長で町総合福祉センターで総務係長（二〇〇一年四月から情報推進課の係長）をつとめる花田正博さん（45）が私に電話をかけてきたことからでした。その電話のきっかけとなったのは、九九年の春、私が東京栗山会会長である板垣欣也さんにエコマネーの話をしたことです。私と板垣さんとはあるNHK情報ネットワークの加藤和郎ディレクターが主宰する研究会で知り合いになって以来、親しくさせていただいている間柄です。

その後板垣さんが上京した川口孝太郎・栗山町町長にエコマネーについて話しました。そして町に戻った川口町長が総合福祉センター長との会話の中でエコマネーを話題に持ち出しました。センター長のとなりが花田さんの席だったのです。会話の途中で町長はかたわらの花田さんに「エコマネーって知っているか？」と話を振りました。花田さんはテレビ番組を通して欧米の地域通貨のことを知っており、そのままを伝えると川口町長は「栗山町でやったらどうか」と一言。そして「よく勉強してみてくれ」と検討を依頼しました。

その後花田さんは、エコマネーについて詳しい情報を得ようと札幌市にある北海道通産局（二〇〇一年一月より北海道経済産業局）を訪れるがそこでは情報は得られず、エコマネーは通産省が行っているのではなく、私が個人として取組んでいることを知りました。結局花田さんは、九九年六月はじめ私に電話をかけてきました。

「ちょうど六月末にインターネットを使ったテレケアについての会議があり、東京に出張する機会があるのでお会いしたい。そのときエコマネーについて教えて欲しい」

その後花田さんとは、六月末に板垣さんと一緒にお会いしエコマネーについて説明しました。花田さんはその時のことを振り返り、「加藤さんの本『エコマネー』も熟読しましたが、最後まで具体的なイメージがつかめず、話だけ聞くつもりで行ったというのが正直なところです」と語っています。

しかし、ここで花田さんとお会いしたことが、二〇〇〇年二月以降栗山町でエコマネーに取組む大きな契機となりました。そのとき花田さんは栗山町の魅力を切々と語り、「私は一万五〇〇〇人余りいる町民のうち、五〇〇〇人ほどの顔と名前が一致します。それくらいコンパクトな町ですから、栗山町ならエコマネーも導入しやすいのではないでしょうか」と訴えたのです。花田さんの熱意に〝グラッ〟ときた私は、「七月下旬、両親が住んでいる富山に帰省しますので、ちょうど海の日が休日なので立ち寄りましょう」と答えました。

「それは『てまがえ』ということっちゃ」

七月下旬総合福祉センター「しゃるる」で「エコマネー学習会」が開催され、私と「エコマネー・ネットワーク」の中山事務局長が出席しました。その学習会開始前に私は川口町長、長沢町議会議長、高倉助役とお会いしました。川口さんとは学習会終了後もいろいろお話ししましたが、前町長の急逝《きゅうせい》後町長になって一期目であった川口町長は、町民とともにつくるまちづくりを目指していました。フランスに留学経験もあるという方ですが、どちらかというと北海道の方に共通してみられる純朴《じゅんぼく》で人情味あふれた人物です。

また、長沢議長や高倉助役とお話ししていて私がびっくりしたのは、エコマネーの活動はボランティア活動のように一方通行ではなく、コミュニティを作るために双方向で進めるものであるというエコマネーの本質を、私の説明を聞く前にすでに理解していたことでした。エコマネーが全国的に知れ渡るようになった今とは異なり、このことを早くから理解していたことに私は驚くばかりでした。

長沢議長は栗山町でも有数の大規模農家を経営していた方でしたが、非常に新しいセンスも持ち合わせていた人物でした。二〇〇〇年四月、栗山町の第一次実験が終了して再びお会いして「なぜ、栗山の方はここまで一所懸命にエコマネーに取り組んでいただけるのでしょうか?」と私がお聞きしたとき、「今まで栗山でもボランティア活動などを進めてきたが、壁にぶち当たっていた。ボランティア活動も創成期は活発に動くが、いったん組織が固まるとどうしても硬直化しがちだった。エコマネーは常に横のパートナーシップをめざすので、その壁を越えられると思った」と語られましたが、常に「くりやまエコマネー研究会」のよき理解者で、温かくその活動を支援していただきました。その長沢議長が二〇〇〇年九月、五十八歳の若さでおなくなりになったことは、残念で仕方ありません。

「エコマネー学習会」には、町内の主な団体、商店街の方、ボランティア活動を推進している方などおよそ一二〇人が集まりました。質疑応答も入れて二時間ほどで終わりましたが、その最後に、後に語り継がれることになる「重大な発言」がなされました。

ちょうど二時間が経過しようとして最後の質問を受ける時間になったとき、一番前の列に座《すわ》っていたおばあちゃんに私は「おばあちゃん、エコマネーはわかりましたか?」と聞きました。

そのおばあちゃんの答えは「加藤さん、今日ここにいる人たちはみんなわかったですよ。それは『てまがえ』というこっちゃ」。このおば

▲エコマネー学習会

あちゃんの発言がのちに栗山の人々に語り継《つ》がれることになった「重要な発言」です。

「てまがえ」は「結《ゆ》い」とも呼ばれ、日本の農村共同体が生んだ生活の知恵です。栗山町でも畑作農家と水田農家が互いの繁忙期《はんぼうき》に手伝う「てまがえ」が昔行われていたのです。それは相手の労働力を借り、自らの労働によって返していく仕組みです。

「そのときエコマネーの原点を見つけた思いがしました」と栗山の多くの人が語っていますが、このおばあちゃんの「重要な発言」が後に「くりやまエコマネー研究会」の活動家となる人々を勇気づけたのです。このおばあちゃんの発言が基《もと》となって「くりやまエコマネー研究会」は、別名「てまがえ倶楽部《くらぶ》」と名づけられました。

「この町ならできると思う。一緒にやろうよ」

翌日、川口町長、花田さんは私に町内を案内してくれました。オオムラサキの餌《えさ》となるエゾエノキの幼木を各家庭で育てて植樹するところから始めたファーブルの森、子供から大人までが参加して作ったレンガ通り、板垣さんの実家でいただいたメロン、商店街でいただいた暖まったコーヒーなど。そして道端《みちばた》で長沢議長の車とすれ違い、お互いに車を停《と》めてあいさつしたことも忘れられない記憶となりました。いずれも町の人の汗の結晶であったからです。

その後、千歳《ちとせ》空港まで花田さんに見送っていただいたのですが、そのとき私は花田さんに「この町ならできると思う。一緒にやろうよ」といったのです。

その後九月に花田さんを事務局長とし、長谷川誓一さん（45）を代表とする「くりやまエコマネー研究会」が結成されました。そのロゴマークは「エコ」「くりやま」「オオムラサキ」をシンボルとした楽しいものを、メンバーである大山美里さんと得地智恵《とくちともえ》さんがデザインしたものです。またホームページもオープンしました（http://www.mskk.gr.jp/ecomoney/）。

▲大山美里さんと得地智恵さんがデザインした「くりやまエコマネー研究会」のシンボル

長谷川さんは栗山町の日赤病院に勤める方で、花田さんとは地元栗山高校の同級生です。そして二人は、大学時代は一緒の部屋に下宿した間柄でもあります。「長谷川」「花田」と気がねなく呼び合う二人のパートナーシップが栗山のエコマネー活動を支え、北海道のみならず日本全国へと栗山を情報発信していくこととなりました。

長谷川さんと私は、十月下旬北海道庁がNPOセミナーを札幌市で開催し、エコマネーについて私が基調講演したときに初めて会ったのですが、その後個人的にも親しくなりました。その後「くりやまエコマネー研究会」の岡田さん、中野さん、宮本さん、田崎さん、三木さんなどとも親しくなりましたが、これらの人々はエコマネーが縁を結んでくれた忘れがたい人たちです。

「くりやまエコマネー研究会」は二〇人が参加して九九年九月に結成されて以来、延べ二〇回にわたりエコマネーや地域通貨の勉強会や準備会を開催しました。その勉強会には「エコマネー・ネットワーク」の中山事務局長も折に触れて参加しました。十一月下旬東京大手町の会場を基点として全国一三地域（栗山町、飯田市、富山市、高岡市、草津市、高知市、松山市、石垣市など）をインターネットでつないで開催された「第一回エコマネー・セミナー」には、栗山の総合福祉センターに川口町長、長谷川代表をはじめ研究会の皆さんに参加していただきました。

なお、この「第一回エコマネー・セミナー」は、エコマネーの動きを全国的に展開する意気込みを示そうと私が発案したもので、パネリストで出演してくださった公文俊平先生（国際大学グローバル・コミュニケーション・センター所長）、野中ともよさん（ジャーナリスト）、小野伸治さん（NTT東日本取締役、現NTTドコモ常務）、司会役を務めていただいた加藤和郎さん（NHK情報ネットワークディレクター）にはボランティア・ベースで協力いただきました。東京会場に五〇〇人弱、地方会場を合わせると八〇〇人近くの人が参加しました。

2 「希望の国」誕生へのファースト・ステップ

第一次実験（二〇〇〇年二―三月）の準備

「くりやまエコマネー研究会」の勉強会は十一月末まで続きましたが、ほぼ座学による検討を終了したとき、今後どうするかがテーマとなりました。そこで提案されたのが「机上の勉強会だけを続けていても仕方がないから、研究会のメンバーだけでエコマネーを流通させたらどうだろうか」でした。こうして研究会の参加メンバーとその家族一〇〇人程度で第一次実験を進めることとなり、その準備が始まりました。

年が明けて二〇〇〇年となり第一次実験の準備を進める中、花田さんの発案で「研究会メンバーとその家族だけではもったいないから、希望者には入ったもらったらどうか」ということになり、町の広報に実験の参加者の募集が載りました。それはあくまでも軽い気持ちだったのです。

その募集に対する反応が大変なものとなりました。続々と参加申し込みがなされてきました。長谷川さん、花田さんともその反響は想像以上のものでした。当初は一〇〇人の参加者で二月いっぱい実験しようとして準備を進めているのに、二〇〇人を超える状況となってきました。一月下旬、いよいよ二月から実験開始という秒読みの状況になっても、参加の申し込みは相次いでいました。そこで研究会はできるかぎり参加者の意志を尊重することとし、実験期間も二月と三月の二カ月間としました。そして参加メンバーは二五六人となったのです。

また、参加者にエコマネーをどのように使ってもらうのか理解してもらうことが必要になりました。大体の概念は分かっていても、二〇〇人を超えるメンバーがエコマネーを使う段になると、できるかぎり共通の情報を参加メンバーが持つ必要があったのです。

今では、エコマネーに関しては「エコマネー・ネットワーク」のホームページなどでオンラインでマニュアルなどを入手することもできますが、当時はこのように手探りの状態でした。

飾らない感動のビデオ

当初はエコマネーの寸劇を上演するなどのアイディアもありましたが、結局はビデオをつくることになりました。そのビデオは研究会のメンバーが自作自演したものですが、エコマネーを提唱した私さえ、いつもそのビデオを見ると胸が「ジーン」となるものです。「初心忘《わす》るべからず」という諺《ことわざ》がありますが、エコマネーの初心を忘れないため、私はこのビデオを時々見返しています。

ビデオは一人のおばあちゃんが除雪を依頼するため電話をかけるところから始まります。電話の相手は近く成人式を迎えるという福祉学校に通う若い女性です。やがてその女性はおばあちゃん宅に来て、スコップ片手に除雪を始めます。作業が終わると若い女性はおばあちゃんから一枚の紙幣を受け取ります。紙幣には一〇〇〇クリンと書かれています。

次の場面では、その若い女性が成人式のための着付けを習いたいと別のおばちゃんに電話をかけます。そして習い終わると、一〇〇〇クリンを渡す。着付けを教えたおばちゃんが電話をかけたのは小学校の少年で、少年は「話し相手」を勧めます。そして少年は得た一〇〇〇クリンで、さらにおじいちゃんから将棋《しょうぎ》の手ほどきを受ける。

ビデオはこの後、さらに一〇人ほどの人物が登場します。パンクの修理におもむき、その代わり観葉植物の育成のしかたを習う若者、日本語ワープロを打ってもらい、その代わりカナダ旅行のスポットを教えるカナダ人などです。このカナダ人は、栗山町に住んでいるジェフさんという方で、「くりやまエコマネー研究会」に協力いただいている人です。

ビデオの最終場面は、最初に出てきたおばあちゃんからの依頼で図書館へ返本に行った小学校の少女が、そのおばあちゃんから昔遊び（お手玉）を習っているところで終わります。

このビデオがいっているのは、高齢者と子供、あるいは高齢者と小学生、若者、外国人までもがそれぞれの「できること」でつながっている、という世界です。それは子供から大人まで、それぞれが地域コミュニティに何がしかの役割を持っている光景です。ビデオを見た多くの人が「それはおそらくコミュニティと呼ぶのだろう、

▲北海道栗山町で第1次実験が行われた時のエコマネーやメニュー表

見終わってそう思った」と語るのですが、この飾らない光景が人々の感動を呼びます。

実はこのビデオの裏方がいます。それはナレーションをつとめた北山美智子さんとこのビデオにバック・ミュージックをつけた花田さんです。花田さんはお正月をつぶしてその作業をやったそうです。

全国から注目を浴びた第一次実験

こうして第一次実験がスタートしました。二五〇項目程度からなる「サービス・メニュー表」を各メンバーに配布し、エコマネーは一〇〇クリン、五〇〇クリン、一〇〇〇クリンと三種類用意しました。標準は一〇〇〇クリンで、感謝のしるしに五〇〇クリンと一〇〇クリンを使うという形にしました。三月十二日には参加メンバー同士のコミュニケーションを促進するため「エコマネー・フェスティバル」も開催しました。

この第一次実験開始当日の二月一日は、栗山町始まって以来のマスコミの取材が殺到しました。「その日はテレビ局の取材車がひっきりなしに町を走っていた」と花田さんは後で語っています。実は、実験開始前「くりやまエコマネー研究会」の主要メンバーは札幌にあるテレビ局と新聞社をまわり、取材してもらえるよう頼んでいたのです。

その目的は、栗山を外に向かってアピールすることではありませんでした、二五六人と多くの人を巻き込んだイベントではありますが、その試みは一万五〇〇〇人の栗山町の人口に比べればわずかなものです。「自分たちの試みを町の多くの人に知ってもらいたい」。そうした意図からマスコミにアプローチしたのです。「外に向かったアピール」ではなく「内へのメッセージの発信」であったといえるでしょう。

札幌にあるテレビ局と新聞社をまわったといっても、栗山の町民の方々にとってマスコミにコネがあったわけではありません。取材の依頼をしたといっても実際に取材に来るかどうかは「半信半疑だった」（花田さん）のです。

しかし実際にふたを開けてみると、「テレビ局の取材車がひっきりなしに町を走りまわる」状態となり、翌日以降のNHK、日本テレビ、フジテレビなどのテレビで報道されるとともに、新聞にも読売新聞、毎日新聞、朝日新聞、日本経済新聞などの全国版、北海道新聞などの地方版とも大きく記事が掲載されました。おそらく「栗山」の文字がこれほど多く全国に情報発信されたことは「空前絶後」といえるでしょう。それほどマスコミの反響はすさまじいものだったのです。

このようなマスコミの反応について、私は非常に感謝しています。その後栗山のみならず各地域のエコマネーの取組みがマスコミに紹介されましたが、いずれも好意的なものでした。今もその論調は継続しています。

その年の二月八日には、Q1で紹介した毎日新聞の記事が一面を飾りました。介護保険制度導入に伴って保険料の徴収を延期するという政治決定の適否について議論が揺れていた状況の中で書かれたこの記事は、「大臣よりボランティア」というタイトルで、さわやか福祉財団の堀田力さんが小渕内閣の厚生大臣（当時）に就任して欲しいとの依頼を断ってボランティア活動を推進するリーダーを選択したことを報道していました。そのなかに「もう一つの介護」という位置づけで相互扶助で支え合うエコマネーを紹介し、提唱者として私の名前も記載されていたのです。

この記事がでて二週間ほどたったとき、私は当時経済企画庁の長官を務めていた堺屋太一さんから直接電話を頂きました。この毎日新聞の記事を読んだ堺屋さんは、「エコマネーの世界を『インパク』（『インターネット博覧会』の略称）で実現してもらえないか」と依頼されたのです。電話を受けた私はそのとき「インターネット博覧会」についてまったく知識を持ち合わせていませんでした。海外出張を翌日に控えた私は、帰国後お伺いして相談する旨《むね》お答えして電話を切りました。

帰国後堺屋さんにお会いしてエコマネーの説明をするとともに、現在の「エコライフのパビリオン」（http://www.inpaku.go.jp/ecolife21/）の元となる構想についてもお話しました。その後「インターネット博覧会」事務局とも相談しながら構想を具体化し、二〇〇〇年十一月十五日に他のインパクのサイトに先駆けてオープンさせたのです。

「生活者が主役となるまちづくりのための道具です！」

三月末、実験は無事終了しました。実験終了の一週間ほど前、北海道の女満別《めまんべつ》でエコマネーのセミナーがあり、その地に車で駆けつけた「くりやまエコマネー研究会」のメンバーの方々と一晩酒を飲みながら第一次実験の状況をお聞きしました。その頃は北海道でエコマネーの関心が高まっていたところであり、セミナーと私のインタビューの模様はその後NHKで放送されました。

そのインタビューの中で私が一つ困ったことがあります。テレビカメラがまわっているとき、「エコマネーとはなにか、一言でいってください」と聞かれたのです。テレビカメラがまわっている状態でエコマネーを一言で説明することは至難のわざです。何しろ、エコマネーはバックグランドなしにはなかなか理解しにくいものだからです。

とっさに出た私の答えは「生活者が主役となるまちづくりのための道具です！」というものでした。それは私の心の深層にあったものです。その後私はこの言葉をたびたび使うようになりました。気に入る言葉はとっさに思いつくもののようです。

なぜ栗山でエコマネーが盛り上がったのか？

四月十五日栗山で第一次実験の評価結果の報告会が開かれました。私と事務局長の中山さんが東京から駆《か》けつけました。報告会の開催される前、川口町長宅で長沢議長、高倉助役と懇談させていただきました。その場にはNHK情報ネットワークの加藤さん、そして板垣さんもご一緒でした。そして、女性の立場から「くりやまエコマネー研究会」の事務局をお手伝いしていただいている高田節子さんにもお会いしました。

その場の懇談では、一年弱の期間でエコマネーがこんなに盛り上がるとは思わなかったということが話題となりました。全員が異口同音にそのことをいったのですが、そこで私が発した疑問に長沢議長がどのように答えたかは前述しました。

報告会では長谷川代表が評価結果を報告するとともに、北海道NPOサポートセンターの武田るい子さんをコーディネーター、川口町長と私をパネリストとしてパネルディスカッションを行いました。その場で私は「エコマネーの今後の展開と地域づくり」について今後のビジョンを明らかにしました。

今後のビジョンの中で私が明らかにしたのは、今後栗山のようにコミュニティづくりの観点からエコマネーの普及に努力するとともに、コミ

▲栗山町の実験を取材に来た東ちづるさん

ユニティ・ビジネスを推進してエコマネーとの「車の両輪」の関係をつくっていきたいということでした。地域通貨の議論をするといつも登場する問題に地域通貨に商取引をも行えるような機能を持たせるべきかどうかというものがありますが、私はそのような機能は持たせるべきではないと考えています。

この点は、Q34で述べたところですが、要は「これからの地域づくりの目的はコミュニティ形成と経済活性化の二つ、その二つの目的をエコマネーとコミュニティ・ビジネスの二つの手段で達成することが適切で、二つの目的を一つの手段で達成しようとすると無理がでてくる」ということにつきます。

第一次実験の評価

四月十五日報告された第一次実験の評価結果は、「素晴らしい」ものでした。というのは、参加者がエコマネーを理解し、その意義について積極的な評価をするとともに、今後の課題が明らかにされていたからです。評価結果がポジティブなことばかりではなく、今後解決すべき課題を浮かび上がらせていることが「素晴らしい」のです。

実は、この評価結果を実験終了後二週間でまとめるというのは大変な作業でした。ここでも「くりやまエコマネー研究会」のメンバーはかなり徹夜をしたと聞いています。四月十五日の前日である十四日、私は〝でき立てホヤホヤ〟の評価結果をファックスで受け取り札幌に行く機中で読んだのですが、ここでもある種の「感動」を覚えました。自分が切り開こうとしているエコマネーの世界にかなりの人数の人々が「経験」を共有し、しかも、自分が想定していた今後の課題が実験結果として明瞭に書かれていたからです。

まず参加メンバーのポジティブな反応としては、「今回の実験でクリンを交換しましたか?」という質問に対しては七六・八%の人が交換したと答えています。また、「家族や友人に対してエコマネーの仕組みを説明することができますか?」という質問に対しては、「説明できる」が三五・〇%、「大枠なら説明できる」が五四・二%、計八九・二%の人がエコマネーを理解したのです。そして「あなたは第二次実験も参加しますか?」という質問に対しては七六・四%の人が「参加する」と答えています。また「あなたの家族や友人で次回から参加したいという人はいますか?」という質問に対しては四七・八%の人が「いる」と答えたのです。

この第一次実験の様子と評価結果については、四月二十一日に開催された第一回「エコマネー・トーク」の場において、長谷川代表から報告していただきました。この「エコマネー・トーク」は一カ月半に一回程度の割合で定期的に開催しており、毎回エコマネーに取組む地域の代表の方に取組み状況を報告いただき、続いて私が最近のエコマネーをめぐるトピックスを提供した後、交流会を開いています。毎回一五〇人収容できる会場を使用していますが、立ち見席が出るほど多くの人が日本全国から集まっていただいています。

第一次実験後の課題：子供たちの参加

この第一次実験の評価から今後の課題も明らかになりました。それは問題点というよりも、今後エコマネーを栗山町の新しいコミュニティづくりに生かすため、四つの重点的な取組み事項ができたということです。

第一の課題は、子供たちの参加を進めるための環境を整備するということです。第一次実験のアンケート調査の際には、小学生と中学生にもアンケート調査を実施し、「エコマネーを知っていますか？」「エコマネーに参加したいですか？」などについて聞きました。その結果小学生と中学生八五％以上がエコマネーを知っており、参加したいという希望を有している子供がかなり多くいることがわかりました。この子供たちの希望を叶《かな》えてあげる必要があることが浮かび上がりました。

最近いじめとか校内暴力とか、はては「切れる」という言葉に象徴されるように、子供たちの人格形成の難しさが指摘されます。文部科学省も二〇〇二年度から子供たちの全人格的な教育をねらった「総合学習」の制度をスタートさせます。また、二〇〇〇年十二月に出された「教育改革国民会議」（首相の私的諮問機関）の報告に盛り込まれたように、ボランティアを義務づけることについても盛んに議論されています。

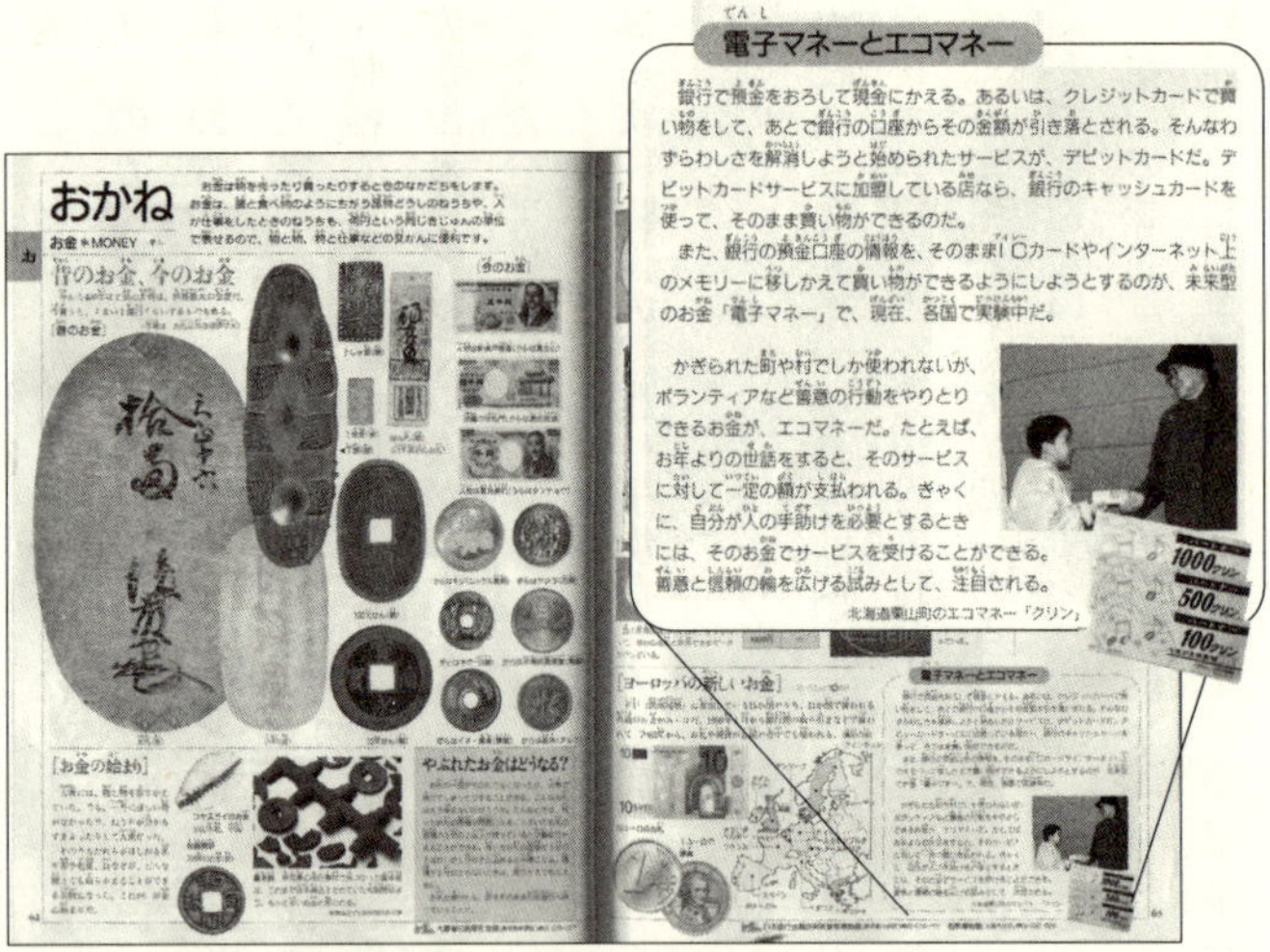

おかね

電子《でんし》マネーとエコマネー

銀行で預金をおろして現金にかえる。あるいは、クレジットカードで買い物をして、あとで銀行の口座からその金額が引き落とされる。そんなわずらわしさを解消しようと始められたサービスが、デビットカードだ。デビットカードサービスに加盟している店なら、銀行のキャッシュカードを使って、そのまま買い物ができるのだ。

また、銀行の預金口座の情報を、そのままＩＣカードやインターネット上のメモリーに移しかえて買い物ができるようにしようとするのが、未来型のお金「電子マネー」で、現在、各国で実験中だ。

かぎられた町や村でしか使われないが、ボランティアなど善意の行動をやりとりできるお金が、エコマネーだ。たとえば、お年よりの世話をすると、そのサービスに対して一定の額が支払われる。ぎゃくに、自分が人の手助けを必要とするときには、そのお金でサービスを受けることができる。善意と信頼の輪を広げる試みとして、注目される。

北海道栗山町のエコマネー「クリン」

▲『21世紀こども百科』(小学館) に掲載されたエコマネーの記事

子供の教育が難しくなっていることは非常に憂慮《ゆうりょ》すべきことです。二十一世紀の人材が今後の日本のゆくえを決めるからです。その中で行われている「総合学習」やボランティアの義務づけについては、私としては試みの一つとして評価できますが、もっとコミュニティづくりに参加したいという子供たちの自主性に訴えかけることも必要ではないかと考えています。その点でエコマネーが活用されるとしたら、子供たちの「善意の気持ち」がもっと素直に表現されるのではないかと考えています。

お金の起源と子供への教育

多少余談になりますが、エコマネーについては新聞、テレビ、ラジオでいろいろ報道していただいています。雑誌にも数多く取り上げていただきました。その中で私が一番うれしかったのは、小学館『二十一世紀こども百科』の「お金」の欄にエコマネーが取り上げられたことでした。見開き二ページの写真入りの解説の最後に、栗山でのエコマネーのシーンも写真入りで紹介されました。

エコマネーの特性に「多様な価値を多様なま ま評価し、媒介できるマネー」がありますが、実はお金の起源をたどると、お金はそのようなものとして人類史上に登場したのです。

人類初の取引は、共同体と共同体との物々交換です。共同体内部では自給自足経済が成立して物々交換を行う必要がなかったため、最初の物々交換は共同体間で始まったのです。ではなぜ、自給自足している共同体が取引をする必要があったのでしょうか?

それは人間と神との宗教的な関係に由来しています。人間は神との関係でいつも貸借関係をきれいにしていかないと災厄に襲《おそ》われるという観念を持っていたのです。よく言われる「神様の罰があたる」という感覚です。共同体と共同体との関係でもこの人間と神との関係と同様にとらえられたのです。他の共同体との貸借関係を常にきれいにしておこうという考えの下で物々交換が行われました。このようなことから、英語の〝pay〟(支払う)という言葉は、〝pacify〟(平和な状態に戻す)と語源を共通にしています。

この共同体間の物々交換は、取引される品物、価格、量が一定しておらず、まったく自由な取引です。貸借関係を常にきれいにするため、相手に満足感を与えることを念頭において取引するというのが物々交換であったのです。

そして、このような物々交換の発展として「現物貨幣」が登場しました。これは、貝、宝石、ガラス玉などの装飾品が物々交換を容易にならしめるために用いられたものですが、これはそれらの物品に宿る精霊、呪力《じゅりょく》、縁起の力を借りようとするものでした。

金属が貨幣として使われた最も古いものは、紀元前三二〇〇年頃、古代メソポタミアで造られたシュメール人の銅貨です。この銅貨の一面には「麦穂の束」が描かれ、もう片方の面には「イシュタル」（古代アッシリア・バビロニアにおける愛・豊穣・戦いの神）が描かれている。シュメール人のこの貨幣は「シュケル」と呼ばれ、生殖力の神秘性を表す神聖なシンボルでした。

それ以来、歴史を通じてほとんどすべての社会が貨幣に何らかの神秘的な意味を託するようになりました。長い間、金貨や銀貨に使われた金や銀は、それぞれ「太陽」と「月」を連想させるシンボルでした。皮肉なことかもしれませんが、今日のマネー経済の象徴とも言えるドルでさえ、この神秘性の例外ではありません。ともすれば見落としがちになりますが、ドルの紙幣やコインには、次のモットーが記されています。「神の信認にかけて（In God We Trust）」。

このような物々交換、貝や宝石などの「現物貨幣」や「現物貨幣」に続いて貨幣として登場した金貨、銀貨や銅貨の歴史上の使い方をみて気づくのは、そもそも交換とか贈与という行為には、今日のように〝経済〟で割り切れるもの以外の多様な価値が含まれているということです。人類のもともとの取引は、〝経済〟だけでは置き換えられない共同体間の価値観そのものを交換するコミュニケーションが取引であったのであり、そのコミュニケーション手段がお金だったのです。

大袈裟《おおげさ》に言えば、エコマネーは、「百年紀」のみならず「千年紀」の歴史的転換期である二十一世紀を迎えた今、お金本来の姿に戻って人間のコミュニケーションのあり方そのものを再構築しようというものなのです。新しいコミュニケーション手段の創造といってもよいでしょう。

「なぜエコ『マネー』という名称にしたのですか？」

Q12でも述べましたが、よく私は「なぜエコ『マネー』という名称にしたのですか？」と聞かれます。そう質問する方の趣旨は、「マネー」という表現を使うと「善意の価値」を媒介するエコマネーが誤解されかねないのではないかと、エコマネーというと貨幣経済とリンクして貨幣経済でも使われるもののようにとられかねないのではないか、とかいうものです。

繰り返すようですが、私の答えは「おっしゃることは私も同感なのですが、実はあえてエコ『マネー』という名称にしたのです」というものです。私はそのような誤解を受けることをあえて甘受する覚悟でエコ「マネー」と名づけました。

それは、人間のコミュニケーション手段であった本来のお金のあり方を取り戻そうということなのです。この点は、二〇〇一年二月に刊行した『エコマネーの新世紀――〝進化〟する二十一世紀の経済と社会』（勁草書房）で詳しく論じてありますので、ご関心のある方はお読み下さい。

先ほどエコマネーについての数ある記事や報道の中で私が一番うれしかったのは、小学館『二十一世紀こども百科』の「お金」の欄にエコマネーが取り上げられたことだと述べました。それは、子供にお金の歴史を紹介するそのコーナーの中で、本来のお金のあり方を問い直すエコマネーが取り上げられたからです。

皆さんも同じようなご記憶があると思うのですが、私は幼いとき母親から「お金は貴重なものであるけれども汚《きたな》いもの」と教えられました。われわれは確かにお金を欲しがりますが、お金だけの人を「守銭奴《しゅせんど》」と形容してさげすむように、お金に対してはなにか「汚いもの」というイメージをもっています。

現在のお金は、信用創造機能を有しています。その信用創造機能がコントロールできなくなったとき、バブルやバブルの崩壊《ほうかい》が起こります。今このようなお金が世界で三〇〇兆ドルほど流通しています。三〇〇兆ドルといわれるとピンときませんが、地球上に存在するすべての国のGDP（国内総生産）の合計が三〇兆ドル程度であるので、三〇〇兆ドルがいかに桁《けた》はずれかがわかります。しかも、世界中の輸出と輸入の代金決済に必要なお金は、わずか八兆ドルです。

今やお金がお金を増殖し、そのお金が地球を駆《か》け巡《めぐ》るという状況になっているのです。世界レベルの中央銀行を持たないわれわれは、この大きなお金の〝大海〟のなかに浮かぶ木の葉のような存在なのです。人間が自ら作ったお金という〝化け物（モンスター）〟に苦しめられているといってもよいでしょう。

しかも、Q2で説明したように、お金に置き換えることのできない価値はたくさんあります。お金があらわす価値というものは、市場（マーケット）での価値で、きわめて限定されています。「地球環境問題の解決」「自然との共生」というテーマに象徴される「環境」に関する価値は、「経済」に関する価値とならんで、あるいはそれ以上に重要になっています。さらに、「コミュニティ」の価値も大事な価値です。これらの多様な価値を多様なまま評価し、媒介できるお金がエコマネーです。

子供たちの全人格的な教育が必要な今こそ、お金だけでは買えない貴重な価値があることを子供たちに実感してもらう必要があるのではないでしょうか。ボランティアの義務づけは確かに一案ですが、もっと子供たちの自発性を尊重してよいようにも思われます。

子供たちを信頼してその自主性に期待する、そのような姿勢が必要なのではないでしょうか？　そこに手段としてのエコマネーが活用される余地がある、と私は思っています。何しろ、先ほど紹介したように、栗山町で小学生と中学生を対象にして行ったにもアンケート調査では、わずか二カ月間の第一次実験を行った後でも、八五％以上の小学生と中学生がエコマネーを知っており、参加したいという希望をもっている子供がかなり多くいたのです。

第一次実験後の課題：介護保険制度の補完

第一次実験の評価から得られた第二の課題は、介護保険制度を補完するものとしてエコマネーをいかに活用するかということです。今、全国の市町村で高齢化の進展に伴う介護の問題が大きな課題となっています。人口一万五〇〇〇人の栗山町もその例外ではありません。むしろ年齢六五歳以上の高齢者が人口に占める高齢化率は二四％と、全国平均の一七・二％よりも上回っています。

ご承知のとおり、二〇〇〇年四月から介護保険制度が全国の市町村で導入されました。この介護保険制度では、市町村が保険者となり制度を運営します。市町村レベルに置かれた審査会で介護保険制度により提供されるサービスを受けられる高齢者の認定が行われます。要介護度ごとにホームヘルパーなどから受けられるサービスも異なる仕組みです。栗山町で要介護と認定された高齢者は約四〇〇人います。

以前からこの介護保険制度のあり方に関心を持っていた私は、第一次実験開始前後から「くりやまエコマネー研究会」の方々に介護保険制度を補完するものとしてのエコマネーの活用を具体的に考えて欲しいと要望してきました。二〇〇一年一月NHK札幌で放映された地域通貨に関する番組で川口町長がインタビューに答えて説明しているように、川口町長がエコマネーに関心をもったのも、もともと介護保険制度を補完するものとしていかにエコマネーを活用するかということにあったのです。したがって私の要望も地元のニーズを踏まえたものだったのです。

ただ、私の要望はもう一つの考えにも裏打ちされていました。それは、エコマネーを地域の課題を具体的に解決する手段にしなければならないということです。今エコマネーは非常な盛り上がりを見せています。実施地域も二〇〇一年四月時点で一〇〇を超えてさらに発展しています。しかし、私はエコマネーを提唱して以来、エコマネーを単にムードだけで終わらせるわけにはいかないと考えてきました。

先ほど触れましたように、エコマネーは、「百年紀」のみならず「千年紀」の歴史的転換期である二十一世紀を迎えた今、お金本来の姿に戻って人間のコミュニケーションのあり方そのものを再構築しようというものなのです。そのような新しいコミュニケーション手段の創造は、一朝一夕で行えるものではありません。ムードだけのエコマネーは、いずれ下火になっていくでしょう。エコマネーが地域の課題を具体的に解決する手段であることが理解されてはじめて、エコマネーが根づいていくものと思っています。

介護保険制度自体について私は、今後運用面での改善は必要であるものの、非常によい制度であると思っています。しかし、それだけでは地域が抱える介護の問題を解決できないことも確かです。というのは、要介護の認定を受けていないけれども、放っておくと要介護になる高齢者に対するサービスの提供は介護保険制度では対応できず、また、要介護の認定を受けた高齢者に対しても、介護保険制度の下《もと》で提供されるサービスは身体介護と家事支援だけでは不十分であるからです。

このような高齢者からすれば、全くサービスを受けられなかったり、身体介護と家事支援のサービスを受けられるだけで、話し相手や相談相手もなく孤独な生活を送っていかなければいけない可能性があります。家族が同居していたり、近くにいる場合は別でしょうが、最近の傾向として家族が別居していたり、独居の高齢者が増加しています。このような高齢者に必要なのは、話し相手や相談相手になってくれる人であり、それらの人により提供される「心のケア」サービスです。介護保険制度ではこうした「心のケア」サービスは提供されません。しかも「心のケア」サービスは、ただ人間が話し相手をすればそれでよいという性格の問題ではありません。そこには「心のケア」サービスを提供する人の真心《まごころ》や相手に対するあたたかい思いやりが必要です。私が考えたのは、こうした「心のケア」サービスを提供する仕組みを何とかエコマネーで実現できないかということでした。

「心のケア」サービスについては、もう一つ考慮すべきことがあります。介護保険制度では、放っておくと要介護になる高齢者に予防のためサービスを提供することはできません。また、介護保険制度では、市町村レベルにおける審査会で要介護度と高齢者が認定されると、要介護度ごとにホームヘルパーなどからのサービスを受けられるのですが、このシステムの下《もと》では、いったん要介護度の認定を高齢者が受けると、よくなるインセンティブ(誘因)が働かないのです。私の考えは、このような場合に「心のケア」サービスを提供することが必要であり、そのサービス提供にエコマネーを活用できないだろうかというものです。エコマネーが「心のケア」サービス提供に使われて、元気な高齢者が増えることにつながれば、エコマネーが地域の課題を具体的に解決する手段であることが関係者に理解されることになります。

私が参考として念頭においているのは、広島県の御調町《みつぎちょう》のケースです。御調町は高齢者に対する福祉政策と医療政策をうまくリンクした総合的なサービス提供体制をつくり、寝たきり高齢者を三分の一にまで縮減したことで知られています。これにより町の財政負担もかなり軽減されたはずです。

もしエコマネーが「心のケア」サービスを提供するのに使われて、要介護の認定を受けた高齢者がよくなる具体的な効果を上げるようになったらどうでしょうか。私の要望もあり、「くりやまエコマネー研究会」では第二次実験においてこのことにも取組むことになりました。

第一次実験後の課題

∴エコマネーポイントなど環境に優しい取組み

栗山町は環境庁（現環境省）の「ふるさと生き物の里」にも指定された自然と生物が豊かな地です。国蝶であるオオムラサキの生息北限地であり、その幼虫の保護のためのボランティア活動など各種のボランティア活動が盛んに行われています。また、北海道産の木材を使い一〇〇年もつ木材住宅を供給する「木の城たいせつ」という変わった名前の環境保全メーカーの本社があることでも知られています。「木の城たいせつ」は環境庁からも大臣表彰を受けたこともある環境保全メーカーで、ハーバード大学をはじめ海外の研究機関との間でも共同研究を進めています。

このようなバックグラウンドがある栗山町では、環境保全のための住民の活動にエコマネーを活用できないかが課題となりました。また、地元の商店街、個別の商店からもエコマネーの活動に何らかの形で参加できないかという要望が寄せられていました。

この二つの要請を満たす形で考えられたのが「エコマネーポイント」制です。栗山町の「エコマネーポイント」は、地元の協力七店で消費者が買物をしてレジで清算する際、「(ビニール、紙などの)レジ袋はいりません」というと一ポイントもらえる仕組みです。このポイントが一〇ポイント貯まると、一〇〇〇クリンに換えてもらえることができます。一〇〇〇クリンでは、原則一時間あたりのサービスが受けられます。

このようにして消費者の毎日の買物の際、「レジ袋はいりません」といってゴミの減量に協力すると、エコマネーにつながる仕組みなのです。この栗山町の「エコマネーポイント」は、商店街の利益とエコマネーとをつなぐうまい仕組みです。というのは、商店街に人を集めようとすると、現在の各種の販促ポイントのように、モノを安くして人を集めようと考えるのが今までの考え方でした。

しかし、その効果はどうでしょうか？　こうした販促ポイントは、もはやあまり効果を有していません。消費者の立場からすれば、もはやモノは満ち溢《あふ》れているので、販促ポイントにより多少安くなってもその購買行動が影響されることは少なくなっています。

その代わり消費者の購買行動に影響を与えているのは、自分の一つひとつの行動が環境保全など社会に役立っているという感覚を与えることです。Q38で説明したNPO「富士山クラブ」のケースでは、富士山の環境美化などの活動を市民の協力を得て進めている「富士山クラブ」に対して、セブンイレブンの全国七〇〇〇店舗弱で消費者が寄付する釣り銭が回っています。

毎日新聞社がサポートしています。

セブンイレブンで買物をすると、レジのところに釣り銭を寄付するボックスがおかれていますが、その釣り銭（年間二・五億円にもなるそうです）が「富士山クラブ」をはじめ各種の環境ＮＰＯの活動支援に回されているのです。この消費者が寄付する釣り銭は、消費者の「善意の気持ち」です。

現在の消費者は、もはや従来の意味でのモノを消費するだけの消費者でありません。自分の一回一回の行動に何らかの意味を持たせたい、社会的意味合いを感じたいと願っている生活者なのです。こうした生活者のニーズはモノだけではありません。モノでは評価されない価値こそ生活者に訴えるのです。

現在インターネットのオンライン上で「エコ商品」「グリーン商品」などのサイトを設けて利用者にポイントを発行する仕組みが登場していますが、この場合のポイントの還元メニューの中にも、「エコ商品」「グリーン商品」などが安くなるシステムとともに、そのポイントを環境ＮＰＯの活動支援などに回すという社会性を持たせたものも登場しています。

エコマネーで商店街でモノを買うなどの商取引の代わりをすることはできません。また、そのようなことは行うべきでもありません。そう私が説明すると、時として失望感を顔に表す商店の方がいらっしゃるのですが、そのとき私は、この栗山町の「エコマネーポイント」やＮＰＯ「富士山クラブ」と毎日新聞やコンビニのセブンイレブンとの提携の例などを引いて、むしろ短期的に発想してエコマネーで売上げを上げようとするよりも、このようなやり方の方がよいのではないかと説明します。

しかも、商店街の方々の利益を実現させる方《ほう》途《と》としては、従来の販促ポイントよりも先ほど

▲エコマネーポイントの協力店へ依頼に行く加藤（右から２人目。隣は長谷川さん）

の「エコ商品」「グリーン商品」などのインターネット上のサイトのように、ポイントの還元メニューの中に、そのポイントを環境ＮＰＯの活動支援などに回すという仕組みを導入することの方が有効だと思います。その他商店街の振興については「コミュニティ・ビジネス」などの提案も行っていますが、この点についてはＱ34およびＱ35を参照下さい。

「エコマネー・ネットワーク」ではこのようなポイントを「エコポイント」と呼び、現在その普及に努めています。この「エコポイント」は、性格的には従来の販促ポイントと同様貨幣経済、市場経済の取引の枠組みの中で発行されるもので、ボランティア経済を対象とするエコマネーとは区別されるのですが、生活者の選択によりそのポイントがエコマネーを推進する非営利団体の活動などの支援に回されるというものです。その意味で従来のポイントをエコマネーの方に誘導する仕組みといってよいと思います。「エコポイント」制度についてはQ38で詳しく述べましたので参照して下さい。

栗山町の「エコマネーポイント」は、「エコポイント」ではなく、むしろ最初からボランティア経済を対象にしているもので、性格的にはエコマネーそのものです。

栗山町の第一次実験後の課題として浮かび上がった環境に優しい取組みとしては「エコマネーポイント」だけではありません。その他「粗大ゴミのリサイクル」「ファーブルの森づくり」「環境についての学習会」などにもエコマネーを活用していくことが課題として抽出《ちゅうしゅつ》されたのです。

第一次実験後の課題

：コーディネーターによるマッチング

第四の課題として認識されたのが、コーディネーターによるマッチングが必要ではないかということです。第一次実験においては、サービス・メニュー表を各メンバーに配布してサービスの提供を希望する人から電話などでコンタクトしてもらうという方式を取ったのですが、それではなかなか顔見知りでない人にコンタクトしづらいという声が上がりました。そこで「くりやまエコマネー研究会」では、ある町内会を選びサービス提供者とサービス受領者をマッチングするコーディネーターを配置することとしました。

このコーディネーターによるマッチングは、人的なサービスとして提供されるものですが、その機能の一部はインターネットによって代替《だいたい》することが可能です。ゆくゆくは人的なマッチング・サービスとインターネットを活用したマッチング・サービスとが併用されていくことが好ましいと思われます。

3 「希望の国」誕生へのセカンド・ステップ

第二次実験に向けての準備

こうして第一次実験は成功裏《り》に終わり、その評価もなされて課題が抽出《ちゅうしゅつ》されましたが、その直後から第二次実験の準備が始まりました。四月下旬長谷川代表とともに上京した関係者と私、中山事務局長が意見交換するとともに、五月、八月と「くりやまエコマネー研究会」の関係者が上京して今後の進め方を相談しました。また、ちょうど六月北海道富良野《ふらの》でエコマネーのセミナーがありましたので、休憩時間を利用して長谷川代表とも意見交換をしました。長谷川代表には、九月に「エコマネー語り部育成講座」（第六章参照）を開始したときにも講師として上京していただきましたので、その際にも意見交換する機会がありました。

そして、先ほどの課題に対しては、「いきいき推進部会」（三木貴光部会長：紙幣、交換手帳、メニュー表、ホームページ、ビデオなどを担当）、「きらきら子供部会」（松田孝之部会長：子供たちの参加のための環境整備を担当）、「さわやか環境部会」（中井悍《さとる》部会長：エコポイント制などを担当）、「ささえあい福祉部会」（小川真寿美部会長：介護保険制度を補完するエコマネーのあり方などを担当）、「ふれあい地域部会」（青木朝雄部会長：コーディネーター制などを担当）の五つの部会を設立して実施方法を検討し、具体案を練《ね》りました。

実は、栗山町でエコマネーの実験の準備を進めるには並はずれた努力が必要でした。第一次実験の二五〇項目の「サービス・メニュー表」をつくるだけでも五人のメンバーが三日徹夜して作ったと聞いています。第一次実験の評価にしても、三月三十一日の実験が終わってから、二五六人の参加者にアンケート調査を実施し、そのアンケート結果を回収して調査結果としてまとめるのは尋常《じんじょう》の作業ではありません。その作業を「くりやまエコマネー研究会」のメンバーは徹夜をいとわずに行うのです。川口町長は「自分がやれといって命令してもあんなに熱心に仕事をやったことはない。それがエコマネーとなるや徹夜を平気でするのだから……」と苦笑しながら私にいわれたことがあります。

また、「くりやまエコマネー研究会」の主要メンバー八人は、八月自費でアメリカの地域通貨の視察旅行を行いました。東部と西部の二班に分かれ、ニューヨーク州イサカのイサカアワーズ、カリフォルニア州バークレーなどを訪れたのです。たどたどしい英語で会話をし、西海岸では地域通貨に詳しい人物の自宅にホームステイしたとまで言います。

このような作業のピークは、第二次実験の準備のときでした。第一次実験のときの経験があるとはいえ、第二次実験の参加者はほぼ倍の五五三人、しかも参加者から登録されたサービスメニューの数は「こういうサービスなら提供できる」がおよそ五五〇〇、「こういうサービスを提供して欲しい」がおよそ三二〇〇の計九〇〇〇近くのサービスにも上ります。五人のスタッフが専任でかかって、徹夜の作業が一週間近く続いたといいます。「通常業務の後に集まっての仕事。固有名詞や電話番号を間違えないようにと細心の注意を払い、かなりしんどかった」と花田さんは述懐《じゅっかい》しています。

こうした苦労を惜《お》しまなかったのも、エコマネーが「新しい地域コミュニティを築くという確信」と「新しい試みへのチャレンジ精神」があったからだと会のメンバーは口をそろえていいます。こうした姿勢にいつも私は頭が下がる思いです。

このことに関連して、あるとき代表の長谷川さんと私と「エコマネー語り部育成講座」を受講していたもう一人の三人でじっくり話すことがあったとき、その一人が長谷川さんに対して「どうして栗山の人たちはここまでエコマネーに熱中するのですか？　長谷川さん、あなたはどのような気持ちでエコマネーをやっているの？」と聞いたことがあります。

長谷川さんは「自分でもうまく表現できないのですが、ただただエコマネーを広めたいという気持ちです。自分でも不思議です」と答えました。

この答えに「ジーン」ときた私は感動を押しころしながら、「自分も宗教がかっているとも言われることがあるけれども、『エコマネー教』はやめようね」と多少はぐらかすように言ったところ、長谷川さんは「ただ自己満足には陥《おちい》らないようにしようと思っています」。私は、非常に率直な人物だなと思いました。


「質、量とも世界最先端の取組み」だ！


私は第二次実験が開始された直後の九月、栗山町を訪れました。川口町長、高倉助役を始めとする町役場の方々、そして何よりも徹夜の作業をいとわずにやってくれる「くりやまエコマネー研究会」の関係者にお礼の気持ちを伝えたい、その気持ちで一杯でした。

その時の関係者との懇談は非常に楽しいものでしたが、その前に地元の北海道新聞の支局長からインタビューを受けました。その直前にでき立てホヤホヤの「サービス・メニュー表」とエコマネー交換手帳を受け取った私は、「サービス・メニュー表」のボリュームに圧倒されました。およそ九〇〇〇のサービスを載せた新し

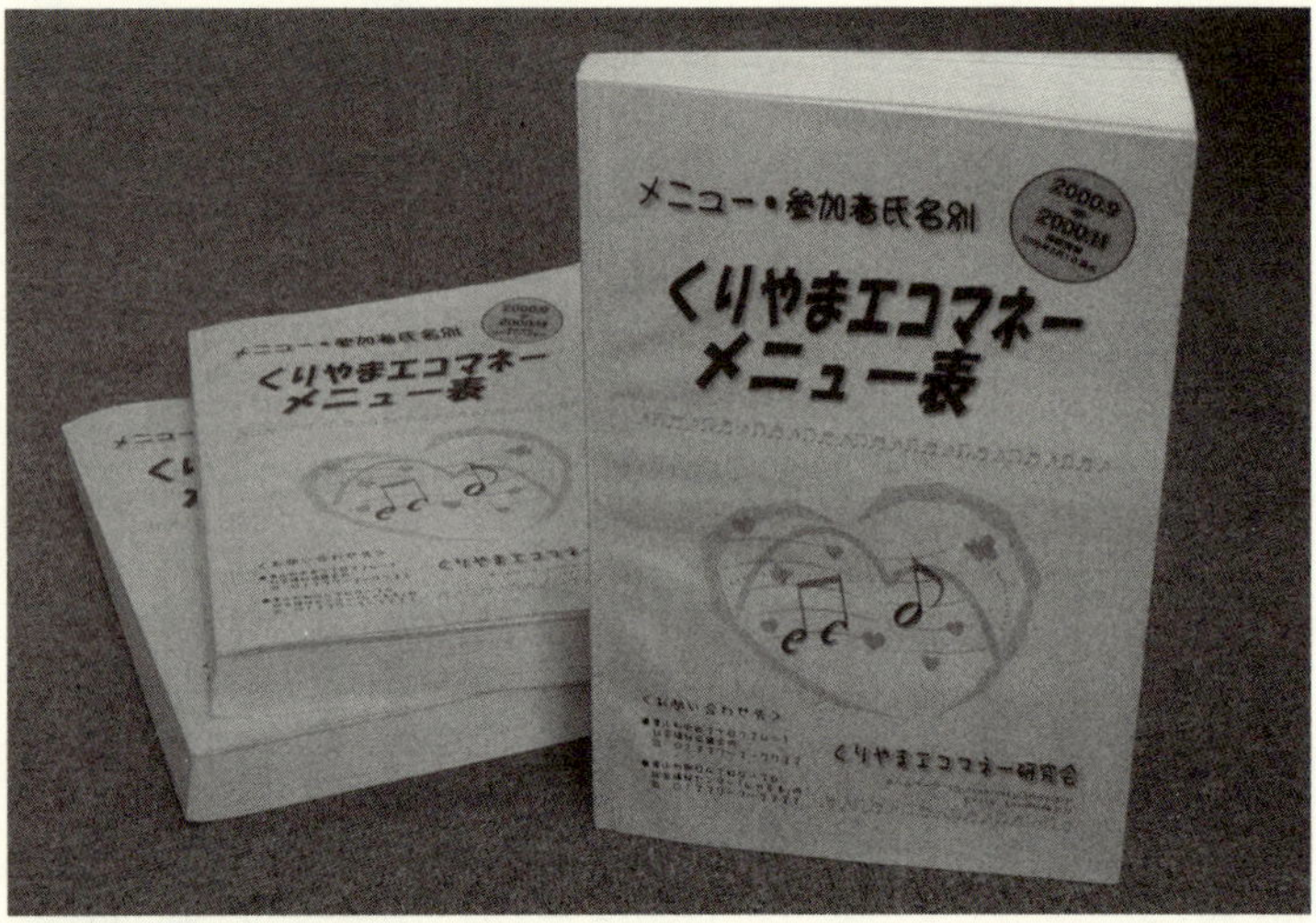

▲質量とも世界最先端のエコマネーのメニュー表

い「サービス・メニュー表」は、何と一〇センチメートルくらいの厚さであったからです。

インタビューのとき私はそれを引き合いに出して、栗山町の試みは「質、量とも世界最先端の取組み」と表現しました。質については、先ほどの第一次実験の結果示された課題に果敢《かかん》に取組み、コミュニティの再生を目指すものでしたので、そう表現しました。また、量の点については、世界の地域通貨の動向を調べていますが、九〇〇〇ものアイテムが登録されている例を知りません。よくテレビなどで紹介されるイサカアワーズなどでも、数枚のタブロイド紙にアイテムが記載されている程度です。

そのような意味で「質、量とも世界最先端の取組み」と表現したのは決して誇張ではないのですが、実は、栗山町の関係者の方にお礼を言いたいという気持ちであった私の胸には、もう一つ隠れた思いがありました。それは、こんなに努力してくれている栗山の方々を「質、量とも世界最先端の取組み」と表現することで励ましたいという思いでした。この表現は、二回にわたり北海道新聞のコラムの見出しとして大きく報道されることになりました。栗山の方々にはこれで少し「ご恩返し」ができたかもしれません。

二本目のビデオ「町という名の家族」

第二次実験には五五三人の方が参加しました。しかも、その七割は第一次実験に参加していない新規メンバーでもあったのです。こうしたメンバーにエコマネーを円滑《えんかつ》に活用してもらうためには、その趣旨《しゅし》をわかりやすく説明する必要がありました。

そこで、「くりやまエコマネー研究会」は第一次実験のときと同様に、ビデオを制作することとしました。この二本日のビデオは、第一次実験の様子を振り返るとともに、今回は先ほどの四つの課題にチャレンジするため、それぞれどのようなことをするのかを紹介しています。その後、第一回目のビデオのように、エコマネーがAさんからBさんへ、BさんからCさんへ、CさんからDさんへ、DさんからEさんへと流通していく場面をわかりやすく描写しています。

すべて自作自演であることは前回と同様です。しかも、すべての場面が「ぶっつけ本番」であったそうです。私はいつもこのビデオを見て感心するのですが、「こんなに自然にエコマネーの取引の演技ができるのはどうしてなんだろう」と思います。おそらく栗山の町民の方々が、エコマネーの基本である信頼のネットワークでつながっているからなのでしょう。「ぶっつけ本番」の演技であのように自然にできるのは、信頼というものを身体で実感されている人々しかできないはずです。

この二回目のビデオは、子供たちが仲良くシャボン玉を風に飛ばす中、「栗山が目指すのは『町という名の家族』です」というナレーションで終わっています。この「町という名の家族」というキャッチフレーズは、高倉助役が考案されたものです。高倉助役は福祉関係を長くやってこられた方ですが、一万五〇〇〇人の町民の福祉を真の意味で充実するには、介護保険制度だけではなく町民同士がお互いに家族のような関係となって相互に支え合う関係を構築することが必要不可欠であると考えています。

一世帯当たりの構成人数は全国平均で二・六人、栗山町では二・五人となっています。昔の大家族制の下《もと》では、高齢者の面倒を家族が見ることが可能でしたが、もはやこのレベルでは家族にその機能を期待するのは無理な話です。しかも「介護地獄」という言葉が象徴するように、介護の問題は家族にも重い負担をかけます。

高倉助役の考え方は、家族単位での相互扶助《ふじょ》が無理なら、それでは町全体が家族のように信頼のネットワークでつながって、お互いに支えあいながら真の福祉を実現していこうというものです。ビデオのエンディングに流れる「栗山が目指すのは『町という名の家族』です」というナレーションは、その「町という名の家族」という理念を、エコマネーを活用して福祉のみならず環境なども含めたコミュニティ全体に拡大しようというものです。しかもその町は、「よそ者」に対してよそよそしい排他性《はいたせい》のあるものではありません。常に外に対しても開かれている新しいコミュニティをつくろうというものなのです。

栗山へのエコマネー視察旅行と「エコマネー・フェスティバル」、そしてフリーマーケット

第一次実験の様子がマスコミに報道されるに伴って栗山町に対する他の地域の関心も高まっ

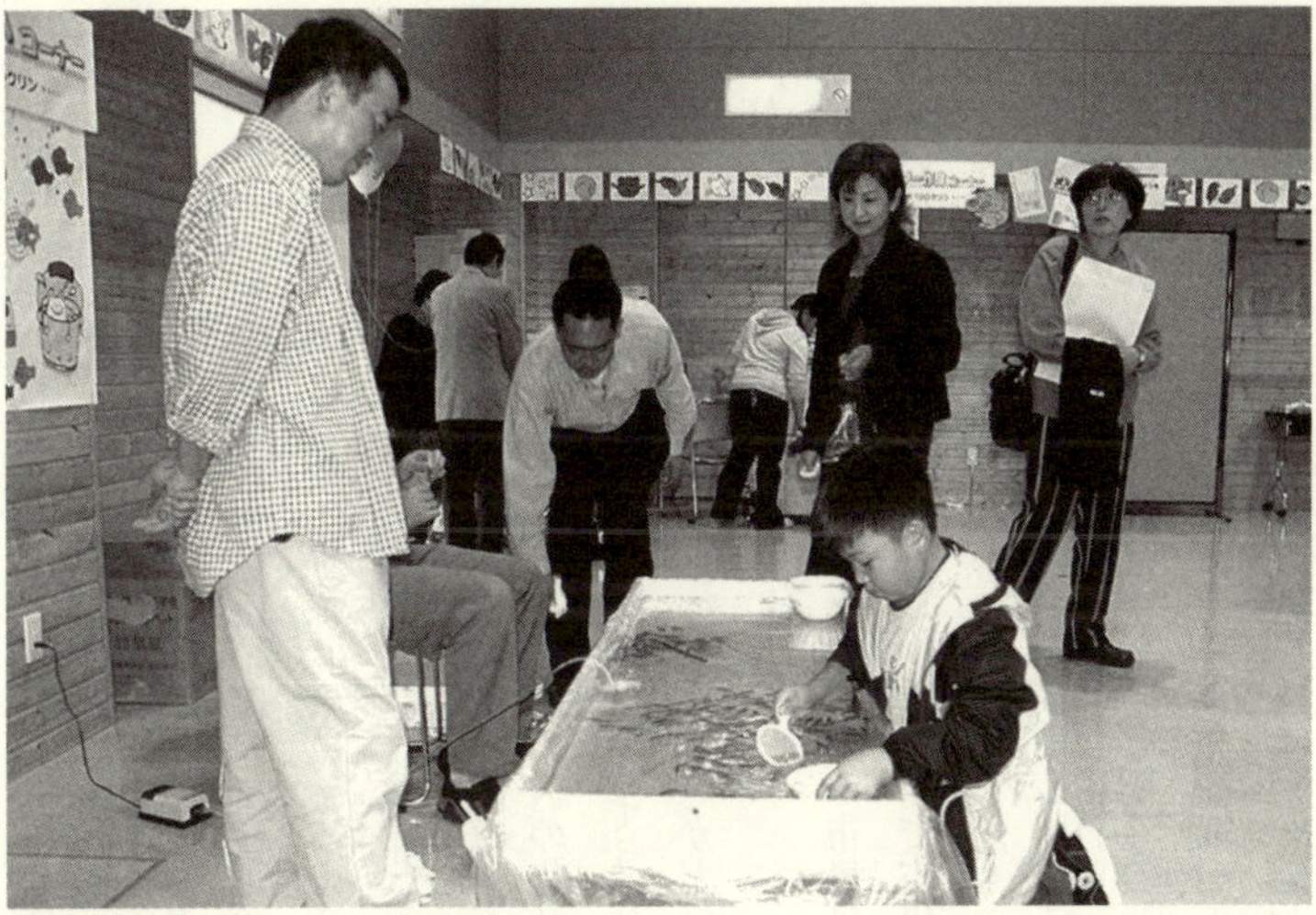

▲エコマネー・フェスティバル

てきました。また、ちょうどそのころから、栗山以外の各地域でエコマネーに取組もうという動きが活発になってきました。従来より栗山町を視察したいという要望が「エコマネー・ネットワーク」に寄せられていたのですが、実験期間中にさみだれ式に現地を訪問するのは、研究会の皆さんに迷惑をかける面もあり自重してきました。

ただ第二次実験期間中の十月上旬栗山で会員の相互交流の促進を目的とした「エコマネー・フェスティバル」が開かれることになり、その時であれば栗山側も受け入れ可能だという連絡が入りました。前に登場した私と栗山町との「結びの神」である板垣さんが親切にアレンジしていただきました。

こうして栗山へのエコマネー視察旅行が行われ、三〇人近くの方が参加しました。私自身は参加しませんでしたが、「エコマネー・ネットワーク」からは中山事務局長、吉野さんなどが参加し、非常に楽しいひとときを過ごしました。

また十一月には、エコマネーを活用したフリーマーケットが開催されました。このフリーマーケットでは、エコマネーでモノを買えるような形ではなく、古い自転車やタンスを修繕《しゅうぜん》して、その修繕サービスをエコマネーで取引するようにしました。これもエコマネーを商取引の代替として使ってはいけないことの表れなのですが、このようにいうと厳格すぎるのではないかという声があると思います。

確かに、この古い自転車やタンスには市場価格はついていません。しかし、中古市場で市場価格が容易につくような場合に、こうしたものをエコマネーで取引することは、結局は中古市場での市場価格の感覚でエコマネーを使うことになります。そうなるとエコマネーを商取引の代用として使うこととなり、結局は「善意をお金で買う」ことになりかねないので、私は注意深く対応する必要があると考えています。この点は、Q37を参照してください。

また、エコマネーを商取引の代わりに使うようにすると、ビジネスベースでサービスを提供している方々の仕事を奪うことにもなりかねないという問題もあります。この点は、Q39で述べましたので参照してください。栗山では、ある人が他の人を自分の車で送ってあげるというサービスを提供する場合、タクシー会社のビジネスと競合しないよう、エコマネーで取引されるのは、サービスを提供する人が自分自身がある目的地まで行こうとしていたときに他の人を同乗させるような場合に限っています。

第二次実験におけるエコマネーの流通とゴミの減量効果

「くりやまエコマネー研究会」は、二〇〇〇年六月から第二次実験に向けて具体的な準備作業を開始しました。まず、研究会の常勤の事務局員（有給）をおき、エコマネーに関する事務一般と実験期間中の取引のコーディネートを行うことにしました。ちなみに、研究会は発足当初二〇人でしたが、二〇〇一年四月現在では六四人に増加しています。

また、前述のように「いきいき推進部会」「きらきら子供部会」「さわやか環境部会」「ささえあい福祉部会」「ふれあい地域部会」の五部会制をとり、それぞれにエコマネーを活用した事業を企画することにしました。そして七月の第二実験の参加公募をスタート。九―十一月の三カ月エコマネーの第二次実験が実施されました。この実験には、前回を大きく上回る五五三人が参加し、四七五項目、九〇〇〇種類近くのサービスが交換されました。流通したエコマネーは約七〇万クリンでした。

約七〇万クリンのうち約一八万クリンは、前述のエコマネーポイントです。エコマネーポイントについては、五五三人のうち一六八人が利用しました。ポイントの総計が二四六三ですから、一人一回に一枚ずつとして、使われなかったレジ袋が約二五〇〇枚、多く買い物する人は二、三枚使いますから、二枚使ったとすれば五〇〇〇枚のレジ袋が使われず、ゴミが減量されたことになります。

一六八人で、わずか三カ月、そしてわずか七店舗においてこの量のゴミが減量されたことを考えると、栗山町のすべてのコンビニエンスストアや地域の商店街で通年このエコポイントを実施したとすれば、その効果は相当大きいものと考えられます。

それが全国に広がったとすればどうでしょう。膨大《ぼうだい》な量のゴミの減量につながるばかりか、レジ袋の原料となる石油化学製品の生産も抑《おさ》えられて、二酸化炭素の排出量も少なくなるに違いありません。

現在全国各地でレジ袋の減量のために試みが始まっています。ただし、その多くはレジ袋を有料化するとか、ポイント制を活用するとしても、そのポイントの還元は商品の割引に使われるという方式です。

後者のポイント制については、たとえば愛知県の豊田市で二〇〇〇年六月より実施されている「買物袋持参共通シール制度」で活用されています。この制度の下《もと》では、レジ袋を断ると参加店からシールが一枚もらえ、これを二〇枚集めると一〇〇円分商品の割引が受けられます。参加店は二〇〇〇年末現在で二七〇店舗で、参加店全店で共通シールが使えます。

この「買物袋持参共通シール制度」は発足当初話題を呼びましたが、最近シールの持参率は一五％台で頭打ちとなっており、しかもシールの受取りを拒否する人も出てきたようです。買物袋を持参してレジ袋を使わないのは、あくまでゴミの減量を通じて環境に貢献したいという気持ちからであり、商品の割引を求めるためではないという消費者が増えているようです。

栗山町で取組まれたエコポイントは、ポイントの還元を商品の割引として行うものではなく、コミュニティの各種のサービスに交換できるというもので、いわばコミュニティにそのポイントを還元するものです。

そのゴミは前述のようにゴミの減量に大きな効果をあげるばかりか、コミュニティにおける信頼の醸成《じょうせい》にもつながります。ここに、住民、生活者が主役となって活動し、環境と調和した新しいコミュニティ形成の萌芽《ほうが》が見られます。

介護の現場での評価：高齢者の声から

では、第二次実験は介護の現場からどのような

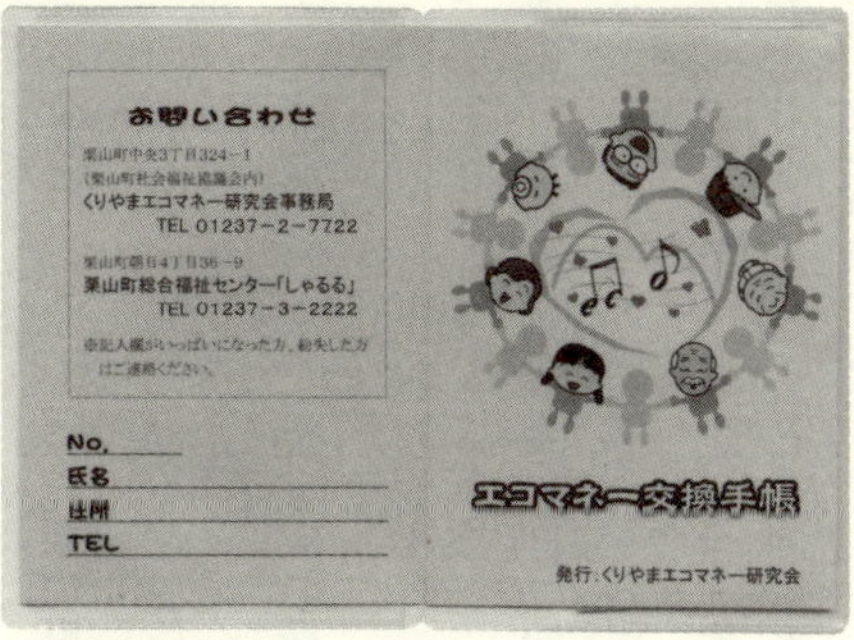

▲交換手帳の表紙

図表5-1
栗山町で使われたエコマネー交換手帳

※記入例

月 日	メニュー		てまがえ	相手の氏名	クリン	のこりのクリン
9/5	No. 174	パソコン操作を教える	してあげた / (してもらった)	宮本　隆幸	−1000	4000
9/17	No. 16	犬の散歩	(してあげた) / してもらった	富沢　恵子	600	4600
10/9	No. 71	将棋の相手	してあげた / (してもらった)	笠田　広美	−1200	3400

「てまがえ」欄には自分が該当するほうを○で囲んでください。
「クリン」欄には渡したあるいは受け取った額を、「のこりのクリン」欄には今もっているクリンの合計額を書いてください。

使用事項記入欄

月 日	メニュー		てまがえ	相手の氏名	クリン	のこりのクリン
	No.		してあげた / してもらった			
	No.		してあげた / してもらった			
	No.		してあげた / してもらった			
	No.		してあげた / してもらった			

▲エコマネー交換記録（交換手帳に折り込まれている）

エコポイントスタンプ欄

1	2	3	4	5	6	7	8	9	10
11	12	13	14	15	16	17	18	19	20
21	22	23	24	25	26	27	28	29	30
31	32	33	34	35	36	37	38	39	40
41	42	43	44	45	46	47	48	49	50
51	52	53	54	55	56	57	58	59	60

▲エコマネーポイントスタンプ帳（交換手帳に折り込まれている）

評価を得たのでしょうか。栗山町で第二次実験に参加した高齢者の声を聞いてみたいと思います。

今、私の手元に二〇〇一年三月に発行された「くりやまプレス」(VOL10)があります。「くりやまプレス」とは、栗山町の広報誌です。「くりやまプレス」(VOL10)は「まちをめぐり、人をつなぐ『クリン』(くりやまエコマネー)」と題して第二次実験の様子を特集しています。

この特集は「栗山町の高齢化率はすでに二四パーセントを超えています。介護保険によって、一定の高齢者を支える仕組みは作られましたが、実際はその対象外で自立して暮らす高齢者の数の方が圧倒的に多いのです。

その方々は全員、何の支援も必要とせずに暮らしているのでしょうか? 『そうではないはず』、との仮説の下、桜丘地区に住む近所同士、菊地善作さん(89)とエナさん(83)夫婦、今西じゅんさん(76)、後藤ミツさん(72)、四人のお茶のひとときにお邪魔し、日常の様子などをお聞きしました。

平穏な暮らしと、潜在する不安や不便と。どこにでもあり、そして切実な、多くの高齢者を代表する声が聞こえてきました」という紹介文で始まっています。ここでこの特集をのぞいて見ることとしましょう。

菊地善作さんとエナさんは夫婦二人暮らし。今西さん、後藤さんはそれぞれ一人暮らし。善作さんは、この冬を迎える前、「雪が降ったら自転車に乗れない、ゲートボールができなくなる、家にこもってたらどうなるか」と不安を募《つの》らせ、元気をなくしていました。

その解決法として二人は介護保険の利用を申請し、「要支援」の認定を受けてデイサービスの利用をはじめたのです。すっかり元気を取り戻した善作さんとエナさん。その様子は、今西さん、後藤さんにとってもうれしく安心です。

エコマネー「クリン」の試験流通の話がもたらされたとき、最も関心を示したのはエナさんでした。

「気軽に手伝ってもらえるかもしれない。だけど、この年ではしてあげられることが何もない、駄目《だめ》だろうか……」。そう気持ちがゆらぎながら、今西さん、後藤さんたちに相談。三人で考え「やってみなければわからない」と参加を決めました。

三人とも積極的にクリンを使い、エナさんは病院への送り迎えをしてもらいました。「知らない人にお世話になって、ありがたかったです」と感謝。

今西さんは、ミシンの故障を直してもらって「一〇〇クリンでいいよって言われたけれど、とても助かったので五〇〇クリンあげました」。後藤さんは「介護学校の学生さんから電話コールをもらいました。若い人と話ができてうれしかった」とそれぞれの感想を話しています。

「してあげられる」メニューとして、エナさんは「空襲の話を子供に聞かせる」、今西さんは「買い物」「声かけ」「ジャムつくり」、後藤さんは「子供と勉強ごっこ」などを登録しましたが、期間中に依頼はなく、してあげられませんでした。しかし「本格的にクリンの流通が始まったらしてあげたい」と意欲的です。

これからも「自分のできることはして、自分の家で暮らしていきます。できればもう少し安心が欲しい。介護保険とまちのサービスとエコマネーをミックスしたような、気がねなく利用できる仕組みがあるとよいと思います」と四人の方々は話しています。

▲話し相手になることもしてあげられることの一つ

さまざまな人々の評価

「くりやまプレス」（VOL10）は、「試験流通に参加し、実際にクリンで何かをしてもらった人、してあげた人たちの体験談を聞き、クリンの持つさまざまな意味、これからのあり方などを考えました」として、エコマネーに参加したさまざまな人々の評価や感想も掲載しています。

その代表的なものを紹介しましょう。

菊池京子さん（45）は、高齢者を病院に送り迎えしました。参加の動機は「誰かに何かをしてあげられる」という、普通のボランティアの気持ちだった菊池さん。参加してみて、違いがわかったといいます。

「メニュー表を見て驚いたんです。ピアノ、パソコン、ケーキつくり、園芸、ダンスなどなど、手伝うとか教えますというたくさんのメニューがあって、何かしてあげられるという自分の気持ちはおごりだと気がつきました。エコマネーは、してもらえることや教えてもらえることがいっぱいある、自分の身になることができる仕組みなんです」。そうわかってワクワクしたそうです。

期間中「してあげたこと」は、高齢の女性の病院への送迎。「悪いねって恐縮しながら乗っていらっしゃいました。でも、エコマネーに参加する人はもともと積極的。車の中で世間話をたくさん聞かせてくれて楽しかった。往復で一〇〇〇クリンもらいました。本当は何ももらわなくてもいいのですが、不思議ですね、クリンって」。

貯《たま》ったクリンは、フリーマーケットで買い物したときにその修理に使った。「不要品の交換の促進にも、エコマネーはいい仕組みですね」と菊池さんは話しています。

次にご紹介するのは、小野千笑ちゃん(10)のケースです。

「おばあちゃんの大正琴をもらったので、弾《ひ》けるようになって入院しているおばあちゃんに聞かせてあげたかった」という動機で、「してもらいたい」メニューに「大正琴を教えて欲しい」と登録した千笑ちゃん。

一方小山喜太郎さん(75)は「大正琴を教えます」を、「してあげられる」メニューに登録していました。メニュー表を見て、早速連絡したのは小山さんです。「子供は覚えが早いから授業料は必要ない。クリンが手ごろ」と思ったそうです。千笑ちゃんは、姉の笑佳ちゃんと二人で習い、じきに「さくらさくら」などを弾けるようになりました。

「おじさんに一〇〇〇クリンと自分の気持ちの一〇〇クリン、あわせて一一〇〇クリンあげました」と千笑ちゃん。小山さんは「孫のような子供たちに教えることができて感激」。

このように、エコマネーは小山さんのような高齢の方々にこそ、自らの「できること」を積極的に提供して、参加してもらうことが大きな目標です。「高齢者はしてもらう立場」という感覚はもう古いのです。率先してエコマネーの上手な活用法を見つけ、楽しく安心なコミュニティを創りあげ、若い世代に手渡す、栗山町はそのような新しいコミュニティを目指していきます。

千笑ちゃんは、第一回目の実験で一人暮らしの高齢者の買物をしてあげた経験もあり、「『ありがとう』って言われるのがうれしかった。北海道のほかのまちにもあるといいと思います」と話しています。

その次に紹介するのは、「子供エコマネー探検隊」を受け入れ、ユリネの収穫を手伝ってもらった上田富士子さん（58）です。エコマネーに参加したいという希望が子供たちに強かったことは前述しましたが、それを実現するため「子供エコマネー探検隊」が組織されました。子供たちがグループとなってボランティア活動を展開し、エコマネーをそのお礼にもらうというものです。

「ある程度の歳になると、役に立ちたいと思うようになるものですよ」。そんな気持ちからエコマネーへの子供たちの参加に関心を高めていた上田さんは、喜んで「子供エコマネー探検隊」を受け入れ、六人の子供たちにユリネの収穫を手伝ってもらいました。「ユリネをさわるときには大事にね」と教えると、子供たちはそおっとさわり、「どうして、ユリネは白いの」と無《む》邪気《じゃき》な質問をしてくる。「可愛《かわい》くって」と、上田さんにとっても楽しい体験だったようです。

上田さんは「こういう体験をすることによって作る大変さを知り、農業や経済の関係を理解するきっかけになるでしょう。寒い畑で頑張《がんば》る気持ちも鍛《きた》えられる。この体験を家に帰って話題にしてもらえたら、うれしいですね」と話しています。

最後にご紹介するのは、「みなみ中里町内会」でコーディネーターをつとめた高橋松男さん(63)、山崎武さん(72)、小川順二さん(62)、内藤昭一さん(71)のケースです。

「みなみ」と「みんな」の二つの意味を持つ「みなみ中里町内会」。住民公募と投票により決められた名称です。一九九七年に発会したまだ新しい町内会ですが、高橋さんら有志は交流の場づくりに努力し、焼き肉パーティを企画したり、一戸一戸回って町内会活動への参加を呼びかけ、地域のまとまりをつくってきました。

そんな風に交流のアイディアを常に話し合っている高橋さん、山崎さん、小川さん、内藤さん。四人は「くりやまエコマネー研究会」にもメンバーとして参加し、積極的に意見を発表しています。第二次実験にあたって、第一次実験で課題とされた「知らない人に気軽に電話できない」に対して、コーディネーター制を提案。同町内会を推進地区と位置づけて四人でコーディネーターを引き受け、実験にのぞみました。

その結果、「コーディネーターは簡単なものではない」ことを実感。「電話の向こうの声はいろいろです。ていねいなものもぶっきらぼうなものもあり、エコマネーが何かわかっていない人も多い」。「コーディネーターは自己発想が必要です。個々にやってみて結果を発表し合い、形を作っていくのがエコマネーというものではないだろうか」という小川さんの発言からは、今後のコーディネーターの役割の重要性を考えさせられます。

高橋さん、山崎さん、内藤さんも「形が何であれ、気持ちが大事」「高齢者がまず外に出て、若い人と交流しよう」「若い人だっていずれは年をとっていく。いずれは頼むよという思いで助け合うことになるでしょう」など、新しい、そして、あたたかい町内会をつくる意欲を見せています。

今後の展開：本格導入へ

では、栗山町は今後「希望の国」に向けてどのような歩みを続けていくのでしょうか。第二次実験に対する花田事務局長の評価を聞いてみましょう。

「コーディネーターをおいたことが流通拡大につながった。また、各部会の企画はどれも好評で、さまざまな分野で活用できることがわかった。特に教育長が熱心で、小・中学校の授業でエコマネーの紹介ビデオを流してくれたこともあって、子供たちの参加が増えた。

エコポイントによるレジ袋削減も成果が上がった。レジ袋の使用に課税することを検討している自治体もあるが、このような柔らかな方法も可能なのです」と、花田さんは第二次実験から得た手応えを表現しています。

栗山町のエコマネーは、今後二〇〇一年中の第三次実験を経て、本格導入に移る予定です。すでに次の取組みに向けた準備を開始しています。

まず、取組んでいるのがインターネットの活用です。第二次実験の「サービス・メニュー表」は六六四ページもの大部になり、編集も大変な上に情報の追加もできません。そこでサービス・メニュー表をインターネットのホームページ上にアップし、リアルタイムで更新できるように企画しています。そのホームページ上では、個々のメンバーの残高がわかるようにする予定です。これにより取引を行う人の便宜《べんぎ》を向上させるとともに、コーディネーターもその残高情報を活用できるようにします。

コーディネーターの活用も積極的に行っていく予定です。第二次実験では、コーディネーターをおいた場合はおかなかった場合に比しておよそ二倍の取引がありました。このコーディネーター制の定着が課題です。コーディネーター制は、取引の円滑化のみならずその平準化にも効果があります。

「コーディネーターがクリン残高の少ない人に優先的にサービス提供を依頼することで、均等化することができる。そして、データをウェッブ上に載せることで共有化したい」と花田さんは話しています。

栗山町はこのコーディネーター制を地域別のみならず、福祉、環境などの分野別にも拡大していくこととしていますが、そのためには、ある程度まとまった数のコーディネーターを事前に養成することが必要になります。二〇〇一年度の前半は「エコマネー・ネットワーク」と連携しながらコーディネーター養成講座が開催される予定です。

さらに商店街の参加についても検討を進めています。Q34で説明したように、エコマネーには換金性はなく、エコマネーで直接商店などで商品やサービスを購入することはできませんが、お金の取引とエコマネーの取引を組み合わせることは可能です。

花田さんは「たとえば、高齢者からの注文を受けた食料品店が、配達の際に書物を運んだり、話し相手になるなどのサービスができる。そこにクリンを組み合わせる。商店は、高齢者とのつながりを強め、商売につなげることができる。こういう形でエコマネーは地域経済を活性化できるのでは」と話しています。

二十一世紀、今後の予感

以上のように、栗山町は「希望の国」の完成を目指して日々実験に取組んでいます。その歩みは常に未来に向けられています。そこに二十一世紀の新しいまちづくりの姿が見えてきています。

「今までのさまざまな改善案すべてが町民の提案。もともと町民がまちづくりに一人ひとり取組む気風はあったが、エコマネーによって人のつながりなど、いろいろダイナミックな動きが出てきているのを感じる。これからが楽しみ」と花田さんは話しています。

エコマネーは、前述したように「生活者が主役となるまちづくりのための道具です」。すでに「希望の国」が栗山町をはじめとして日本全国に一〇〇以上登場しています。その数は今後も拡大するでしょう。そうした草の根のまちづくりが二十一世紀の潮流になるのではないか、今私はそのような予感がしています。

6章

エコマネーの語り部との対話（対話編）

語り部育成講座とは？

本書では今まで、イントロ編、理由編、解説編、実践編、ケーススタディ編に分けてエコマネーについて説明してきました。ここでは、エコマネーの語り部と私との対話をご紹介したいと思います。

私は九七年のエコマネーの提唱以降、さまざまな所でエコマネーについて説明したり、さまざまな方々と交流させていただいています。その経験を踏まえて実感していたのは「エコマネーは語り継がれるもの」ということです。

このインターネットの発達した時代に古いことをいっているのではないかとお思いになる方もいらっしゃるかもしれませんが、エコマネーが伝えようとしているのは、単なる情報ではありません。信頼のネットワークをつくるというのがエコマネーの目的ですが、信頼の必要性についてはインターネットで伝えきれるものではありません。

そこには『平家物語』を語り継《つ》いだ琵琶法師《びわほうし》のように、信頼を実感した人が他の人々に語りかけていくプロセスが必要なのです。そこには「語り部」が登場する必要があります。

私は常々そのようなことを実感し、「エコマネーの語り部」を育成したいと考えていましたが、時間の制約から実現しませんでした。ところが求めればかならず人ありで、東畑弘子さん（福祉関係の雑誌の編集長をしていた方で、介護福祉分野でさまざまな活動をされています）が手伝ってくれるという申し出をしてきてくださいました。

その申し出を無にしないため「エコマネー・ネットワーク」と共同で準備作業を進め、「第一回エコマネー語り部育成講座」を二〇〇〇年九月に開設しました。この講座は三カ月間のプログラムで、最初と最後はオフライン形式の東京での受講をしていただきましたが、後は与えられる課題に対する回答を定期的にオンラインで提出するという形式を取ったものです。

初めての経験でしたので最初は不安もありましたが、東畑さんのあたたかいサポートを得て、十二月には三〇人弱の「エコマネーの語り部」が誕生しました。ここでご紹介するのは、「第一回エコマネー語り部育成講座」を受講した方々がその時に提出されたレポートのうち主要なものに対して、私が現時点で改めてコメントを付したものです。

「エコマネーとは何か?」についてそれぞれの思いを述べ、私がコメントするという形でまとめてみたのですが、これからエコマネーに関心をもっていただく方、あるいはエコマネーについて少し知識は持っているが深く理解したいという方などの参考になると思います。

エコマネーの語り部がエコマネーの世界と出会ったとき何を感じたか、それに対して私が新鮮な感動を覚えながらどのような反応をしたか、そのあたりを読み取っていただければ幸いです。

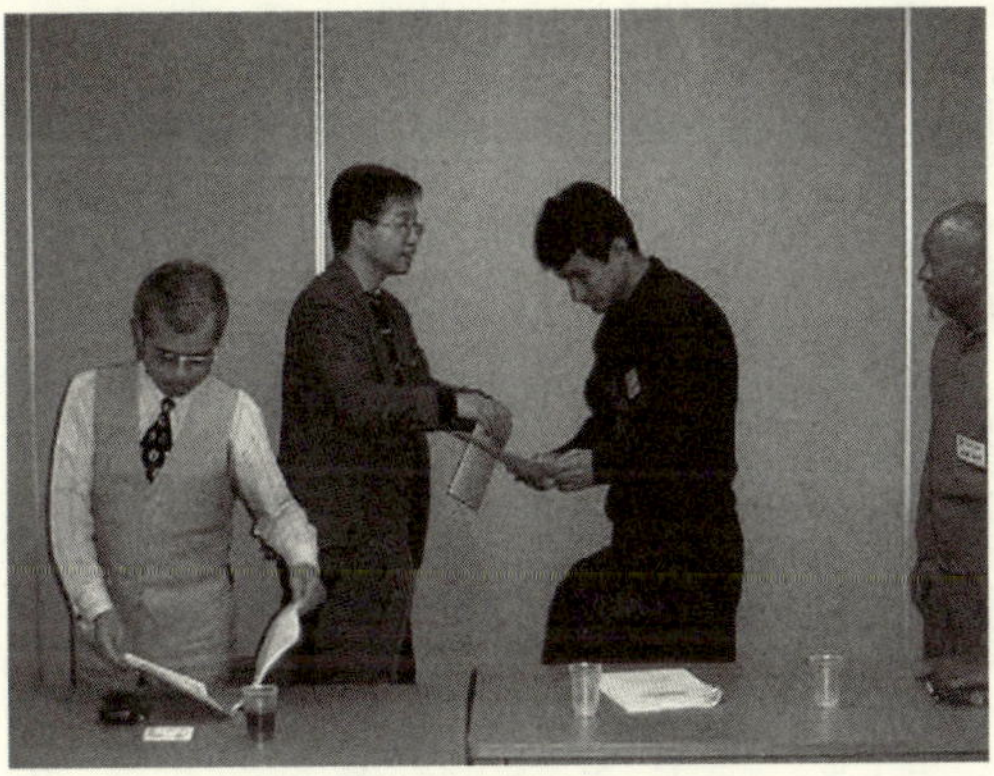
▲一人ひとりの語り部に修了証を渡しているところ

エコマネーにかける語り部の夢と加藤のコメント

①有川由布子（千葉大学女子大生）

われわれが現在流通させている貨幣は、一般的な財・サービスの交換に使用されたり、銀行に蓄《たくわ》えられたり投資や投機に利用される。つまり、貨幣経済内において財やサービスの価値を評価し、交換の手段となり、計数単位として利用されるという訳である。しかし、われわれはこの二十世紀においてバブル経済を通し、貨幣経済のもろさに直面した。金融システムの破綻《はたん》、少子化や高齢化、環境問題等現通貨による「価値」では、許容できない部分に遭遇《そうぐう》したのである。

この問題に関して、加藤敏春氏が提唱するのが《エコマネー》である。「人の温かい心を個々人がその交流を通して評価する」が、その大きな根幹となると考えられる。全てを貨幣で評価しようとする「冷たい通貨：貨幣」を補完するために、「互酬《ごしゅう》」行為を基盤とするボランタリー経済を成立させるためのツールがエコマネーである。

そもそもそれに近い動きは、十九世紀から始まっており、「地域通貨」として欧米では、「イサカアワーズ」「ＬＥＴＳ」の例が有名である。が、加藤氏が主張するエコマネーとは、エコマネーは市場交換の代替《だいたい》手段ではなく、あくまで「互酬行為」で成り立っているということや、価値づけは「時間」を単位として必ず扱うのではなく、初期時においてはその指標として「時間」を使用するかもしれないが、最終的には当事者間での個人的感情による価値づけが成されること等から、その目的・用途・方法論が異なる。

エコマネーは、市場によって与えられるプライスではなく、《消費者》というよりもそのエコマネーを使用する《当事者》（GIVE側とTAKE側）によるインセンティブが働くことから、自分達が主体であるという意識の向上によって、改めてボランタリーな行動である互酬行為の価値が分かり、またそれが連鎖的に持続する事により、コミュニティの構築・活性化がなされる。それこそ、人間を中心とした「経済」「環境」「コミュニティ」が同心円状で評価される地域社会であり、「エコミュニティ」なのである。

また、エコマネーが目指すものとして「コミュニティ・ビジネス」がある。これは、

①地域内問題（環境保全、商店街活性化、育児、介護サービスの補完、観光等）をビジネスとして解決。

②その主体は、地域を構成している住民（男性だけでなく、女性、子供、老人を含む）。

③地域雇用の拡大化をめざす。

を考慮して、総合的に地域内での資金循環を円《えん》滑《かつ》にし、地域活性化に寄与するものである。

現在、エコマネーは北海道栗山町の他、長野県駒ヶ根市、滋賀県草津市、東京都多摩ニュータウン等全国約三〇地域で実施がなされているが、まだ実験段階であり、発展段階としては考え難いと思われる。エコマネーを運用させるまでの段階（研究会の発足→勉強会→実験→評価→〈あるいは、実験〉→評価の数回繰り返し…従来の「まちづくり」がプラン重視だったのに対して、実験重視）を通して地域独自の形態を十分に明確にすることが必要と考えられる。

（加藤のコメント）

エコマネーのねらい、趣旨《しゅし》をよくおさえているレポートだと思います。しかも、エコマネーとコミュニティ・ビジネスの車の車輪の関係を的確にとらえていますね。実は、エコマネーは

ボランティアの世界のものであり（これ自体は正しいのですが）、コミュニティの経済活性化とは関係のないものだという認識があることも事実なのです。私の究極のねらいはエコミュニティの構築であり、エコマネーとコミュニティ・ビジネスにより、「人の循環」と「お金の循環」の二つの循環をつくろうというものです。

②梅村透（群馬大学大学生）

昔々、人間は生活に必要なものをすべて自分で作りださなければならなかった。それはとても効率が悪く、大変な作業であり、それに自分一人では作りだせないものもあった。そこで、他人が作ったものと自分が作ったものを交換する必要性が生まれた。これが物々交換と言われるものである。

しかし、物々交換はお互いの欲求や必要がピッタリ合っていないと交換がスムーズに行かない不便さがあった。この不便さを解消するために、何にでも交換できるメディア（媒体）が誕生した。それが「貨幣」である。貨幣は人類の歴史とともに変化している。そして、エコマネーは、地域コミュニティを再生させる人と人を結びつけるメディアである。

（加藤のコメント）

貨幣をメディアととらえる視点は斬新《ざんしん》なものです。二十一世紀の情報社会のあり方が語られるとき、メディアと貨幣が結びつけられて語られることはなかったのですが、実は歴史的に見て貨幣はメディアとして登場しました。その後、貨幣はその機能を純化させ、交換価値を画一的、効率的に媒介する手段となって、しだいにメディアから分離していったのです。

エコマネーは、そのような貨幣の〝進化〟の方向を逆に向けようというものです。再びメディアとしての貨幣をつくろうという動きなのです。ただし、エコマネーはメディアに再び戻ることはないというのが私の予測です。メディアとは異なり使用価値という価値を媒介する手段であるからです。その意味で、エコマネーは今の貨幣とメディア（＝言語）との中間に位置づけられるものなのです。

③緒方浩（千葉県市川市でまちづくりを推進）

○エコマネーとは

二十世紀が終わろうとする今、新しい時代のモデルは、日本から積極的に発信していくべきではないか、と思います。なぜなら、日本は二〇〇〇年の間連綿と育んできた歴史の中に誇るべき二つの出来事――「江戸時代」と「明治維新」――を持っているからです。

江戸時代は「自給自足の社会」。最大で三〇〇〇万の人口を抱えながら、見事に地方自立の自給自足の循環社会を形成していた江戸時代。キャパシティが有限なことから、よく宇宙船に例えられる地球上では、持続可能な発展のためにも、自給自足経済の構築が急がれます。ただ、経済を回していくためには、当然お金という血の流れが必要です。新しい時代にふさわしいお金の概念は、今までの単に価格情報だけを媒介とするものから一歩進んで、その中に、例えば、人を助ける温かい気持ち――ひとり暮らしの老人の話し相手になる、妊婦さんの仕事の手伝い等――をも価値としてこめることのできるエコマネーの概念を中心にすえるべきである、と思います。そうした考え方が中心になった自給自足の経済運営ができたとき、巷《ちまた》でいわれている物質中心の世の中から、心中心の世の中に生まれ変わる転換点になるのではないでしょうか？

そして、日本の誇るもう一つの「明治維新」。短期間のうちに、この偉業を無血で達成することができたのは、その人材＝民度によるところが大、であると思われます。天から人間一人ひとりにそれぞれの役目が与えられていると思いますが、エコマネーの考え方は、まさにこの人間の多様性を基《もと》に、人がそれぞれの得意分野で社会に役立っていくことであると思います。エコマネーの考え方が広がっていけば、「自分の生まれてきた役割は何か？」「自分は、どの分野で社会の役に立てるのか？」ということを真剣に考える社会となり、現在の学歴が全てのような単一性の社会から、人間の多様性に基づく社会へと自然になっていくでしょう。

「日本の資本主義の生み親」といわれる渋沢栄一がいっていた言葉、「経済とは、そろばん片手に論語を読むことである」。まさに、この原点に立ち返るのがエコマネーの考え方であると思います。何のことはない、一〇〇年かけてもとの出発点に戻ってきた、と考えれば、これからまた一〇〇年でエコマネーを中心に素晴らしい世界が築いていけるのではないか、と思います。

（加藤のコメント）

江戸時代や明治維新の位置づけについては私も考えるところが多かったのですが、アインシュタインの言葉は知りませんでした。「じーん」と心に染《し》みる言葉ですね。日本とは何か、日本人とは何かを改めて問い直したい気持ちにかられます。

網野善彦さんの『「日本」とは何か』（講談社・二〇〇〇年）をご存知でしょうか。この本は今までの歴史観を問い直し、日本がいつ国家として成立し、いつ日本人というまとまった民族が登場したのかなど、について論じています。この本は発売と同時に六万部売れたそうです。各地域でコミュニティ再生のツールとしてのエコマネーを唱えていて思うのですが、都会でも田舎《いなか》でも、わずかの期間に一〇〇地域を超える地域でエコマネーが受け入れられるのは、日本人がある種のアイデンティティを持ちたいと思っているからかもしれません。それもはらわたに染み込むような何かを求めているのではないでしょうか。

渋沢栄一の言葉も紹介されていますが、私のエコマネーは単に昔の一〇〇年を回帰するものではないと思っています。ある種の回帰なのかもしれませんが、マネーのあり方を千年単位でかえる運動なのです。〝回帰〟であるとともに、〝創造〟であると言ってもよいでしょう。創造の先に何があるのかは、誰も予測できませんが、われわれを駆り立てる何かがあるように思っています。

④**金澤孝**（加古川青年会議所青年部）

エコマネーとは、一つの道具だと考えています。ネットワークに集まる人たちが、どのようなことを求めているか、どのようなコミュニティを必要とし、どのようなコミュニティ（ひとつのグループ）をつくろうとしているのかによって利用の形が変わっていくものと考えています。

私個人的には、期待するところが大変多くあります。まず小さな輪からネットワークを広げて行くと必ず信頼関係で成り立つコミュニティというか、グループができるものと感じますし、そのグループは増減の波があっても地域の二割三割の人たちが加わるものになると考えています。

エコマネーとは、それを通した一つの約束事であると考えますし、その約束を互いに確認をする手段であると考えます。この約束が長くコミュニティ（グループ）で守られる時、その構成員は「安心」を得ることができ、いつ返してもよいというグループからの信頼が構成員を生き生きと活躍できる場所を「提供」すると考えます。

エコマネーは、「エコミュニティ」（の種類、要求により交換できるものの数量と種類が変化し、その流通によりエコミュニティが影響を受けるものと考える。スタートは小さなエコミュニティから、徐々《じょじょ》に地域の住民が多く加わるものと考えます。私がスタートの時点で唱えたいエコミュニティは、「友達お隣さんを増やそう」にしたいと思います。基本は、「礼儀」「気軽」「感謝」で進めたいと思います。取りとめなくなりましたが、以上です。

（加藤のコメント）

金澤さん、非常に率直なレポートを提出いただいて有難うございます。二〇〇〇年八月に兵庫県の加古川《かこがわ》にお邪魔したとき、金澤さんは「自分は在日韓国人です。しかし、そのマインドは日本人以上に日本人です」と言われたことが私の頭に染《し》み込んでいます。加古川において新しいコミュニティをつくろうという意欲は他の方よりも抜きんでているように感じられました。

その後、加古川での展開いかがですか。加古川に宿泊したその翌日、ホテルの一室から見た光景は工場地帯の中における加古川でしたが、おそらく、新しい加古川のアイデンティティを求めようという動きがあるのでしょうね。また、地元の商業も昨年夏のそごう加古川店の閉店もあり、大変なのではないでしょうか。そごうの閉店は、ある意味ではマネー経済を象徴するようなところがあります。その、そごうが閉店した今、皆さんが、真のまちづくりに飛翔《ひしょう》することを祈っています。

⑤小西二郎（大企業を退職後奈良県生駒市でコミュニティ活動を展開）

僕にとっての「エコマネーとは何か、そして地域コミュニティへの役立ちとは何か」。社会人として一本立ちし自分で飯を食い始めたとき、物を作る前にまず人を作るとして知られたメーカー松下電工で、松下幸之助さんが会社の売上とは世の中に対しての役立ち高である。お客さんの役立ち料として利益を頂ける。この言葉が会社からの強烈なメッセージであった。

生活拠点を遠く離れたビジネスマン生活の大半を東京で暮らした僕にとってこれからの二〇年間八十歳まで地域社会に貢献できるボランティア活動とは何か。加藤代表から一九九八年エコマネーの話をお聞きした時僕のライフワークになる予感がした。

町内会、赤十字、老人会、子供会など数多くのボランティア活動、町内約四〇〇世帯をくまなく、年に何回と回り、一人暮らしの老人、高齢者を自分が最高齢にもかかわらず元気づけてこられたよと、一九九八年九十六歳で天寿を全うした父の動きを、葬儀の時、各会の人たちから初めてお聞きした。その感動。また僕は、入院したベッドサイドでただ手を握《にぎ》り、体をさすることしかできなかったが、看護婦さん、補助のかたが本当に親身になって面倒見てくれた。この体験。不幸にして神戸大震災にあい地域コミュニティ活動を始めた人、ボランティアが当たり前の今の若い世代などいろいろ聞くが、しかし僕自身、地域との関わりは公園清掃、ドブ掃除ぐらいしかない。これからは時間的余裕、経済的余裕もできてくるので、地域活性化、ボランティア活動を世の中への役立ちとして少しずつでもやっていきたいと思う。

古都奈良・生駒、茶筅《ちゃせん》の里高山の地でエコマネーの語り部として働こうと思う。地域で助けあいができる道具として明確なエコマネーを語り、エコマネーによる温っかい地域づくり、活力ある中高年、退職者の仕事づくりとして、コミュニティ・オフィスを立ち上げ、コミュニティ・ビジネスを興《おこ》したい。生駒は自然がふんだんに残っている。日本の九〇%と言われている茶筅の生産地。大阪のベッドタウンとして急速に人口が増え開発されて二〇数年、元気な中高年、退職者が増えている。

これらをエコマネーでつなぎたい。素晴らしいのは地域には住んでいるがまだ、見ず知らずの人がエコマネーを通じて触れあえる、支えあえる、発展しあえることである。循環型環境・福祉地域社会を協働し作って行きたい。

フィールドがまだ無いサラの僕は、活動拠点として、今から約二五〇年前江戸時代に建てられた釘《くぎ》を一本も使っていない旧民家の保存、活性化から始めようと思う。僕の良きアドバイザーである家内の八十八歳になった母が一人で住み、庭の草のむしり、薪割《まきわり》、風呂焚《だ》きをやり、生活している。回りの力仕事、畑作りなどを実践の第一歩ととし、地域社会へと進めていこうと思う。

課題は現在の通貨だけが絶対的でない、と言う概念、栗山町の長谷川さんが言う社会的意識自体を体の中から崩《くず》していく事が大切と言うメッセージを伝える力が研修できるか。実例を読み、マニュアルを見ると僕自身のレベルの低さを実感しています。

(加藤のコメント)

すごく実感がこもっているレポートを読ませて頂き、有難うございました。エコマネーの使い方、領域として想定されるものの一つに退職

▲エコマネー語り部育成講座（東京）

後第二の人生を歩む方のコミュニティへの参加に使用する、あるいはそのためのリーダーとなって頂くということが考えられると思います。

長らく日本においては「会社」がコミュニティの役割を果たしてきたわけですが、そろそろ会社をコミュニティとの架《か》け橋と考える必要があります。別途、私は「クリエイティブ・エイジング」運動を地域の商工会議所やNPOを巻き込んで行おうとしていますが、小西さんの活動は、その私にとって実感に迫るものがあります。今後、実践の場で活動を展開されることを期待しています。是非、その後の進捗《しんしょく》についてお話をお聞かせ下さい。

⑥塩澤和彦（長野県駒ヶ根青年会議所）

一九九九年の九月に青年会議所内でエコマネーの調査研究をする役割をもらったときに、はじめてその存在を知りました。それから約一年間、加藤さん・中山さんのお話を聞いたり、他の地域を視察に行ったり、あるいは青年会議所の中での流通実験をしたりといろいろな形で勉強をしてきましたが、このようなレポートという形でエコマネーについてまとめたことがありませんでした。今回のレポート、また今後の講座を通じて改めてエコマネーの本質的な部分を学んでいけたらと考えています。

エコマネーをひと言でいえば、ちょっとした思いやりや助け合いの気持ちを地域内で循環させることができる「温かい通貨」ということだと思います（加藤さんがおっしゃるとおりですね）。この温かい通貨エコマネーが地域の中で循環すれば、コミュニティの活性化、ボランタリー経済の循環などさまざまな形で効果が生まれてくると考えます。市民参加型のまちづくりを真剣に考えなくてはいけない時期にきている地方都市にとって、このエコマネーの流通によって得られる効果は多分に魅力的で取組む価値のあるものだと考えます。

エコマネーの仕組み・目的は、おそらくそれぞれの地域で違ってくるのだと思いますが、重要なのは「まちのひと」の声を十分に考慮したものでなければいけないということでしょうか。（駒ヶ根青年会議所はこの部分が実験では欠けていました）それから、「互酬《ごしゅう》の行為」という部分をはずさずに目的・仕組みを考えなくてはいけないと思います。してもらうだけの人、してあげるだけの人が多くなってしまっては循環の流れが生まれてきません。逆にこの「互酬的交換」が活発になれば、コミュニティ内に信頼関係が生まれ、活性化が進んでくると考えます。地域内での信頼関係の醸成《じょうせい》とエコマネーの流通は非常に密接な関係にあるような気がします。

私自身は、現在コミュニティの活性化という部分に重きをおいてエコマネーを活《い》かせたらと考えています。しかし、エコマネーのもつ多様性を考えたとき、そしてもっと広い意味でまちづくりを考えると色々なアイディアが浮かんできます。私の住む駒ヶ根では青年海外協力隊の訓練所、長野県看護大学といった他の地域にはない財産があります。現在もさまざまな交流が訓練所の候補生や看護大学の学生と市民との間で行われています。そこにエコマネーを活かせたら、とか地域の子供たちのためにとか。今は何一つ具体的になっていなくて恐縮なのですが、まずは具体的な第一歩をまちの人達と踏み出せるように準備中です。

（加藤のコメント）

エコマネーの本質をとらえたレポートであると思います。駒ヶ根エコマネーの「ずらぁ」の利用状況はいかがですか。エコマネーの利用を拡大するためには、さまざまな工夫が必要ですが、そのうち、①取引対象となるサービス・メニューを増やす、②コミュニティ・ビジネスとの車の両輪構造をつくり上げる、などがあります。

こうした観点から駒ヶ根の場合については、①に関しては、ご指摘の青年海外協力隊の訓練所、長野県看護大学などと市民との交流に活用するということが考えられるでしょう。今後の展開を期待しています。

②に関しては、商店街をはじめとするビジネス本体との連携が必要でしょう。駒ヶ根では、つれてってカード協同組合や赤穂信金がつれてってカードにより資金循環の構想を図っていますが、それらとの連携が図れないかを考えていただければ幸いです。

いずれにしても、現在、日本青年会議所あげてエコマネーの取組みがなされているところであり、駒ヶ根青年会議所のケースは、全国のモデルケースとなるものと期待しています。

⑦重盛智（生活クラブ生協埼玉）

貨幣経済は私達に物質的な豊かさをもたらしました。しかし、交換と計算単位としての機能のほかに、価値保蔵の機能（利子）が発展するにしたがい、さまざまな問題を生み始めました。お金がお金を生むという利子の存在は利益を求める競争を促《うなが》しました。利益を求めて世界を駆《か》け巡《めぐ》るグローバルマネーは、地域から資源を奪い地域コミュニティを崩壊《ほうかい》させていきました。不安が社会に広まる中、私達が安心して、また豊かに暮らすためのセーフティネットが必要です。コミュニティの再生が求められています。

コミュニティは、参加者がお互いにできることを出し合って成り立っています。しかし、そのことが見えにくかったり、「ありがとう」というメッセージが伝わりにくくなっています。コミュニティの中に潜在的にある「たすけあい」の行為や「ありがとう」の気持ちを顕在化《けんざいか》させる道具が必要です。数値化することが難しいボランタリーな行為を評価することができれば、それらを交換することが可能です。交換は人のつながりを促しコミュニティを活性化します。その機能を持つ道具がエコマネーです。

コミュニティの誰かから受け取った行為は、コミュニティの誰にどんな形で返してもかまいません。ボランティアやバーター取引は一対一の関係でしたが、エコマネーはボランタリーな行為を循環させ、たすけあいの輪を広げます。たすけあいの輪はコミュニティに対する信頼を生み、帰属意識を高めます。

循環の輪に入るには、自分ができることを出し合う必要があります。これまで発揮できなかった能力を他人に分かるように表現したり、自分にできることを考えることが自分自身の再発見・自立につながる可能性があります。競争ではなく協働を促しながら盛んに取引される経済行為は、そのコミュニティに必要なことは何かを浮かび上がらせることになります。暮らしの場に必要な機能をコミュニティの参加者が担《にな》うコミュニティ・ビジネスを生み出す可能性があります。

貨幣経済では評価しづらかった教育、文化、福祉、環境等にかかわる行為を評価し、価値を高めることは「損得の基準」を変えます。長期的視野に立ち、環境との共生、持続可能な社会を構想することができます。

エコマネーが生み出すものは貨幣経済の補完にとどまりません。自然・経済・コミュニティが調和するエコミュニティのもとで、豊かにそして安心して暮らすための道具としてエコマネーは機能します。

（加藤のコメント）

エコマネーの趣旨《しゅし》をよく理解して頂いています。重盛さんは生活クラブ生協埼玉にお勤めですが、「エコミュニティ」が目指すものは、生協の原点で、一八四四年に出された「ロッジデール綱領」にうたわれている〝共働〟や〝相互扶助《ふじょ》〟の概念に近いものがあります。

私は、実は生協活動も転換点にあるものと考えております。ひと言で言えば、生協活動の原点が貨幣経済との関係をいろいろもつ中で、変質してきたと言えるのではないでしょうか。貨幣経済の中で、〝共働〟や〝相互扶助〟の概念の色が薄くなっていることは否《いな》めないのではないでしょうか。

本来の生協活動に戻るためにエコマネーはどのような役割を果たすべきなのか、一緒にお考えいただければ幸いです。そして新しい生協のあり方とエコマネーについて、モデルを作り上げることができればすばらしいと考えています。

⑧進藤淳三（兵庫県龍野青年会議所、日本青年会議所市民セクター財団支援特別委員会副委員長）

・地域コミュニティ生活者が主役となるまちづくりの、そして人と人との関係をつくり上げる（あるいは再構築する）ものである。ひいては生活者を心豊かにするものである。

・日本で今にわかに注目を集めつつあるシステムである。北海道栗山町が先進地である。くりやまエコマネー研究会の長谷川代表をはじめとするメンバーの方々のエコマネーに取組む熱意と情熱とふるさとを愛する心（ビデオやメニューにもそれが滲《にじ》み出ていました。心温まる、はっきりとは説明出来ませんが何かがありました）を感じました。

・地域のお金を地域で循環させるコミュニティ再生・活性化の一つの有効な手法である。ひいては地域の課題をビジネス・チャンスにするコミュニティ・ビジネスにつながっていくものである。エコマネーが推進される（コミュニティが推進される）ことにより、自然体で（いわば自然発生的に）市民起業家が出現してくる、コミュニティ・ビジネスが推進されることになるのではないか（少なくともその基礎・基盤を構築することができるのではないか）と感じました。

・対象となる取引は介護、環境（グラウンドワークや自然保護等を含む）、まちづくり、交流、教育等々多様である。多様な価値・新たな価値（もちろん既存の価値も）・地域の価値を（コミュニティで）循環させることが出来るものである。

・心のこもった温かいお金である。人と人とを結ぶ「互酬《ごしゅう》」のお金である。そして生活者自らが発行するお金である。
・貨幣経済に位置するものではなくボランティア経済に位置するものである。そして債権・債務関係に基づくものではなく、信頼関係に基づくものである。エコマネーが信頼の通貨たるゆえんである。このお話は明快で分かりやすかったです（ちょっと大袈裟《おおげさ》ですが目からうろこが落ちました）。エコマネーを、いわゆる貨幣経済に位置し、かつ債権・債務関係にある現在の通貨「マネー」と明確に峻別《しゅんべつ》し、しかも、ゆくゆくはコミュニティ・ビジネスでこの両者を車の両輪のごとくつないでいこうとする、そして結《ゆ》いと講《こう》との共生を図って行こうとする、言い換えれば、地域のお金を地域で活《い》かし切る→地域循環を構築して行く・エコミュニティを構築して行く→コミュニティ・ビジネスの発想につながって行くという考えに、将来の何か明るいきらりと光る夢というか希望を感じた次第です。

・発想の転換が必要な「信頼」通貨である。価値保蔵機能を有しない。すなわち、利子が付かないし、ある一定期間（最長一年ですか）経過後振出しに戻るものである。
・価値観の転換が必要である。貨幣経済に慣らされた自分自身の頭の中の（もちろん心の中も）価値観を転換する必要があるのではないか。「世の中には貨幣経済からのみではとらえることの出来ない大切なもの」が沢山《たくさん》あると思います（例えばふるさとの豊かな自然環境や山や川や田んぼなどの多面的・公益的な機能など）。これらの保護・維持保全等にも何かこのエコマネー（あるいはその考え方）が応用できそうな気がしました。もちろん、人と人との結び付き・心のふれあい、やさしさも……
・このエコマネーは実験である。しかも終わりなき実験である。繰り返し実践・評価して行く中で楽しさや進歩が見出せるのではなかろうか。

・エコマネーを始めるに当たって、何のためにするのかを明確にしておくべきである。ニーズがないのに始めるのはどうかということである。今の世には二つの電話帳がある。ハートページとタウンページである。エコマネーはハートページである……等々。

ところで、加藤さんの講義「エコマネーとは何か」、くりやまエコマネー研究会・長谷川代表の「エコマネー〝クリン〟の取組みについて」（中山事務局長との参加者を交えたセッションのようになりましたが）等の講義を終えて、エコマネーとはいっけん簡単なようで実は奥がずーんと深い（そしてうわーと幅が広い）ものであるということを痛感しました。

また、実践・評価を重ねることにより（また違ったより以上の）深み、あるいは広がり（可能性）が出て来る（そしてそれらを持たせることもできる）のではないかとも感じました。そして、今の日本における（というか地域における）何か忘れかけている、ないしは失われし大切なもの、またこれからの日本の（というか地域の）進むべき道の一つが、そして地域を構成する私たちが今後（建設的な意味合いで）何をしなければならないのか、何をすべきなのか、何ができるのかということがこのエコマネーの中に（ひいてはエコマネーの実践の中に）隠されているような気がしました。

さらに、システムもさることながらこのエコマネーが推進されることによる人の間の心の通い合い（助け合い）、そして頼り合うことができるというような温かい心、参加する三世代の人々の心の通い合い等の部分、つまり心の部分（いかにエコマネーに命を吹き込むことができるか）についても（常に忘れることなく）考えて行きたい、大切にして行きたいと思いました。日本青年会議所においても（機会があれば）積極的に情報発信して行きたいと考えます。今後ともこのような機会・気づきの場を大切にして行きたいと思います。自分自身も何かが変わりそうな気がします。

（加藤のコメント）

エコマネーが何であるかについては、よくポイントをおさえています。エコマネーがボランティア経済を対象にするものであることは理解が容易なのですが、債権・債務関係ではなく、信頼関係であることは、従来あまり認識されていません。この点についても「目からうろこが落ちた」とのことですが、非常にうれしく思います。

エコマネーの奥行きの深さと間口の広さについてですが、おそらく住民参加型の新しいまちづくりの「実験」であることからくるのでしょう。これからのまちづくりは、決めるプロセスと、決められたものを実行するプロセスが分かれていた従来のまちづくりとは一八〇度異なり、両者が一体となって、しかも、住民一人ひとりが参加するものとなります。それによりどのような「まち」が現出するのか、誰も予測はできません。だからこそ、エコマネーを使ったまちづくりである「エコミュニティ」は奥行きの深さと間口の広さをもつのでしょう。

現在進藤さんは、二〇〇一年の日本青年会議所市民セクター財団支援特別委員会のエコマネー担当副委員長として活躍しておられます。日本青年会議所では、九九年、二〇〇〇年とエコマネーについて検討して頂いていますが、是非、各地域の青年会議所の地域貢献活動にエコマネーが活用されるようご協力下さい。

⑨高安宏昌（りゅーすかながわ・ワークショップの会）

バブル経済の崩壊《ほうかい》、金融システムの不安定等の従来の貨幣経済の限界を露呈し二十世紀が終了し、二十一世紀を迎えようとしている。この二十一世紀において新しい社会（＝コミュニティ）をづくりを支援する「コミュニティ通貨」としてエコマネーが登場した。

エコマネーとは、ひとことでいえば福祉、環境、コミュニティ、教育、文化などの分野において、お金の対象とならない〝互酬《ごしゅう》〟の行為を評価し、それらを交換するための新しい価値体系の貨幣である。エコマネーやその他のタイムドル、LETSもすべては、人と社会をつなぐ道具である。これらはすべて、二十一世紀に向けた思想をそれぞれにもっているといえよう。このエコマネーをツールとして使用するとき、ひとりひとりの市民が「市民レベルから新しい社会（＝コミュニティ）をつくるんだ」という気持ちも大事である。二十世紀社会と二十一世紀社会の橋渡しをコンピュータがそれに役立つ道具として寄与しているように、エコマネーもコンピュータを媒介するインターネットなどと同じ思想を持っているものである。この意味で、エコマネーは文化的な価値を有しているといえよう。そして、エコマネーがつくるコミュニティはいわゆる「エコミュニティ」なのである。

付け加えれば「パートナーシップのまちづくり」が最近叫《さけ》ばれているが、エコマネーはこれを大きく拡大していくのにも役に立つであろう。さらに経済的な面からみれば、これからはNPOとベンチャー企業の組み合わせでまちづくりを推進していく時代が来るかもしれない。エコミュニティを起点として実施していき、エコマネーを使ってそれをつくっていくのが、新しい「住民参加」になるのではないか。

また、エコマネーの本質は実験である。これは「楽しい」ものでなければならないし、この実験から課題を発見し、この実験を繰り返すことが重要である。さらに、この実験は、期間を区切って実施し、必ず「評価」を実施しなければならない。さらに、この実験の内容を決めていくプロセスが重要である。そして実験の繰り返しは常にオープン参加が可能でなければならない。

このように重要な意味をもつ実験であるが、全国のエコマネー研究グループを見ていると実験にいたらないケースが多い。まず実験をすることが大切である。このとき、エコマネーの単位（価値）を決めていくことで、悩むことが多いが、時間を単位に考えていくことが妥当《だとう》であろう。しかし、エコマネーはその性格上「値づけのゆらぎ」があるものでこれを認容することが必要であろう。さらに、実験の範囲をどこまでにするかだが、それは、信頼感を共有できる範囲であろう。いわゆる「エコミュニティ」ととらえて間違いはない。

そして、エコマネーは実際の経済的な商品や現金に換算できてはいけないと考える。だから、エコマネーが想定するメニューにも「実体経済のなかで動いているサービスは向かないだろう」と考える。どうしてもエコマネー長者が生まれてきてしまった場合は、表彰するなどの方法で解決することも一案ではないだろうか。最後に、メニューづくりが大事である。いかに魅力あるメニューを集められるかが多くの人間が参加し、エコマネーが流通するかどうかのひとつの鍵《かぎ》となろう。

このように、エコマネーは、実践をともなって参加している人々とともに成長していき、人と人をつなぐことにより「エコミュニティ」を形成していくひとつのツールであることを、多くの市民が自ら「気づく」ことにより二十一世紀社会が本当の意味での新世紀になっていくのだといえよう。

（加藤のコメント）

エコマネーの本質が楽しい「実験」である点、「評価」が重要である点は、エコマネーを深いところから理解して頂いているところだと思います。従来型のまちづくりの限界が見えている今、新しいまちづくりは「人↕人のネットワーク↕まちづくりという生き物」という関係をつくることであると思っています。

りゅーすかながわでエコマネーに取組もうというお考えはあるのでしょうか。二〇〇〇年一月エコライフ神奈川におうかがいしてエコマネーのお話をしたことがあります。また、ヨコハマ未来地図づくり一〇〇人委員会でも検討が進んでいます。現在「神奈川エコマネーネットワーク」も発足していますが、是非神奈川県でもこのような「実験」が進むとよいですね。

⑩**中里裕美**（立命館大学女子大生）

昨今、ある特定の地域内で使用される「地域通貨」を活用しようとする動きが世界で広がりをみせていますが、この気運は日本においても年々高まってきています。そして、LETSやタイムダラーをはじめいくつかの種類がある地域通貨の中で、日本でもっとも多く、三〇を超える地域での導入が進められているのがエコマネーです。

エコマネーとは、ふだん私達が使う『お金』とは性格が異なるものであり、その特徴的な違いとしては、次の二点を挙げる事ができます。

①ボランティアや助け合いなどのサービスを評価し、住民同士がやりとりする仕組みの中で使われるものであり、「お金」との交換はできないもの。

②「お金」は貯《たくわ》えることの価値を持ちますが、

エコマネーはそれを交換する（循環させる）ことによってはじめてその価値が生まれる（コミュニティを豊かにする）もの。

つまり、貨幣経済の「お金」では扱われない従来の社会にあった人と人との間の領域を見直す（支える）役割を担《にな》うものと言えるように感じます。

現在の段階では、市町村やNPOが地域を活性化するために導入しているものが多く、ほとんどが会員制になっており、具体的には、「できること：GIVE」と「して欲しいこと：TAKE」が集められたリストをもとに、各地でユニークに名づけられたエコマネー（この取組みは各々の地域のニーズに合う内容に調整され、また各々の地域の特色や工夫が凝《こ》らされていま す）によって会員同士が互いにやりとりするような仕組みになっています。

このようにエコマネーの取組みは、全国各地で展開しつつありますが、その地域の特性をうまく取り入れ、質も量もトップに立っていると言われているのが北海道栗山町のエコマネー、「クリン」です。この町は、「六十五歳以上の高齢者率が二五％」という町の特徴を活かした福祉ベースのエコマネーから始められ、二次実験の現在ではその参加者は（二五六人→五五三人）二倍へ。またそのメニューリストの内容も介護保険制度の対象とならない「介護サービス」の取引だけでなく、ゴミのリサイクルなど「環境」への取組みやパソコン教室といった「教育」の分野など新たに次々と加えられる方向へ。また、第一回目の課題から交換手帳の発行、コーディネーター制度の導入など運営の面でもさらなる改良や工夫が進んでいるということであり、本当に注目される取組みだと感じました。

本来人と人との交流の中から生まれた「お金」。いつの間にかその価値を忘れられ、貨幣経済の道具になってしまった「お金」。そのような「お金」ではカバーできない領域（心の交流）をもう一度目にみえる形で見直そう、今の社会が忘れかけている人と人とのつながりを支えようとするもの、まさにこれがエコマネーという取組みではないかと思いました。

（加藤のコメント）

中里さんは、語り部育成講座参加の最年少です。それにもかかわらず、エコマネーの本質をとらえたよいレポートだと思います。しかも、「心の交流」としてエコマネーを位置づけるという結論は、正鵠《せいこく》を射《い》たものと言えます。二〇〇〇年九月に吹田にお邪魔した際、お父上をはじめ皆様に大変お世話になりました。その後、吹田でのエコマネーの動きはいかがですか。きっと大きく花を開くものと期待しております。

裕美さんは、立命館大学で「環境」を専攻しておられると聞いています。よく、エコマネーの「エコ」は環境のエコなのに、実際のエコマネーは、介護福祉や教育、文化などさまざまな分野にまたがっている。なのにどうして「エコ」マネーなのかと聞かれます。私は真の「エコ」は環境に限られるものとは思っておりません。真の「エコ」は人間が環境に優しい生活をできる状態を指しているのではないでしょうか。人間の活動は、環境のみならず、経済、福祉、教育、文化などさまざまな分野にまたがります。そのいろいろな分野で「エコライフ」＝情報とサービスは豊かに、モノとエネルギーは慎《つつま》しく、に象徴される活動を展開することが求められています。そのような生き方は、利子がつき、複利計算により債権・債務関係だけが膨張《ぼうちょう》していく（しかも実態上の価値とは関係なく）マネーでは実現できません。その対極にあるエコマネーが必要なのです。

⑪**野崎アツ**（静岡県三島市主婦）

エコマネーとは何かを、この二週間会う人ごとに話し続けてきた。話すことにより、わかっている部分とわかっていない部分が自分自身で納得できて、短時間に説明しなくてはならないから手短かに説明する言葉を探したらこうなった。

「人々の思いやりや助け合いの交換を行い、善意を循環させるための地域通貨がエコマネーです。現在使われている貨幣とは別の価値体系のお金で、税法等法的な問題があるため、物の売買には使われません。環境、福祉、教育、文化などの分野において地域内でボランティアをし合い、そのサービスに対して感謝のしるしにそのエコマネーを渡します。ボランティアをしたりされたりすることにより、言葉を交《か》わしたことのない人同士も親密になり、地域間での人々のつながりが深くなります。エコマネーを使うことにより、ボランティアをお願いしたことに対するお礼ができて気楽に頼めるというわけです」

さて、人口一万五千人余の北海道栗山町は今年エコマネーの実験を開始しました。東京都の多摩ニュータウン、新宿区早稲田、兵庫県宝塚市などでは実験が開始されていますし、エコマネーを推進しようと計画中の団体がいくつもあります。それぞれ地域の特長を生かした取組みが行われています。「町という名の家族」実現に向け、エコマネーに取組んでいる栗山町を例に話してみますと、「まず発起人が運営団体を設立準備し、エコマネーシステムの運営もする。運営団体ができたらエコマネーの会員を募集する。会員は自分ができるお手伝いを申告する。運営団体がお手伝いの提供者と依頼者のメニュー表を作る。今お願いしたいことを仲介者であるコーディネーターに相談する。コーディネーターはメニュー表をもとに、提供者を探し連絡する。提供者は依頼者に直接電話して打ち合わせをしお役に立つ。依頼者は提供者に時間に応じてエコマネーを渡しお礼をする。栗山町の場合はエコマネーの単位をクリンとし、一時間一〇〇〇クリン、三〇分五〇〇クリン、プラスαしたい人のために一〇〇クリンを設定してある。

メニュー内容は介護保険制度だけではまかなえない冬の除雪や買物、また料理を教えることであったり、庭仕事、ペットの散歩、パソコン教授、話し相手等々自分のできることは何でも申告できる。実験は二、三カ月間ずつ行われ、いままでわからなかった問題が発生するたびによりよい方向に変えていくので、実験の度ごとに進化していく」。現在二回目の実験中の栗山町のエコマネーの取組みは、確実に人とのふれあいと、地域づくりが芽生えてきているとのことです。

エコマネーの目的はコミュニティづくりを通して地域社会の再構築をすることであり、エコライフを実現ための手段にすぎないといいます。経済とコミュニティが一体となったエコミュニティという社会構造のもとで、自然と共生し地球にやさしく持続的な発展を目指すことが目的とされます。先日、一年ぶりで会った八十五歳の叔父《おじ》は昔、中学校の校長でした。足腰が弱って何もする気になれないというその叔父にエコマネーの話をしました。「足りないものを足し合う便利なシステムなのよ。雑草をとっていただいて、叔父さんは代わりに伝えたいことを話してあげれば、互いに持ちつ持たれつで大喜びよね。いっぱい能力があるんだから、家にこもっていたらだめでしょ。エコマネーをやることになったら協力してくださいね」と叱咤《しった》激励《げきれい》をかねてお願いしました。「ほうー、そういうことをやろうとしているのか」と興味を示してくれました。ほんの一〇分程の会話でしたが反応があり、エコマネーの語り部としてはちょっぴり光がさしました。

少々長くなりましたが、経験をまじえて書いてみました。手直しをお願いいたします。


(加藤のコメント)


野崎さんなりにエコマネーを消化していただいて有難うございました。「腑《ふ》に落ちる」という表現がありますが、エコマネーの世界は頭だけでなく、特に腑に落ちるように理解して頂くのが本当の理解であると感じています。

八十五歳の叔父様にも説明していただいたエピソードは感じいるところがあります。自分なりに消化して、腑に落とし、人に説明する、その繰り返しでエコマネーが語り継《つ》がれていくのでしょう。

ご存知だと思いますが、富士山を市民参加のもとできれいにしようとしているＮＰＯ富士山クラブでエコマネーの実験に取組むことになっています。その中心は三島です。また、三島のグラウンドワーク運動、商工会議所のまちづくりにエコマネーを取入れ、富士山クラブと連動させようという構想もあります。是非、地元でも取組めるようになるとよいですね。

⑫**藤井俊公**（地域コンサルティング、岡崎市でまちづくりを推進）

現在の市場経済社会においては、ＧＤＰという通貨交換価値を基準に社会状態を評価することが常識になっています。しかし、本来の社会状態とは、環境資産・社会関係資産をも含むものです（参照：The New Economic Foundation）。

日本も中世までは、狩猟・漁猟・農耕を中心とした生活共同体を基盤とする社会であり、地域の環境資産に沿いながら、身分・役割のなかで社会関係・交換関係が成り立っていました。その地縁を超えるのは、芸能（技術・商《あきな》い・興行・宗教・政治・武力など）を担《にな》う人で、権勢のバランスにより、無縁・公界・楽などの場を開いていたわけです。

近世において価値の基準は米の石高となり、貨幣は変遷《へんせん》し、江戸末期には両替商が商業資本を集約しました。しかし、〝縁〟のある人、つまり環境からの収穫と年貢《ねんぐ》の納付を義務づけられた人は、個人・血縁を超えた生産・生活共同体として、社会的な贈与関係を中心としていました。〝縁が切れた人〟は、それぞれ職能を身につけ、一方で政争・宗教を、他方で技術・遊興を提供し、栄華と流浪の両極にいたわけです。

江戸時代中期以降は、その身分・役割・地域が限定された閉塞《へいそく》社会となり、開国による近代化のなかで、生産単位が地域から家族・個人へと分解し、地域経済から海外市場との交流、そしてグローバル化へと進んできました。工業化が職能の分化であれば、市場化は、縁切りの一般化であり、市場価値が生活の基準として徹底する近代であったわけです。

この間、差異による商品化、交換価値に置き換えられない環境資産や社会関係は、地域・家族・個人において軽視されることとなりました。現在の農林水産業は、この基盤である環境資産をマイナスにし、機能分化による社会関係分解は、生産労働力だけを評価し、養育・教育の荒廃、老後生活の非社会化まで及んでいます。これは、全ての日本人が〝縁切り〟された状態になったということです。〝縁〟が支えていた活動をすべて〝公助〟に、個人の全てを〝自助〟という弱肉強食の法則にゆだねるわけにもいきません。人間は、動物的な弱さゆえ、社会化され、現実を抽象化し、より複雑な関係を作りつづけて環境・社会に対応してきたのですから。

市場経済が社会的な常識となっている現在、エコマネーという考え方・活動の仕方・道具が、忘れ去った共助（互酬）による社会関係の作り方を取り戻し、持続的環境資産・社会基盤作りの切り口の一つになるでしょう。

この手法は、地域の人による、必要なこと、提供できることの集約と、その交換の仕組みづくりから始まります。仕組みを作る主体グループとその参加・手続きのための通信・情報技術の支えも必要です。そして、その地域活動を根付かせる理念とリーダーシップが必要です。他方、それぞれの地域におけるエコマネーは、既存の市場経済との関係を明確にする必要があります。地域で使われる通貨との互換性を区切り、貨幣自体としての商品化を区切って、常に地域内で消尽《しょうじん》してゆく仕組みが必要です。ちょうど土地の神々に豊穣を感謝し、踊り、歌う村祭りのように。

エコマネーには、地域内ビジネスあるいは、マイクロ・ビジネスを育て、支える役割もあるでしょう。国際化・電子化された通貨が、他の信用商品と同じように、資源集中、生産集約技術、流通集中、メディア集中、予測市場の集中などから生じる差異を梃子《てこ》に、自己増殖を級数的に進めています。プラスの利息が、拡大再生産を強制し、個人の利害を優先させ、環境基盤の破壊と地域社会の崩壊《ほうかい》を進めています。

通貨自体は三大機能の二つ、価値の基準、蓄積の機能を失い、交換のスピードと機会を増大させることだけに終始するようになって、差異による利潤自体を求めつづけます。この通貨自体の利潤追求運動を実態経済に連続させること自体危険な状態です。利潤もまた通貨自体ですから、これだけでは誰も暮らすことはできないのですから。実態経済を支える仕組みは、地域から試行錯誤する必要があります。

(加藤のコメント)

いつもながら藤井さんならではの博覧強記《はくらんきょうき》の見識と歴史観を踏まえた捉《とら》え方になっていると思います。私は、農業社会、工業社会、情報社会の変遷と社会の関係、価値のあり方について、以下のように考えています。

お金のあり方は、農業社会から工業社会を経て情報社会へと移る社会の発展、社会を支える人々のネットワークの発展と極めて密接なものがあると思っています。そのような意味で私は、エコマネーは社会のあり方とともに〝進化〟していく貨幣であるといっているのですが、このようなエコマネーについて、どう感じておられますか。

	富の源泉	取引原則	取引当事者の関係	貨幣のあり方
（第1の波：農業革命）				
農業社会	使用価値	「互酬」	顔の見える関係	贈与の手段
重商主義	交換価値	交換	遠隔交易	金・銀の財宝
（第2の波：産業革命）				
工業社会				
（労働価値説）	交換価値（労働で表示）	交換	顔の見えない関係	市場交換の手段
（限界効用説）	交換価値（限界効用で表示）	交換	顔の見えない関係	市場交換の手段
（第3の波：情報革命）				
情報社会	使用価値（個々人の満足度）	「互酬」	ネットワーク関係*	「互酬」の手段*

（*）情報社会においては、インターネットが活用され、「互酬」が連鎖的に拡大する。そこで新しい貨幣としてエコマネーが登場する。エコマネーが使用される分野は、当初はボランティア経済に限られるが、次第に貨幣経済と統合した「新しい交流空間」全体に拡大する。

（資料）加藤作成。

⑬八木聖子（都市系シンクタンク勤務）

・エコマネーに興味をもった理由

市町村の福祉計画策定のお手伝いをするという仕事柄、全国さまざまなところで、自治会などの従来型コミュニティ活動、ボランティア活動、住民参加型有料サービスなど、実に多くの方々がすばらしい活動を展開されているのに出会う機会に恵まれています。しかし、私の知る限りでは、中心になっている人の非常な苦労に支えられて動いている活動が多く、地域の住民の創意工夫や能動的な取組みなどの広がりが少ないのが現状です。

少子高齢化社会を迎え、すべての住民がサービスの受け手であると同時に、サービスの提供者であるという双方向型ボランティア活動による地域づくりの新しい手法が重要な課題になっています。一〇年も前になりますが、首都圏の老人会会員の「年金で悠々《ゆうゆう》自適《じてき》の高齢者だから草むしりぐらいボランティアとしてやって当然と思われるのは心外である。お金が欲しいわけではないが、自分の労働を社会的に認める意味でもなにがしかの対価が欲しい」という言葉が課題になっていました。また、アメリカ基地がある町では「アメリカ人は主催者が発行する手製の〝ボランティア活動感謝状〟をとてもよろこび、それを自宅の壁に貼《は》って誇りにしている」ということも気にかかっていました。このようなことから、九七年に人づてに「互酬《ごしゅう》」というキーワードをもつエコマネーのことを聞いたとき、これまでの答えに出会った気がしたのです。

今までのコミュニティ活動の現状・問題点、課題を整理すると以下のとおりです。

（従来型コミュニティ活動）

少子高齢化社会で、地域維持・相互扶助《ふじょ》機能をもつ自治会などの地域組織の必要性が増大しているが、若い層を中心に加入率が低下し、組織の高齢化が進行しているところが多い。会員・非会員にとらわれることなく、他グループとの連携、イベントの実施など、多様な人を巻き込んでいく取組みが必要。

（ボランティア活動）

地縁血縁から離れたグループ活動（テーマコミュニティ活動）として多様な活動が展開されているが、中高年女性が中心で活動が日中が多いなど、有職者や若者が参加しづらい面があり、高齢化・小規模化している組織が多い。個人ボランティアの受け皿づくりなど、組織に加入しなくても参加できるボランティア活動のシステムが必要。

（住民参加型有料サービス）

有料化することでボランティア活動に契約という責任性を付加した活動として多様な組織が設立されている。ボランティア精神を基本とし、低料金でサービスを提供するために、自立した生活ができるような収入を得ることが困難なことなどから参加できる層が限られていることが多い。法人化することで活動の安定と継続性を確保するとともに、サービス提供会員の経済的自立を確立する必要がある。ボランティア活動として参加したい人の別の受け皿が必要。

・エコマネーに対する私の今後の取組み

　介護保険制度がスタートし、保険料をはじめ介護サービスを利用するたびに自己負担金を支払うなど、サービスを買う時代になっています。障害者福祉サービスも利用者制度の導入が二〇〇三年に予定されており、これまで、「措置」として行政でまるがかえであった介護・福祉サービスが利用者の主体性を尊重した自己決定による「契約」へと制度が大きく変わります。介護保険にみられるように、十分にサービスを買う余裕がない低所得者への対応が社会問題になっています。

　従来型コミュニティは縦社会で人を縛《しば》る強制的・封建的な組織でしたが、社会的な弱者も地域へ組み入れられ生かされてきた側面もあります。「お金」を介さない相互扶助の体制として、かつての「おすそわけ」の発想で、老若男女、技術のある人もない人も、時間のある人もない人も、自由な意志にもとづいて、少しずつ自分にできることを出し合う、その気になれば誰でも自分の居場所を確保することができる新しいコミュニティ活動づくりの触媒がエコマネーであると思っています。

　私はまだ、エコマネーの門口に立ったところですが、このいただいた学習の機会を生かして、「数人の有志で始められ、できるだけ多くの人が参加できるエコマネーの体制づくり」を中心に研究してみたいと思っています。

（加藤のコメント）

そうですか。九七年にエコマネーを聞いて頂いていたのですね。九七年は私がエコマネーの考え方を対外的に発表しはじめたときなので、まさにその当初からエコマネーに関心を持っていただいたことになります。

地域コミュニティ活動におけるエコマネーの位置づけはお見事です。私も頭が整理されました。ただし、エコマネーとふれあい切符はその役割が異なります。結論を言えば、ふれあい切符は現在エコマネーの世界に近づく方向で整理されようとしています。しかし、このことはふれあい切符の意味を減殺するものではありません。ふれあい切符は「切符」とは言っているものの、立派な通貨です。それが築いた基盤は大変なものです。

こういう観点から、ふれあい切符を捉《とら》えるとふれあい切符はエコマネー登場の基盤を築いたと言えるかもしれません。現在、ふれあい切符やふれあい切符にアメリカのタイムダラーの考え方を入れた時間預託とエコマネーの連携・協力のあり方について、関係の方々と意見交換させて頂いています。

八木さんはまちづくりの観点からエコマネーに関心をもって頂いていると思います。エコマネーは新しいまちづくりの手段なのです。まちづくりには私が気づかない多くの点があると思います。ご教示下さい。

⑭山田一（群馬県・市民立NPOカレッジ、労働金庫勤務）

エコマネーは、地域通貨の一種ではありますが、基軸通貨との交換や商品やサービスの対価としての利用は一切行わず、環境や福祉、文化などのボランタリーな行為を循環させるための通貨です。つまり経済的な貨幣価値では計ることのできない相互扶助協働の行為を交換するための貨幣です。

エコマネーについても、LETSでうたわれている「同意」「無利子」「共有」「情報公開」の四原則は適用されるものと考えられます。あらゆる取引は、強制ではない参加者同士の「同意」に基づくものであること、またエコマネーの残高には利子がつかないということ、エコマネーの運営については参加者がそのコストを「共有」で負担するということ、また、運営に関することや参加者の行動に必要な情報は常に公開されていること、の四原則です。

エコマネーは、特に無利子の原則によって、基軸通貨に対する経済的な貨幣動機とは異なる文化的・社会的な貨幣動機を生む可能性を有しています。収益性や利便性以外の相互扶助・環境へ負荷の軽減などの社会的な貨幣動機によって保有され循環される通貨の可能性です。また物理的な地域コミュニティのみで循環されると同時に、共通の関心や理念を持つ人同士の間に成立する地理的な空間を超えたコミュニティをも活性化させる可能性も有しています。エコマネーは、相互信頼と規範を空間を超えて自発的に醸成《じょうせい》させるためのメディアの役目も果たします。人と人とのつながりを多面的多元的なネットワークとして形成するための潤滑油の役割も果たします。このような自由意思による参加と帰属意識の醸成が循環型経済システムを支え発展させる原動力になるはずです。

エコマネーが、円との共存による並行通貨として、地域でのあるいは参加型組織でのボランタリー精神や互酬の精神の媒介（メディア）となることが、日本における持続可能社会実現に向けての小さな、しかし深淵な仕組みづくりの第一歩となるはずです。近い将来の電子マネーによるエコマネーの取組みに、大きな可能性を感じています。

（加藤のコメント）

短い文章ながらエコマネーのポイントをおさえていると思います。最後にエコマネーと円との共存について触れておられますが、この点のモデルづくりが大きな課題の一つです。山田さんは労働金庫（労金）につとめておられますが、労金は現在福祉分野のＮＰＯ融資を実施されておられますね。ＮＰＯのみならず、地域のコミュニティ・ビジネス全般でも「労金」が拠点となって地域の資金循環が構築されていくことが目標だと思います。

他方、エコマネーは「人の交流の循環」をつくるものです。「お金の循環」と「人の循環」の二つの循環が構築されるのが、理想のエコミュニティでしょう。群馬県では、太田市でエコマネーの導入に向けて準備が進んでいますが、太田市でこのようなエコマネーとマネーの共存のモデルが形成されるとよいですね。

⑮横尾正孝（ＮＰＯ「ヨコハマ未来地図づくり一〇〇人委員会」）

・エコマネーの概念について

「現在のマネー」が、お金に換算できる限られた情報を対象に、しかも価格という「画一的」な指標に置き換えて媒介している「お金」であるのに対して、エコマネーは人間の「多様性」をそのままの形で媒介できるあたたかい「お金」である。常に財・サービスや情報と対応させて使うので、「現在のお金」のように、信用創造機能はなく、よってインフレやバブルを起こす心配はない。

エコマネーは社会の資本である「信頼」の上に成立するものであるから、「信頼が共用できる」範囲の地域でのみ使用可能である。地域の住民は、この信頼の通貨エコマネーのほかに現在の通貨を使い、二種類の通貨を使い分けることで、二十一世紀に向けて、共助（互酬）の進んだ、最適の生活が営める「エコミュニティ」を創造することができる。エコマネーの値づけは、市場が決めるのではなく、あくまでも取引きする当事者同士が決めるものであり、一物多価が普通である。エコマネーは必ずしも、現在の紙幣のような形式で発行する必要がないが、電子マネーが実験段階にある状況においては、北海道栗山町の「クリン」のように、その地域の特徴を生かしたネーミングの紙幣を、地域が発行している場合が多い。

・エコマネーの対象となる取引

介護、環境、街づくり、交流、教育など、およそ「共助（互酬）」が必要となる善意の取引はすべて対象になる。しかし実運用に際しては、現在、実経済上にあるサービスへのエコマネーの適用には充分な配慮が必要である。エコマネーと現在のマネーの二つの循環を作り、相互作用により、より大きな効果をもたらしていくようにすることが肝心《かんじん》である。

・エコマネーの導入

エコマネーの導入に際しては、充分の実験が必要である。新システムの導入、新製品の開発等入念な実験が繰り返し行われるが、エコマネーは、人間の「多様性」を重んずるものであるから、机上の検討だけで、運用時の問題を洗い出しきるには自ずと限界がある。実験の結果は当然評価されるが、あらかじめ当該実験で到達すべきレベル、達成目標値等を定めておき、それと実験で得られたレベル、結果との乖離《かいり》をつかみ、その理由を明確にし次回の実験計画の中にフィードバックしなくてはならない。また実験を終えて、実運用に入っても、定期的な評価は必要で、そのサンプリングの周期は「どの程度が適当か」実験の際におよそつかんでおく必要がある。

エコマネーの導入の目的は「エコライフ」の実現であり、「新しい文化」の創造であるが、サンプリングで得られた結果を評価するための運用状況のそれぞれの段階にあった具体的達成目標値を定めておく必要がある。また、評価結果をフィードバックする過程において、大きな遅延が生じると、システムは不安定になり、目的は達成できない。

・エコマネーの運用

ここで大切なのは「共助（互酬）」の精神である。一方的な施《ほどこ》しも、一方的に施しを受けることもエコマネーの精神に反する。もちろん、ある期間内での不均衡は致し方ないが、あくまでも「共助」の精神を貫くことがエコマネーの精神である。メンバーはどんなサービスを提供でき、どんなサービスを受けたいか、メニューを広範囲に出し合うことが重要である。第四回エコマネー・トーク早稲田大会（二〇〇〇年九月開催）で述べられていたが、どんなサービスを受けたいか。人に頼むほうのメニューはかえって出にくいものだそうであるから、実行に際しては注意が必要である。

サービスの値決めは、前出のとおり、当事者同士で、原則として、標準値に基づき、決められるが、ここで重要なのは感謝の気持ちを上乗せすることである。エコマネーは溜《た》め込んで誉《ほ》められるものでなく、何よりも「信頼感の醸成《じょうせい》」を目的としたものである。現在のマネーにおける価値観に引きずられて、相手の精一杯の善意を踏みにじってはいけない。「現在のマネー」に骨の髄《ずい》まで犯されているとすれば、発想の転換がエコマネー成功の鍵《かぎ》となる。

・エコマネーの事業化と「コミュニティ・ビジネス」

エコマネーの目的の一つは、当該地域の経済的活性化である。エコマネーと「現在のマネー」の二つの循環をつり、相互作用させることが大切であると前述したが、少子高齢化時代を迎え、最大の高齢者対策はその地域に、高齢者の雇用を創造することである。地域の問題をビジネスとして取り上げ、地域内に資金の循環をつくり、その地域に雇用を生み出していこうとする「コミュニティ・ビジネス」はすばらしい。「コミュニティ・ビジネス」は、善意の交換により、思いやりのある社会を作ろうというエコマネーの草の根的な活動の第一番目の到達点である。「コミュニティ・ビジネス」の創造を最初から念頭に置いておくことが意味深い。その前段として「エコポイント」があり、既に実効果を表しつつある。

・終わりに

特に地球環境保護の問題がインパクトになり、二十一世紀に向けて、このままでいいのか、社会のあり方を見直そうという機運が急速に高まりを見せている。そんな中にエコマネーが脚光を浴びており、まさに時代の要請の結果であろう。しかしながら、われわれの周囲の、いわゆる有力者（現社会で大きな発言権を持った人）

の中には「お金がすべて」の考えが、体の一部になり、その善し悪しを考えることすらできない人が存在する。「お金がすべて」の思想は、当分日本社会の常識であり続けるのは明白な現実である。

しかしながら、歴史を紐解《ひもと》くまでもなく、どんな偉大な革命・革新も、一握りの確信を持った指導者と、その思想に共鳴して立ち上がった民衆の力が、その発端となっている。もちろん革命・革新を起こさせる社会的土壌が醸成されていることが前提となるが。現在の日本は、なんと言っても豊かであり、血を流さなければならぬ状況にはないが、地球自身を破壊してしまうような、かって考えてみたこともないような危機が、静かに忍び寄ってきている。「今日がなんとなく過ぎたから、明日も大丈夫だろう」という風潮が、大多数の人の中に定住している。「そうではない」ということをさらに多くの人に気がついてもらわなくてはならない。エコマネーの語り部として、誠に誠に微力ではあるが、時代の要請に応えなくてはならない。

環境問題で感ずることは、「ゴミの問題」「リサイクルの推進」「ゼロエミッション」等ソフト面を中心に論じられているように思うが（もしかすると小生の勉強不足）、日本の環境問題の中心は化石燃料の大量消費による汚染をいかに抑《おさ》えるかであり、一方では化石燃料がもたらす利便性を捨てきれずにいる訳であるから、日本の特長を生かして、クリーンエネルギー（例えば燃料電池）開発等にもっと行政としても開発を進めている団体・企業をバックアップし、われわれ市民レベルがもっともっと関心を持ち、開発団体・企業等にエールを送り、そういう団体・企業を社会的に評価していくことも必要ではないかということである。

（加藤のコメント）

エコマネーの概念をとりまとめたペーパーとしてはほぼパーフェクトの内容です。横尾さんの理解度の高さを感じます。

最後に触れられている化石燃料の使用抑制に関してはご指摘のとおり、その対応が不充分であることは否《いな》めません。私は、その根本的原因は、発電状況に関する住民・消費者への情報開示が不充分な点にあると思います。もし、私たちが使っている電力がどこでどのような燃料によって発電されたものであるのか、その情報が一人ひとりの住民・消費者に開示されていたらどうでしょうか。そして割高であっても再生可能エネルギーを使用した電力に対して、電力会社と別の契約的な枠組みが用意されていたらどうでしょうか。

情報が与えられていない段階の住民・消費者は「群盲」とも言える存在であり何ら行動を起こせませんが、情報がインターネットで逐次《ちくじ》開示され、さまざまな契約メニューが用意されたとき、「群盲」は一人ひとりの眼をもった「智民」に転化する可能性が出てきます。

ご存知かと思いますが、二〇〇〇年十月から「グリーン電力料金制度」がスタートしています。これは、風力、太陽光などの再生可能エネルギーによる発電を促進するため「グリーン基金」を創設し、再生可能エネルギーによる発電事業者に助成金をもって支援しようというものです。住民・消費者は、このため割高な電力料金を支払います。

この「グリーン電力料金制度」は、前述した私の提案の第一歩とも言えるものです。ここにいかにエコマネーを組み合わせることができるか、このことを私は考えています。

エピローグ「諸国行脚の修行僧」

何が起こったのか?

私がエコマネーを構想し始めたのは一九九七年。それ以来、かれこれ四年以上の月日が流れました。「プロローグ」でもいいましたが、当初エコマネーに対する反応は芳《かんば》しいものではありませんでした。「そんなことが有り得るのか」「理想論であるかもしれないが、果たしてできるのだろうか」などという受け止め方が一般的であったように思います。それでも私は、日本全国の地域コミュニティの方々を対象にしてエコマネーを説いて回るのを止めませんでした。

それが九九年春頃から一挙に風向きが変わったのです。とくに栗山町でエコマネーの実験が開始された二〇〇〇年の春からは、エコマネーの動きが加速化されました。宝塚市でエコマネーの実験が始まったのは、その年の夏です。その後エコマネーに取組む地域が急速に拡大し、今やその数は〝燎原《りょうげん》の火〟のごとく増加しています。ジャーナリズムの関心も高まる一方となりました。

何が起こったのでしょうか? 一九九八年十二月からのNPO法の施行、二〇〇〇年四月からの介護保険制度の導入が直接的な契機になったことは間違いありません。しかし、その底流には社会を大きく変える「何か」が働いているように思います。人々をエコマネーへと掻《か》きたてる「何か」が働きはじめているのです。

「希望の国」を信じて

その「何か」とは何か？　エコマネーの提唱者である私自身、この疑問を自問自答し続けています。

そのような自問自答をしていた二〇〇〇年四月二十二日、朝日新聞の「ひと」の欄（朝刊二面）に次の記事が掲載されました。

特定地域で通用する「エコマネー」の導入を提唱している。住民のボランティアや環境保全活動などを主宰者が評価し、チケットに換えて相互交流を図る。昨夏講演して回った北海道栗山町は今冬、全国で初めて本格的な試験導入をした。滋賀県草津市の民間グループをはじめ、約三十の環境や福祉団体が、各地で導入を検討中だ。

本職は、通産省サービス産業課長。約十年前、大型店と地元商店街の共存を図る特定商業集積法を立案。説明のため年間三十五都道府県を訪れた。地域の人たちと接する中で、町づくりをライフワークにしたいと思うようになった。

出向で一九九二年から三年間、外務省へ。サンフランシスコ総領事館に勤めた。現地のシリコンバレーでは、地域づくり運動が非営利組織（ＮＰＯ）の手で始まっていた。地区の学校をインターネットで結ぶ工事に、保護者と企業の従業員ら何千人ものボランティアが集まってきた。

「企業人がＮＰＯの活動に参加するなんて、私の常識では考えられなかった。住民が中心となり、営利企業がその周辺で動く。二十一世紀の地域づくりの姿だと思った」

その後、金融監督庁の設立準備室に出向。北海道拓殖銀行や山一証券の破たんに遭遇したことが、エコマネーの発想につながった。「別の価値体系の『お金』もつくらないと、人がつくったマネーの世界に人がのみ込まれてしまう」

親不知・子不知で知られる新潟県青海町の出身。目指す社会をエコミュニティーと表現するが、人々が助け合い、自然の豊かに残る故郷が、イメージにある。

昨年五月、連絡団体「エコマネー・ネットワーク」を設立し、間もなく一年。手ごたえは格段に違ってきたが、「ムードだけで終わらせたくない。根付かせるため、これからが正念場です」。

この記事には「『諸国行脚の修行僧』だといわれます」という私のコメントが付されています。実はこの「諸国行脚の修行僧」という表現は、栗山町の川口町長が、あるときエコマネーを説いて回る私を形容していわれたものです。器用ではありませんが、ひたすらエコマネーにかける私の姿をそのままに表現しているものかもしれません。

エコマネーの取組みは始まったばかりです。しかし、その運動は地域コミュニティ再生という無限の可能性を秘めています。私自身この無限の可能性にかけてみたいと考えています。今後とも「諸国行脚の修行僧」として辻立ちし、各地域コミュニティの方々と対話しながら、エコマネーの世界を創っていきたいと考えています。

その先に時空間を超えた「希望の国」があることを信じて。

＊　＊

最後に編集に際して、多大な労を払っていただいた日本教文社の渡辺浩充さんに謝辞を申し上げます。

また、本書の表紙カバーといろいろな所で挿入したイラストは、私が一九九二年から九五年にシリコンバレーに滞在したとき以来の親しき友である米川達也さん（NTT第一部門担当部長）に描

いていただいたものです。「あたたかいお金」であるエコマネーが使われる各場面を非常にあたたかく描写していただきました。ここに米川さんのご厚情に心より感謝したいと思います。

加藤　敏春

父加藤春栄の八十歳の誕生日、父と母に感謝して

二〇〇一年五月十七日

あたたかいお金《かね》「エコマネー」

――Q&Aでわかるエコマネーの使《つか》い方《かた》

二〇〇一年 六 月二十日 初版発行

編者……加藤敏春《かとうとしはる》〈検印省略〉

著者……加藤敏春《かとうとしはる》＋くりやまエコマネー研究会《けんきゅうかい》〈検印省略〉

発行者……岸 重人

発行所……株式会社 日本教文社

〒一〇七―八六七四 東京都港区赤坂九―六―四四

電 話 〇三(三四〇一)九一一一(代表) 〇三(三四〇一)九一一四(編集)

FAX 〇三(三四〇一)九一一八(編集) 〇三(三四〇一)九一三九(営業)

振 替 〇〇一四〇―四―五五五一九

http://www.kyobunsha.co.jp/

印刷・製本……株式会社 シナノ

ISBN4-531-06361-9 Printed in Japan

著者紹介

加藤敏春（かとう・としはる）

一九五四年新潟県生まれ。七七年東京大学法学部卒業、通産省（二〇〇一年一月より経済産業省）入省。八四年米国タフツ大学フレッチャー・スクールにて修士号を取得する。

まちづくりをライフワークとし、起業、地域社会の情報化、コミュニティの形成に関与する。その間各種の論文を発表。一九九七年より二十一世紀型コミュニティを構築するあたたかいお金「エコマネー」を提唱。

一九九八年度「アジア太平洋賞」特別賞、九八年度「シュンペーター・伊藤基金」金賞、二〇〇〇年度「日本マルチメディア大賞」を受賞。また、エコノミストとしても活躍し、二〇〇〇年度東洋経済「高橋亀吉記念賞」最優秀賞受賞。

主な著書に『マイクロビジネス』『エコマネーの世界が始まる』（講談社）『エコマネーの新世紀』（勁草書房）『「超」企業』（日本経済評論社）『創業力の条件』（ダイヤモンド社）『シリコンバレー・ウェーブ』（NTT出版）、訳書にはD・ヘントン他著『市民起業家』（日本経済評論社）などがある。

ホームページ＝http://www11.u-page.so-net.ne.jp/cb3/tkatoh/

くりやまエコマネー研究会

一九九九年九月、加藤敏春氏とのご縁から北海道栗山町で発足。二〇〇〇年二月～三月、エコマネー（クリン）を使って第一次実験。同九月～十一月、第二次実験。二〇〇一年九月より第三次実験。将来はインターネットも活用して本格導入を予定。サービスは介護、環境、子供などの分野のほか、コーディネーターによるマッチングも行っている。第二次実験ではおよそ九〇〇のサービスが登録されており、質・量とも世界最先端。

ホームページ＝http://www.mskk.gr.jp/ecomoney/

◆エコマネー資料集（資料編）

北海道栗山町で2000年9～11月にエコマネー第2次実験が行われました。以下は、その時に作られた『くりやまエコマネー　第2次試験流通報告書』からの抜粋です。実際にどのようにエコマネーが使われたのか、見ていって下さい。

第2次試験流通実施結果分析

■参加者及びサービスメニュー登録状況

【1】　参加者数／553人（男207人、女346人）

【2】　サービスメニュー項目数／475項目
提供（GIVE）または依頼希望（TAKE）の項目

【3】　サービスメニュー登録項目数／提供386項目、依頼希望378項目
サービスメニュー項目数475項目中

【4】　登録者数／提供546人、依頼希望409人
参加者553人中

【5】　サービスメニューのべ登録者数／提供5,507人、依頼希望3,205人
全参加者の登録サービスメニュー項目数の合計

【6】　1項目あたりの平均登録者数／提供14.27人、依頼希望8.48人
サービスメニューのべ登録者数に対する登録者数

【7】　登録者1人あたりの平均登録項目数／提供10.09項目、依頼希望7.84項目
サービスメニューのべ登録者数に対する登録サービスメニュー項目数

交換手帳結果分析

■回収状況について

【8】　交換手帳回収数／413人（回収率74.68%）
参加者553人中

【9】　年齢区分別回収状況

性別	年齢区分	参加者数(人)	構成比	回収数	構成比	回収率
男	18歳以下	40	7.23	24	5.81	60.00
	19～30歳	43	7.78	36	8.72	83.72

	31～40歳	41	7.41	22	5.33	53.66
	41～50歳	27	4.88	17	4.12	62.96
	51～60歳	18	3.25	14	3.39	77.78
	61～70歳	27	4.88	26	6.30	96.30
	71歳以上	11	1.99	11	2.66	100.00
	合　計	207	37.43	150	36.32	72.46
女	18歳以下	68	12.30	50	12.11	73.53
	19～30歳	131	23.69	80	19.37	61.07
	31～40歳	39	7.05	32	7.75	82.05
	41～50歳	31	5.61	28	6.78	90.32
	51～60歳	29	5.24	27	6.54	93.10
	61～70歳	26	4.70	25	6.05	96.15
	71歳以上	22	3.98	21	5.08	95.45
	合　計	346	62.57	263	63.68	76.01
計	18歳以下	108	19.53	74	17.92	68.52
	19～30歳	174	31.46	116	28.09	66.67
	31～40歳	80	14.47	54	13.08	67.50
	41～50歳	58	10.49	45	10.90	77.59
	51～60歳	47	8.50	41	9.93	87.23
	61～70歳	53	9.58	51	12.35	96.23
	71歳以上	33	5.97	32	7.75	96.97
	合　計	553	100.00	413	100.00	74.68

■クリン利用者について

【10】　クリン利用者数／315人（利用率76.27％）

交換手帳回収数413人中、サービスメニューまたはエコマネーポイントを利用した参加者数

■サービスメニュー利用者数について

【11】　サービスメニュー利用者数／287人（利用率69.49％）

交換手帳提出数413人中、提供（GIVE）または依頼（TAKE）を1回以上した参加者数

【12】　提供者数／204人（利用率49.40％）

交換手帳提出数413人中、提供（GIVE）を1回以上した参加者数

【13】　依頼者数／171人（利用率41.40％）

交換手帳提出数413人中、依頼（TAKE）を1回以上した参加者数

【14】　提供＆依頼者数／91人（利用率22.03％）

交換手帳提出数413人中、提供（GIVE）と依頼（TAKE）を1回以上した参加者数

【12】全体の約5割が提供、【13】全体の約4割が依頼を実行し、広く活用されているようにみえますが、一方で“提供するばかり（若年齢層）”“依頼するばかり（高年齢層）”という参加者も少なくありませんでした。しかし、3カ月という短い期間でしたが、このなかで【14】GIVE＆TAKEの理念に基づき全体の約2割にあたる91人の参加者が提供と依頼両方を実行して、クリンの“使いすぎ”“貯めすぎ”のない有効な利用をしています。

■サービスメニュー利用回数について

【15】　サービスメニュー利用回数／401回

依頼（TAKE）に対して提供（GIVE）が行われた回数

【16】　利用者1人あたりの平均利用回数／1.40回

サービスメニュー利用者287人に対する利用回数。交換手帳回収数413人に対しては一人あたり0.97回

【17】　感謝分クリン利用回数／107回（利用率26.68％）

サービスメニュー利用回数401回中の回数

■利用されたサービスメニュー項目について

【18】　サービスメニュー利用項目数／109項目（利用率22.95％）

サービスメニュー項目数475項目中　　別表参照→サービスメニュー項目別

■サービスメニュー利用時に交換されたクリンについて

【19】 クリン交換額合計／515,100クリン（時間分495,500クリン、感謝分19,600クリン）
サービスメニュー利用回数401回に対する交換額

【20】 1利用あたりの平均クリン交換額／1,284.54クリン（時間分1,235.66クリン、感謝分48.88クリン）
サービスメニュー利用回数401回に対する交換額

【21】 感謝分クリン1利用あたりの平均感謝分クリン交換額／183.18クリン
感謝分クリン交換額合計19,600クリンに対する感謝分クリン利用回数107回の平均交換額

【20】1回の利用で依頼者から提供者へ手渡されるクリンの平均額は約1,300クリン。今回は、提供時間を基準として値付けをすることとしたので、単純に計算すると1利用あたり約1時間〜1時間30分の作業時間がかかっていることになります。

また、感謝分クリン額は、全体では1利用あたり約50クリンの計算になりますが、【21】感謝分クリン使用時のみでみると1利用あたり約200クリンが"感謝の気持ち"として提供者へ渡されているようです。

※クリンの値付けについては、提供者・依頼者間の話し合いのもと決定することとなっているので、一概に30分＝500クリンとはならない場合があります。また、フェスティバル等イベントにおいても値付け方法が若干特殊な場合があります。

■エコマネーポイントについて

【22】 エコマネーポイント利用者数／168人（利用率40.68％）
交換手帳提出数413人中

【23】 ポイント数合計／2,463ポイント

【24】 利用者1人あたりの平均ポイント数／14.66ポイント
交換手帳回収数413人に対しては1人あたり5.96ポイント

【25】 クリン交換額合計／180,000クリン
クリン（1,000クリン）交換枚数180枚

使用場所を町内7カ所のスーパーマーケットと限られていたにも関わらず、【22】40.68%と予想を上回る高利用率でした。【23】ポイント数＝レジ袋（サミット）数となりますので、実に2,463枚のレジ袋が節約できたことになります。

【24】利用者１人あたりのポイント数も約15ポイント。10ポイントで1000クリンと交換できるので、エコマネーポイントはゴミの軽減化のほか“クリンを得る”仕組みの一つの手段として上手く活用されたようです。

■クリン流通額について

【26】　クリン流通額／695,100クリン

クリン交換額合計515,100クリンとエコマネーポイント交換額合計180,000クリンの合計

【26】クリン交換額合計の515,100クリンだけでみると、当初参加者へ配布されたクリンの合計額が2,765,000クリン（参加者553人×5,000クリン）なので、このうち18.63%のクリンがサービスメニュー利用時に使用されたことになります。

■別表　サービスメニュー項目別（全475項目から抜粋）

		項目別登録者数（人）		項目別利用回数（回）		項目別クリン交換額（クリン）		
No.	サービスメニュー	提供	依頼希望	利用回数	うち感謝分	交換額	時間分	感謝分
2	甘酒の作り方	16	10	2		8,000	8,000	0
5	カレーの作り方	53	7	1		1,000	1,000	0
8	自家製チーズの作り方		21					
9	自然食品を使った料理	2	16					
12	スープの作り方	13	14					
13	ゼリーの作り方	19	10	1	1	1,200	1,000	200
18	朝食サービス	6	9					
19	漬物のつけ方	9	28	1		500	500	0
20	手作りクッキーの作り方	27	36	4	1	4,200	4,000	200
22	手作りパスタの作り方	4	35	1	1	800	500	300
24	ハーブ料理		10					

25	パイの作り方	4	31	1	1	1,200	1,000	200
26	蜂蜜料理		9					
27	パンの作り方	3	44	1		1,000	1,000	0
28	ピザの作り方	6	42	1	1	1,200	1,000	200
29	野菜料理	12	17					
31	我が家の雑煮教えます	8	12					
37	魚のおろし方	4	20					
39	そば打ち	3	17	4		2,000	2,000	0
40	おからクッキーづくり	2	14					
42	手作りチョコ	4	21					
43	ほうとうの作り方	1	12	2		2,000	2,000	0
44	ラーメンの作り方	8	17					
45	牛乳餅の作り方	1	14					
46	生寿司実演	2	21					
47	編物教えます	7	26	2		3,000	3,000	0
49	着物の着付け教えます	2	34					
50	ズボンのすそ上げ	19	22	2	1	2,600	2,500	100
51	古着リフォーム教えます	5	24					
52	ミシン掛け手伝い	21	2					
54	洋服の選び方手伝い	38		1		500	500	0
59	離乳食の作り方	5	7					
60	育児相談	6	6					
63	芝刈り	25	7	2		2,000	2,000	0
64	造園の手伝い	19	4	4		5,500	5,500	0
65	庭木の雪囲い	11	17	1		1,000	1,000	0
66	庭手入れ補助	26	9	8	1	5,600	5,500	100
67	有機造園	5	5	1		1,000	1,000	0
68	庭木の剪定	2	27	2		1,000	1,000	0
72	買い物	177	6	5	1	4,700	4,500	200
74	買い物同行	131	2	3	1	2,600	2,500	100
75	家庭の省エネアドバイス	4	13					
76	自家製石鹸の作り方	1	9					
77	洗濯	74						

81	部屋の掃除	70	4	1		500	500	0
82	フローリングのワックスがけ	16	14					
83	ガラスクリーニング	38	10	9	1	9,700	9,500	200
84	アイロンがけ	59	1					
85	お茶碗洗い	145	1	1		500	500	0
87	家具のリフォーム	4	6					
88	日曜大工の手伝い	30	6					
89	バードテーブルの作り方	3	11					
93	住宅に関する悩み相談	3	4					
95	一寸した家の修繕（建具）	3	7	1		3,500	3,500	0
96	家屋一般の修理・交換・設置	3	6	1		1,000	1,000	0
97	建物等の防火・防犯ﾁｪｯｸ	1	6					
99	犬の世話	56	3	2	1	1,700	1,500	200
100	猫の世話	51						
102	ペットのしつけ相談	3	10					
105	気功術教えます	1	14					
106	散歩同行	82	3					
107	ストレッチ体操教えます	7	15					
108	ダイエット法教えます	5	42					
111	ジョギング	18	1	1	1	700	500	200
114	健康相談	5	6					
116	血圧測定	25	3					
117	病気の悩み相談（話し相手）	16	1					
118	病院の情報提供（札幌近郊）	4	4					
119	声かけ	88	1	1		1,000	1,000	0
120	自動車の洗車	63	22					
122	除雪	113	23	1	1	1,200	1,000	200
123	タイヤ交換	46	12	1		1,000	1,000	0
124	話し相手	136	8	6	2	6,800	6,500	300
125	病院介助	26	2					
126	屋根の雪下ろし	44	8					
127	排雪	45	17					
129	留守番	86						

130	病人ねたきり高齢者の介助	26						
132	肩もみ	112	27	23	9	13,300	11,500	1,800
133	車椅子の介助	72						
134	高齢者障がい者の介護	32						
135	高齢者障がい者の旅行介護	13	1					
136	ドライブ(福祉車両でドライブ)	19	6					
137	大型車の運転（ドライブ）	3	3					
138	モーニングコール	45	12	2	1	800	500	300
139	包丁類磨ぎ	16	17	8	3	8,500	8,000	500
140	台拭き、ぞうきん作り	51	1	1		1,000	1,000	0
144	ギター教えます	3	15	1		1,500	1,500	0
145	詩吟教えます	2	7					
146	大正琴教えます	1	6	2		3,000	3,000	0
148	ハーモニカ教えます		12					
149	バイオリン教えます	1	4					
151	ピアノ演奏	5	7	1	1	100	0	100
154	民謡教えます	1	7					
160	囲碁教えます	5	8	2	1	2,200	2,000	200
161	カードゲームの相手	36	6	1	1	600	500	100
163	カラオケ教えます	8	9	1	1	1,200	1,000	200
164	キャンプ教えます	9	6					
168	将棋教えます	6	10					
169	チェス教えます	2	10					
170	釣り教えます	5	18					
171	手品教えます		17					
174	道内旅行のアドバイス	6	11	1		500	500	0
175	国内旅行のアドバイス	1	9	1		500	500	0
176	温泉旅行のアドバイス	5	10					
188	一緒に歌を歌う	37	5	1		500	500	0
189	オセロの相手	100	4	1		500	500	0
190	登山（夏山）	15	4					
191	ハイキング同行	27	4					
198	空手教えます		14					

200	ゴルフ教えます	4	8					
201	水泳教えます	18	16	2		2,000	2,000	0
202	スキー教えます	16	12					
203	スケートボード教えます	1	8					
205	卓球教えます	8	9					
207	テニス教えます（硬式）	3	13					
211	野球教えます（少年）	14	4					
217	バスケット教えます	5	8					
218	パークゴルフ教えます	3	16	1		1,000	1,000	0
219	パークゴルフ同行	43	11	2		1,000	1,000	0
220	大人へのスキー教えます	7	6					
221	子供とキャッチボール	43	2					
224	油絵教えます	3	11					
225	生け花教えます		8					
226	イラスト作成	8	8	1	1	2,100	2,000	100
227	華道教えます	1	7					
230	グラフィックデザイン	1	5					
231	茶道教えます	1	13					
232	刺繍教えます	2	8					
233	書道教えます	10	7					
234	水彩画教えます	1	7					
236	和紙ちぎり絵教えます		20					
237	ドライフラワー教えます		11					
243	押し花教えます	3	20					
244	染色教えます	1	7					
245	陶芸教えます		21					
257	観葉植物の育て方	1	7					
258	花の育て方	3	7					
259	堆肥の作り方	4	9					
260	ハーブの育て方	1	11	1		500	500	0
261	ハーブの薬効教えます		9					
262	ハーブティーの作り方		11					
263	ポプリの作り方		11					

264	有機野菜栽培教えます	2	7					
265	果樹の育て方	1	8					
267	薬草採取	2	6					
269	イタリア語通訳		4					
270	英語通訳	1	11					
271	初歩的な英語教えます	9	40	2		1,500	1,500	0
272	初歩的な数学教えます	8	6					
276	スペイン語通訳		3					
277	中国語教えます	2	11					
279	デンマーク語教えます		4					
287	小学生の勉強を見てあげる	31	7					
288	子供へのペン習字教えます	8	3					
289	算数教えます	17	5					
290	ロシア語の初歩教えます	1	3					
296	家庭用ビデオの撮影指導	3	1					
297	写真のとり方を教える	5	6	1	1	1,300	1,000	300
298	写真をとってあげる	52	1	1	1	800	500	300
302	ビデオ編集作業	2	2					
303	ビデオ予約録画（TV）	20	5	2	1	1,700	1,500	200
304	携帯電話着メロ入力	14	8	2		1,000	1,000	0
305	車での配達サービス	26	2					
306	引越しの手伝い	16	1					
307	車での近距離送迎	36	6	23	3	16,500	16,000	500
308	空港・駅までの送迎	18	10					
309	図書館の本を借りる・返却	80	5					
310	挨拶文作成	5	1					
312	代筆	10	4	1		1,000	1,000	0
313	帳簿整理手伝い	7	2					
314	文書校正	10	1					
315	ワープロ代打ち	72	5	4	1	6,700	6,500	200
316	簿記の手伝い	14	1					
317	自分史作成の手伝い	4	1					
318	windows98指導	7	10	3	1	2,100	2,000	100

319	パソコンの購入相談	4	11	1		500	500	0
323	メールの使い方指導	12	5	1		1,500	1,500	0
324	エクセル指導	14	5					
325	ワード指導	10	4					
328	一太郎指導	3	2					
333	データベース指導		4					
334	年賀状作成指導	4	2					
336	ホームページ作成指導	3	8					
337	マッキントッシュ操作指導	2	4	2		4,000	4,000	0
338	パソコン救急相談（電話相談）	3	3					
339	パソコン救急相談（訪問レスキュー）	2	2					
340	パソコンの初歩	7	7	1		1,000	1,000	0
342	イベントの協力	40	5	1	1	3,100	3,000	100
343	カラーコーディネート	2	2					
344	ペンキ塗り手伝い	16	2					
345	農家産地直売店の手伝い	20	2	2	2	3,000	2,500	500
346	農業の手伝い	43	9	1		1,000	1,000	0
347	本の修理	3						
348	おもちゃ修理	5	2					
349	家電の操作方法指導	4	1	2	1	1,700	1,500	200
350	文通	46	6					
353	本を読んであげる（子供）	75						
356	絵本を読んであげる	82		1	1	1,200	1,000	200
357	新聞や本の代読	42						
358	レンタルビデオの返却	59	1	3	1	1,700	1,500	200
359	ファックス代行	21		2		1,000	1,000	0
360	ラーメン屋情報	6	18	1		500	500	0
362	バレーボールの相手	2						
363	バドミントンの相手	11	1	1	1	1,200	1,000	200
364	卓球の相手（子ども）	1						
365	卓球の相手	2		1		500	500	0
366	野球の試合のアナウンス	1						
367	大学入試問題集貸し出し	1						

368	合唱の基本（発声）	1						
369	バンド演奏手伝い（ベース）	1						
372	陸上競技大会の手伝い	1						
373	ミニバレーの相手	1		1	1	1,300	1,000	300
374	マッサージ	1						
376	自転車パンク修理	1						
383	声かけ（電話）	2		1		500	500	0
385	札幌レストラン情報	1		1	1	800	500	300
386	テニスの相手（軟式）	1		1		1,000	1,000	0
387	教育相談	2						
389	絵手紙の交換	1						
391	囲碁の相手	1						
392	日本酒の飲み方、買い方	1						
395	キーホルダー作り	1						
397	昔の暮らしや遊びの話	2						
399	煮物料理の作り方	1						
400	麺類の作り方	1		1	1	1,200	1,000	200
401	メイクの方法	1		2	2	1,800	1,500	300
402	アメリカ語学留学アドバイス	1						
403	札幌の古着屋めぐり同行	1		2	1	2,200	2,000	200
409	紅葉狩り・栗、どんぐり拾い同行	1						
410	シフォンケーキの作り方	1		1	1	1,100	1,000	100
411	ガトーショコラの作り方	1						
416	野球の試合の応援	1						
417	将棋の相手	1		1		1,000	1,000	0
419	しそジュースの作り方	1		1		1,000	1,000	0
420	折り紙	1		7	3	5,000	4,500	500
423	牛丼の作り方	1						
429	部屋の模様替え		1	1		1,500	1,500	0
431	手話を教える		1					
432	収納の仕方		1					
435	渓流釣り穴場の同行		1					
436	ビデオダビング		1	2	2	1,200	1,000	200

437	お店の手伝い		3					
440	植木鉢の水やり		1					
442	庭の草取り	1	3					
445	サッカーの相手		1					
448	ヘアメイクの仕方		1	1	1	1,200	1,000	200
449	ネイルアートしてあげる		1					
450	CD・MD録音	1		4	3	2,600	2,000	600
454	焼肉屋情報		1	1		500	500	0
456	カラオケ教えます		1					
457	代行運転		1					
458	紙芝居を観せる	1						
461	パン・ケーキの作り方	1		1	1	1,300	1,000	300
464	手作りうどんの作り方	1						
465	エコマネーフェスティバル			90	23	159,800	156,500	3,300
466	エコマネーフリーマーケット			25	17	49,700	46,000	3,700
467	森づくりと自然観察会			16		16,000	16,000	0
468	子どもエコマネー探検隊			32		64,000	64,000	0
469	トマト収穫（岩崎農場）			1		1,000	1,000	0
470	ミシン調整			1		500	500	0
471	寄付							
472	肩もみの場所を提供する			1		1,000	1,000	0
473	印刷をしてあげる			1		1,000	1,000	0
474	ダリヤの球根掘り			1		500	500	0
475	おどりを教えます			1		2,000	2,000	0
	合計	5,507	3,205	401	109	515,100	495,500	19,600

表1）年齢区分別登録者数・延べ登録項目数・１人あたりの平均登録項目数

区　分	登録者数（人）				延べ登録項目数		一人あたりの平均登録項目数	
	提供	構成比	依頼	構成比	提供	依頼	提供	依頼
18歳以下・男	40	7.33	27	6.60	268	136	6.70	5.04
18歳以下・女	68	12.45	55	13.45	861	464	12.66	8.44

19～30歳・男	42	7.69	28	6.85	618	466	14.71	16.64
19～30歳・女	128	23.44	110	26.89	1,974	1,315	15.42	11.95
31～40歳・男	40	7.33	25	6.11	272	107	6.80	4.28
31～40歳・女	38	6.96	30	7.33	331	155	8.71	5.17
41～50歳・男	27	4.95	15	3.67	173	36	6.41	2.40
41～50歳・女	31	5.68	22	5.38	196	79	6.32	3.59
51～60歳・男	18	3.30	8	1.96	104	22	5.78	2.75
51～60歳・女	28	5.13	19	4.65	270	63	9.64	3.32
61～70歳・男	27	4.95	19	4.65	210	100	7.78	5.26
61～70歳・女	26	4.76	23	5.62	98	79	3.77	3.43
71歳以上・男	11	2.01	8	1.96	50	24	4.55	3.00
71歳以上・女	22	4.03	20	4.89	82	159	3.73	7.95
合　計	546	100.00	409	100.00	5,507	3,205	10.09	7.84

表2）年齢区分別サービスメニュー利用者数・利用回数・利用者１人あたりの平均利用回数

区　分	利用者数・利用率					利用回数・利用者１人あたりの平均利用回数(回)			
	利用者数	交換手帳提出者	利用率	提供者数	依頼者数	提供	提供平均回数	依頼	依頼平均回数
18歳以下・男	15	24	62.50	12	11	32	2.67	26	2.36
18歳以下・女	38	50	76.00	32	13	53	1.66	30	2.31
19～30歳・男	26	36	72.22	22	10	27	1.23	19	1.90
19～30歳・女	66	80	82.50	52	21	67	1.29	29	1.38
31～40歳・男	12	22	54.55	8	7	10	1.25	12	1.71
31～40歳・女	19	32	59.38	12	14	24	2.00	33	2.36
41～50歳・男	10	17	58.82	7	7	8	1.14	13	1.86
41～50歳・女	18	28	64.29	12	16	51	4.25	33	2.06
51～60歳・男	7	14	50.00	1	7	1	1.00	15	2.14
51～60歳・女	15	27	55.56	9	13	18	2.00	46	3.54
61～70歳・男	21	26	80.77	16	16	56	3.50	32	2.00
61～70歳・女	18	25	72.00	10	17	35	3.50	51	3.00
71歳以上・男	8	11	72.73	7	6	15	2.14	23	3.83
71歳以上・女	14	21	66.67	4	13	4	1.00	39	3.00
合　計	287	413	69.49	204	171	401	1.97	401	2.35

表3）年齢区分別ポイント数・利用者数・利用者１人あたりの平均ポイント数

区　分	利用者数・利用率 利用者数（人）	交換手帳提出者	利用率（%）	ポイント数	利用者一人あたりの平均ポイント数
18歳以下・男	6	24	25.00	47	7.83
18歳以下・女	30	50	60.00	367	12.23
19～30歳・男	7	36	19.44	46	6.57
19～30歳・女	38	80	47.50	235	6.18
31～40歳・男	2	22	9.09	7	3.50
31～40歳・女	13	32	40.63	183	14.08
41～50歳・男	3	17	17.65	30	10.00
41～50歳・女	15	28	53.57	339	22.60
51～60歳・男	4	14	28.57	46	11.50
51～60歳・女	12	27	44.44	285	23.75
61～70歳・男	6	26	23.08	146	24.33
61～70歳・女	17	25	68.00	422	24.82
71歳以上・男	4	11	36.36	98	24.50
71歳以上・女	11	21	52.38	212	19.27
合　計	168	413	40.68	2463	14.66

アンケート調査結果分析

■回収状況について

第2次試験流通参加者／553名

アンケート回収数／410件（回収率74.1%）

【問1】あなたは2～3月に行われた「第1次試験流通」に参加しましたか？

1．はい　115人　　2．いいえ　295人

第2次試験流通は前回試験流通の2倍を越える参加者により行われました。7

割以上の方が新規参加者であり、ＴＶ・新聞等の効果だろうか、エコマネーへの関心度の高さが伺い知ることができます。また、希望する町内会や介護学校などを対象に行ってきた普及活動も参加者増加の一因と推察できます。

しかし、第１次試験流通参加者250人のうち、約半数が今回試験流通に参加していないということも数字に表れています。

【問4】でも触れられていますが、1次試験流通でエコマネーを交換しなかった参加者23％（約60人）をはるかに超えて2次試験流通に参加しなかった人がいるという原因を、今後明らかにし対策していく必要があると思われます。

【問2】「エコマネー」の説明会はいかがでしたか？

１．よく理解できた	140人	２．少し理解できた	134人
３．わからなかった	9人	４．参加できなかった	105人

説明会に参加した283人中、5割の方が「よく理解できた」と答えていますが、残りの半数はエコマネーの仕組みや本試験流通のテーマを十分理解するに至らなかったようです。

このたびの説明会では、それぞれの部会（環境・福祉・子ども・地域・推進）ごとに説明・VTRやPCによるプレゼンテーションも多く取り入れ、できる限り参加者に視覚的にも理解しやすいように工夫しましたが、次回に向けて説明会の方法について再度検討が必要と思われます。

【問3】「エコマネー」のビデオでの説明はいかがでしたか？（説明会に参加した方にお聞きします）

１．よく理解できた	175人	２．少し理解できた	100人
３．わからなかった	5人		

試験流通の概要を理解していただくために、第1次試験流通に引き続いて自主制作ビデオを制作しました。説明会全体の理解度を尋ねた【問2】において「少し理解できた」と答えた方のうち26％がVTRについては「よく理解できた」と答えており、説明手法としては有効といえます。

【問4】今回の試験流通でエコマネーを利用しましたか？（エコマネーポイントを除く）

1．利用した　280人　　　2．利用しなかった　　130人

ここでは個人間のサービスの交換に限って利用率を尋ねましたが、約68%の方が利用したと答えています。エコマネーポイントを利用した方を含めると、前回の試験流通とほぼ同じ77%の利用率ですが、今回のアンケート未提出者143名もおり、その方々が未使用であると推測するなら約50%の利用率となります。やはり参加者が増えるにつれ利用率が下がる傾向にあると思われます。

しかし、今回は交換を促進するためのモデル町内会を指定して、「コーディネーター制度」を導入するなど循環を促進するための工夫をしたところ、交換手帳の分析では「直接依頼」する方法よりも、倍近く利用率が高かったという結果も出ております。今後想定される、さらなる参加者の増に対応した地区コーディネーターの育成事業の取り組みやサービス利用促進の新たな仕組みが必要であり、今後の重要な研究課題と思われます。

『エコマネーを利用した方にお聞きします』

【問5】今回の試験流通で何回エコマネーを利用しましたか？

「GIVE：してあげる」は何回しましたか？
1．1〜3回　181人　2．4〜6回　31人　3．7回以上　14人
4．していない　50人

「TAKE：してもらう」は何回しましたか？
1．1〜3回　187人　2．4〜6回　29人　3．7回以上　3人
4．していない　41人

利用した方を対象に利用状況を尋ねてみましたが、GIVEとTAKEのいずれも1〜3回の利用率が圧倒的に多い結果となりました。新規参加者が多く、3カ月の試験期間ということもあり、「交換を体験した」という意味では良かったのではないかと思われます。

また、「してあげるだけ」「してもらうだけ」の人が41人、50人いますが、エコマネーの循環を考えるとGIVE＆TAKEが等しく利用されることが望ましいのではないでしょうか。

『クリンについてお聞きします』

【問6−1】今回の試験流通では100クリンを、使う方の感謝の気持ちなどをプラスして支払うようにしましたが、そのように使えましたか？

1．はい　153人　　2．いいえ　124人

【問6−2】「はい」と答えた方にお聞きします。感謝の気持ちとして支払うクリン額は、総支払クリン額の何割くらいが適当だと思いますか？

1．1割　54人　　2．2割　43人　　3．3割　6人　　4．自由　49人

前回に引き続き、「感謝の気持ち」を表現する手段としてクリンの価格上乗せを試みました。特に今回は100クリン紙幣をその目的として使うように参加者にお願いしました。

結果、約半数以上の方が実際に支払う時にプラスして払ったと答えていることは、円とは違うエコマネーの理念が比較的理解されていることが伺えます。また、その支払われる額がどのくらいが適当か尋ねてみましたが、1～2割が適当と答えた方が6割以上いる反面、3割以上の方が自由にすべきであると答えています。

【問6−3】「いいえ」と答えた方にお聞きします。

1．自由にプラスして支払うことを知らなかった　55人
2．プラスして支払う必要はない　24人
3．その他　34人
・忘れていた。
・クリンを得る手段があまりないと思い、最初に受け取ったクリンを大切

に使いたかったので。
・普通に500クリン、1000クリンと同じように使った。
・プラスしづらかった。
・プラスする機会がなかった。

参加者の中には、まだ、100クリンを感謝の気持ちとして使用することを知らなかった方が55名おり説明不足だった点は反省しなければなりません。また、忘れていた、プラスしづらかったという意見も出され、100クリンをプラスして支払うという習慣がないことによる戸惑いも感じられます。

『交換手帳についてお聞きします』

【問7－1】今回の交換手帳は利用しやすかったですか？

1．利用しやすかった　257人　　2．利用しづらかった　31人

【問7－2】「利用しやすかった」と答えた方にお聞きします。どんな点が利用しやすかったでしょうか？(複数回答可)

1．手帳サイズ　226人　　2．記入方法　99人　　3．その他　3人

前回の交換手帳については、A4判の用紙を使用したところ「持参しづらい」との声がありました。今回は携帯性を考慮し健康保険証サイズとしました。ほぼ9割の方が「利用しやすかった」と答えています。

【問7－3】「利用しづらかった」と答えた方にお聞きします。どんな点が利用しづらかったでしょうか？(複数回答可)

1．手帳サイズ（もっと大きく）　2人
2．手帳サイズ（もっと小さく）　18人
3．記入方法　15人
4．その他　6人

・サービスNoを入れるのは大変。
・エコマネーポイントをもらう時は使いづらい。サイズはちょうど良い。
・記入する必要があるか？
・エコマネーポイントのあけるところで一番時間がかかる。
・Noをさがすのが大変。交換手帳は必要ないのでは……？

前回の試験流通で使用した交換手帳はサイズも、記入方法もわかりづらかったことから今回はサイズや記入方法も工夫したが、交換手帳への記入については、「サービスNoを探すのが大変」ということによる記入するわずらわしさや、交換手帳が三つ折りのため「エコマネーポイントのあけるところで一番時間がかかる」など利用しづらい点が指摘され、さらに工夫が求められています。

『利用しなかったと答えた方にお聞きします』

【問8−1】なぜ利用しなかったのですか？

1．直接電話しづらい　32人　　2．忙しかった　120人
3．依頼がなかった　112人
4．してもらいたいメニューがなかった　18人　　5．その他　37人
・家族が入院して時間がなかった。
・長男夫婦と同居しているので必要なことがなかった。
・子どもの勉強など教えてほしかったのですが、他の人に非難された。知っている人が登録していたので、聞いてみたら断わられた。
・面倒だから。特に利用することもなかった。
・依頼が無かった。コーディネーターを通しての活動ときいていたので連絡を待っていた。
・エコマネーをもらった時は、やろうと思ったけどいつのまにか終わった。
・エコマネーというマネーを渡すのがいやだったから。してもらいたいメニューも無かった。
・利用する機会が無かった。依頼が無かった。
・突然電話をしても良いのか、少し戸惑いがあり電話をすることができなかった。忙しかった。
・直接電話もしづらいが、エコマネーも良く分からないから利用しづらい。
・使い方が分かりづらい。

・積極的に交換するものがなかった。
・してもらいたいメニューはありますが、自分でできることを人に頼むまでもない。
・依頼はあったが、スケジュールの都合でお手伝いできなかった。

「忙しかった」と言う人が120名おり、日中働いている方の利用する時間がないこと、試験流通期間が短かったことも利用できなかった要因ではないかと思われます。また、「依頼がなかった」が112名と前回試験流通同様、依頼を待っている状態の人が多く、「直接電話しづらい」も32名おり、やはり直接知らない人への依頼方法にも問題があるといえます。また、「してもらいたいメニューがなかった」「積極的に交換するものがなかった」というサービスメニューによる要因や、中には依頼したが「断わられた」という意見もあり、依頼者と提供者の条件が一度で合わないことから次の人への電話がしづらくなったことも伺える。このことを考えると依頼を仲介する「依頼しやすい」仕組みが必要になってくると思われます。

【問8−2】「電話がしづらい」と答えた方へ、コーディネーター（仲介者）が存在すれば、エコマネーを利用できましたか？

1．はい　21人　　2．いいえ　11人

「電話がしづらい」と答えた方のうち、コーディネーター（仲介者）を置くことにより、「利用できる」と答えた方が6割以上いることから、仲介者を置くことによりエコマネーの利用が伸び、利用しやすくなると思われます。

【問8−3】「忙しかった」と答えた方へ、1年間を通じてエコマネーを運用した場合、利用する時間はありますか？

1．はい　61人　　2．いいえ　50人

3カ月という限られた期間では「忙しかった」という理由による未使用者は4割近くに達しましたが、その内、年間をとおしての運用時には「利用する」と答えた方が約半数に及びました。このことは、時期的な問題や限られた期間内

での試験流通による利用の結果といえます。ただし、1年間を通して「忙しくて利用できない」と答えた人が50人いるが、実際に年間を通じて行えば一度は利用する機会はあるように思えます。

【問9−1】今回のサービスメニュー表は利用しやすかったですか？

1．利用しやすかった　204人　　2．利用しづらかった　152人

【問9−2】「利用しやすかった」と答えた方にお聞きします。どのような点ですか？（複数回答可）

1．メニューが多い　118人　2．目次が見やすい　64人
3．文字が見やすい　49人
4．してもらいたいメニューがある　34人
5．氏名別、メニュー別索引がある　122人　　6．その他　4人
・氏名やメニューが何度も出てくるのは煩瑣に感じた。氏名などを主にして並べ、その項に人のサービスの希望などを何とか整理して列記するとか……。

約5割近い方が利用しやすかったと評価しています。その主な理由としては、氏名別、メニュー別索引があったことが一番多く、次いでメニューが多い、目次が見やすいことが挙げられるが、利用しやすいと言いながらも600ページを超え、かなりメニュー表が厚くなったことから、分冊にしてほしいとの要望も出てきています。また、「紙は100%再生紙でよい」という環境にやさしい意見もありました。

【問9−3】「利用しづらかった」と答えた方にお聞きします。どのようなところですか？（複数回答可）

1．目次が見づらい　44人　　2．文字が見づらい　13人
3．してあげるメニューだけでよい　38人
4．氏名別索引だけでよい　7人

5．メニュー別索引だけでよい　40人
6．氏名別、メニュー別索引がある　40人

・厚すぎて索引するのが大変。
・give/takeは別冊で。
・自分が自信をもってして上げられるメニューに絞り込むとあんなに厚いものにはならないのでは！
・ページ数が多すぎる。
・ごちゃごちゃしていた。
・多すぎてよく分からなかった。
・見方がわからない。
・メニュー別と氏名別を別々の本にしたらいいと思う。
・持ち運びが困難。
・コーディネーターの名前だけで良い。

「目次が見づらい」「氏名別、メニュー別索引がある」「メニュー別索引だけでよい」「してあげるメニューだけでよい」の順で、今回は参加者が553名に増えたこと、氏名別メニュー別索引、更に積極的にサービスの交換をおこなってもらおうとGIVE・TAKEの両方を載せたことにより、600ページを超える厚さになってしまい、「厚すぎて索引するのが大変」「見るのに疲れた」という意見と、GIVEとTAKEのどちらかでよいという意見もありました。特に高齢者の人には索引するのに大変だったこともあり、利用しやすいメニュー表の作成について更に検討が必要だと思われます。また、1人の方が提供するメニューが3、4ページになってしまい「自分が自信をもってして上げられるメニューに絞り込む」といったメニューの登録に対する意見も出されています。

【問10】今回のサービスメニュー表にはTAKE（してもらいたい）を掲載しましたが、この情報は必要だと思いますか？

1．はい　237人　　2．いいえ　118人

今回始めてTAKE（してもらいたい）情報も掲載しましたが、7割近い方が必要であると答えています。サービスのニーズを把握するとともに、参加者の積極的なクリンの交換を促進する方法として掲載したものです。しかし、118人の方が「いいえ」と答えているのは、今回あまりにもメニュー表が厚くなって

しまったためかも知れません。

【問11】 さらに掲載した方が良いと思う情報あれば記載してください。

・メニュー内容を増やしてほしい。
・内容がおおざっぱ過ぎたと思う。
・簡単な備考欄が欲しい。(サービス内容の説明)
・色々とメニュー表にないことがありますので、その時の様子によりコーディネーターに相談したら良いことだと思います。
・町内会、婦人会等団体で利用できるメニューを考慮しては？

「内容がおおざっぱ過ぎたと思う」「サービス内容の説明がほしい」などメニュー表の内容だけでは、サービスに対する細かな情報が少なく、詳細な情報を掲載することにより更にサービスの交換がスムーズに行えると思われます。また、「メニュー内容を増やしてほしい」「団体で利用できるメニューを」という貴重な意見もあり、今後、団体で利用できる仕組みづくりも検討していく必要があると思われます。

【問12】 今回のサービスメニュー表には掲載されていないもので、どんなメニューが必要だと思いますか？

・病気の人、寝たきりの人に音楽を演奏してあげたい。
・資格取得のお手伝い。簿記。パソコン検定。
・メニューを細分化する方向ではなく項目別にくくったほうがよい様に思う。メニュー詳細は両者の選択に任せる方法では？
・例えば、「チョコレート作り」教えますといった項目があったら、そのチョコレートは型のチョコかトリュフなのかを詳しく記載してほしい。
・陶芸。
・学校の送迎。
・もっと細かく、また相手の状況、性格、プロフィール等をつけたらいいのではないか。
・季節を考えてメニューを整理して載せて欲しい。
・冠婚葬祭の相談など。

・町内だけのお金の流通として、使用できれば利用が多くなるように思います。
・相談業務（児童、消費問題、サラ金、交通事故、財産、取引等）。
・いろいろな人が楽しめるようなメニューがあれば良いと思う。
・将来的に通年、そして継続的なクリン交換のシステムを構築するとメニューの多様化が図れると思う。

「病気の人、寝たきりの人に音楽を演奏してあげたい」「資格取得のお手伝い。簿記、パソコン検定」「冠婚葬祭の相談」などメニュー表には掲載されていないメニューを希望している人もたくさんいることがわかります。より多くのクリンが循環するためにも、たくさんのメニューが提供されなければならず、今後新たなサービスメニューの掘り起こしが必要です。

【問13−1】クリンの単位は、100、500、1000でよかったですか？

1．このままでよい　367人　　2．変えたほうがよい　10人

【問13−2】「変えたほうがよい」と答えた方にお聞きします。どのように変えたほうがよいですか？

・100クリンの使い方に迷いが出てしまう！
・100クリンはいらない。
・1回1ポイントにした方がいい。
・基準がよく分からない。
・500クリンと1000クリンだけでよい。
・100、500、1000の他に2000クリンを新設して欲しい。
・クリンは利用するためのきっかけ目標であると思うので、単位を3つに分けるのは混乱を引き起こすだけになってしまう可能性があり、シンプルに1つの単位へとした方が良いと思う。
・一律にしたらどうか。
・単位を増やしたほうが良いと思う。

前回に引き続き、クリン紙幣の種類は3種類としましたが、ほぼ全員の方が

現行のままでよいと回答しています。また変えたほうがよいという意見の中には、「100クリンは不要」「一律でよい」という意見や逆に「2000クリンを新設して欲しい」という意見も出てきています。

【問14−1】今回の試験流通では、時間でクリン額を定めましたがいかがでしたか？

1．このままでよい　334人　2．変えたほうがよい　45人

【問14−2】「変えたほうがよい」と答えた方にお聞きします。どのような方法がよいですか？

1．サービスの内容によって　16人　2．自由に決める　24人
3．その他

・1回1ポイントにする。
・サービスした人数が一度で集まった場合に受け取るクリン額が多すぎる。（例・体験講座等）
・仕事の中身で、時間の長さだけでは簡単には決められないと思います。
・内容密度により差別化してもよい。

およそ90%近くの人がこのままでよいと答えています。1時間あたり1000クリンは比較的受け入れやすい様です。ただし、仕事の内容によっては単純に時間単位だけでは決められず、差をつけても良いのではという意見もあり今後の検討課題になると思われます。また、サービスの交換が「1対多」の場合受け取るクリンの額が多すぎるという点については、考えていかなければならないと思います。

【問15】あなたの家族や友人、知人でエコマネーに参加したいという人はいますか？

1．いる　104人　2．いない　275人

今回の参加者のほかにも104人の参加希望者がいることがわかり、次回に向けても積極的な試験流通の呼びかけとともに誰もが参加しやすい受け入れ態勢の整備が必要です。

【問16−1】あなたは、今後もエコマネーに参加されますか？

1．参加する　267人　　2．参加しない　112人

【問16−2】「参加しない」と答えた方へお聞きします。なぜですか？

・参加したい気持ちですが、でも仕事柄（農家）ちょっと現状では無理というのが現状です。
・忙しくて参加することができない。
・自分には必要ない。利用する暇もない。
・自分が思ったほど協力できなかったので！
・またサービスも利用したいと思うことがなく､依頼もなかったので参加しないと思います。
・今回はあまり参加する機会が少なかった。
・依頼することも、されることも無いのでエコマネーに参加しても意味が無いと思う。
・なかなか積極的に利用できないから。
・エコマネーが無くてもボランティアとして行えばいいと思うから。
・面倒くさい。
・理由は無いがエコマネーが貯まったとしても何が得になるのか分からない。
・実施期間中も特に参加することもなかったから。
・不自由な面が無いから、人に頼まなくてもある程度自分でできるから。頼まれればやるけど。
・どんなことをするのか分かったが、どこでやることができるのか分からない。
・栗山から離れて、参加できなくなるけど、もっと広げて欲しかった。次はいくつかの町も共同で行って欲しい。
・今回は、さそわれて参加させて頂いたようなもので、自分が本当に「し

てあげたい」ことや、「してほしい」ことが見つかるまで、少し考えてみたいと思います。(今のところ、自分でできることなので）依頼もこないし、家族、知人で参加した人に聞いてもエコマネーが流通しているように思えないので参加する意味がない。

・町内会の雑用、又スポーツ（パークゴルフ、スキー）など、夏は家庭菜園など多用につき。
・エコマネー作業中、けが又死亡など発生した場合、責任の所在がはっきりせず不安と心配がある。